KB237316

현대 중국 문학의 이해

전형준

문학과지성사

1996

현대 중국 문학의 이해

펴낸날/ 1996년 3월 20일

지은이/ 전형준
펴낸이/ 김병익
펴낸곳/ ㈜문학과지성사
등록번호/ 제10-918호 (1993. 12. 16)

서울 마포구 서교동 363-12호 무원빌딩 (121-210)
편집: 338)7224~5 · 7266~7 FAX 323)4180
영업: 338)7222~3 · 7245 FAX 338)7221

ⓒ 전형준, 1996. Printed in Seoul, Korea
ISBN 89-320-0788-8

값 8,000원

현대 중국 문학의 이해

전형준 교수가 그 동안 연구한 논문들을 묶어 논문집을 출판하게 된 것을 진심으로 축하하고 그간의 노고에 위로를 보낸다. 이것은 개인의 영광뿐만 아니라 중국 현대 문학계로서도 크게 축하할 일이다. 그 동안 많은 학자들의 연구 논문이 발표되었으나 연구 논문집으로 출판된 것이 없어 몹시 기다리던 터여서 더욱 반갑고 기대된다.

우리나라에서 중국 현대 문학 연구가 본격적으로 시작된 것은 10여 년에 불과하다. 본격적이라는 뜻은 대학에서 '중국 현대 문학 연구'라는 강의 제목으로 강의를 시작한 것을 말한다. 그것은 1983년 제1학기에 서울대학교 대학원에 '중국 현대 문학 비평 연구'라는 강의가 개설되어 공개 강의를 한 것이 처음이라고 여겨진다. 그전에도 학부에서 '중국 현대 문학 작품 강독' 또는 이와 유사한 강의가 있었으나 그것은 연구라기보다 강의 제목이 말하듯이 '작품 강독'이었다. 그러나 1980년 이전 심지어 1950년대에도 몇 대학의 대학원에서 중국 현대 문학을 연구한 석사학위 논문이 몇 편 발표된 것을 보았다. 대학에서 중국 현대 문학을 전공한 교수도 없고 더구나 자료도 거의 없는 상황에서 어떻게 연구 논문이 나왔는지 지금 생각해도 매우 신기하게 여겨진다.

우리나라와 중국과의 국교가 단절된 것은 1949년 중공 정부가 수립되고부터이다. 그 후 한국 전쟁으로 두 나라의 거리는 더욱 멀어졌다. 그러다 중국에서 큰 변혁이 일어난 1976년 이후부터 작은 변화의 조짐이 보이기 시작하더니 1970년대말부터 홍콩을 통해 중국에서 출판된 학술 서적들이 유입되기 시작했으나 불온 서적이라고 하여 정부의 엄격한 통제를 받았다. 1980년대초부터 학생들 사이에서는 1950, 60년대에 중국에서 출판된 중국 현대 문학에 관한 서적들이 은밀하게 나돌았다. 당시 한국에서는 민중 문학이 성행하던 시기였는데 중국의 현대 문학이 한국의 민중 문학과 맞물려 중국의 마르크스주의 문예 이론이 민중 문학의 전범같이 여겨졌다. 지적 호기심이 강한 학생들은 마치 새로운 문학 세계를 발견한 듯 여과되지 않은 마르크스주의 문학에 탐닉하였다.

당시 중국 문학계에서는 모택동 시대의 문학에 대한 비판이 일고 있어 과거 마르크스주의 문예의 극좌화에 대한 반성과 새로운 문학의 방향을 모색하고 있을 때였다. 우리나라에서 일고 있는 때늦은 중국 현대 문학, 그것도 1950, 60년대 문학의 열풍이라는 이상 현상에 대해 대학에서는 우려하지 않을 수 없었다. 이러한 이상 현상을 극복하는 길은 지하에서 숨어 다니는 중국 현대 문학을 밝은 세상 밖으로 끌어내는 수밖에 없다는 결론에 이르렀다. 주위에서는 모험이라고 만류하는 사람들도 있었으나 어려움은 각오하고 있었다. 이것이 대학원에 현대 문학 연구 강의를 개설하게 된 전말이다. 초기에는 어려움도 있었으나 연구의 깊이와 폭이 넓어지면서 그것은 점차 극복되어 민중문학의 전범이 아닌 외국 문학의 연구로 정착되어갔다. 그 동안 10여 년 간에 각 대학에서 30여 편의 중국 현대 문학 연구의 박사 학위 논문이 나왔고 또 많은 연구 논문이 발표되었다.

전형준 교수는 우리나라에서 중국 현대 문학 연구의 제1세대에 속하는 학자로 중국 현대 문학 이론 연구에 뛰어난 업적을 남기고 있다. 전교수는 한국 문학계에서도 지명이 높은 문학비평가여서 한국 문학에 대한 많은 비평문과 논문을 발표하여왔다. 중국 문학자이면서 한국 문학 연구를 겸비하고 있어 그의 학문적 연구 시야는 어느 누구도 따를 수 없을 만큼 광범위하고 명확하다. 그는 중국 문학이 외국 문학으로 연구되어야 한다는 명확한 인식하에 예리한 통찰력과 냉철한 판단력으로 비평·연구하고 있어 시류에 편승하는 감각적인 연구 태도를 보이지 않았다. 이것은 그가 오랫동안 한국 문학비평에서 경험한 지혜의 소산이라고 하겠다. 전교수의 논문을 보면 곳곳에서 그의 혜안과 재능이 돋보이고 문제 의식을 파고드는 연구자로서의 노력이 드러나 학자로서의 그의 뛰어난 자질에 감복하게 한다. 전교수는 1992년에 박사학위 논문으로 「신문학 시기의 리얼리즘 이론에 대한 연구」를 발표했다. 이 논문은 우리나라에서 중국의 현대 문학 사조론을 연구한 최초의 논문으로 중국 학자들의 이론을 예리하게 비판하여 학계의 주목을 받은 역작이다.

본 논문집은 네 부로 분류되어 있다. 제1부는 문학사 전반에 관한 문제를 다룬 논문이고, 제2부는 작가·작품론이며, 제3부는 그의 전공인 문학 이론이고, 제4부는 한국 문학과 중국 문학의 비교론이다. 여러 편의 논문을 묶은 것이 되어 주제가 통일되어 있지 않으나 그것은 그의 연구 시야가 그만큼 넓고 다양하다는 것을 뜻하는 것이기도 하다.

전교수의 그 동안의 연구 업적이 모여 한 권의 책으로 결실되어 출판하게 된 것을 다시 한번 축하하며, 이 책의 출판을 계기로 더욱 훌륭한 연구가 이루어지기를 기대하는 마음 간절하다.

1996년 1월
관악산 자하연 가에서
김　시　준

저자가 현대 중국 문학에 대한 연구를 시작하여 그 첫 성과물 「노신 소설과 5·4 운동」을 발표했던 것이 1984년 겨울이었다. 그로부터 만 11년이 지난 이제, 그 동안 써온 이 방면의 글들을 모아 한 권의 책을 엮으면서 저자는 착잡한 감회에 젖는다.

우리나라에서 현대 중국 문학에 대한 연구가 본격화된 것은 1980년대 들어서의 일이다. 김시준·허세욱 등 몇 분 선생님들의 개척적인 연구가 선행되었고, 그뒤를 이어 젊은 연구자들이 대거 등장했다. 저자 역시 그 젊은 연구자들 중의 하나이었거니와, 그들 중 다수가 윗세대의 가치 중립적 태도와는 달리 뚜렷한 경향성을 띠었다. 그 경향성은 당시 국내의 민중 문학 운동의 조류와 관련지어 이해되어야 한다. 민중 문학 운동의 관점이 그것에 침투되고, 역으로 그것은 자신의 연구를 가지고 민중 문학 운동에 간여하고자 하였던 것이다. 이러한 연관이 연구의 급속한 확산을 위해 크게 기여한 것은 부인할 수 없는 사실이지만, 그러나 그것은 동시에 그 확산을 내적으로 대단히 불균형한 것으로 만드는 데에도 똑같이 기여하였다. 그 결과, 정작 중국에서는 개방성을 추구하는 새로운 연구가 빠른 속도로 확산되고 있는 데 반해 우리나라에서는 오히려 5, 60년대 중국의 지배적 연구 경향이 널리 받아들여지는 아이러니한 대조가 나타났던 것이다.

국내 민중 문학 운동에 대해 지지하되, 비판적으로 지지하던 저자가 그 경향성에 대해서도 역시 비판적 지지의 입장을 가졌던 것은 자연스러운 일이다. 대부분의 경우가 그렇듯 비판적 지지라는 입장은 괴로운 입장이다. 그 경향에 동화되기를 요구하는 데 대해서도 반대해야 하고 그 경향을 거의 반공주의에 가까운 보수적 입장에서 비난하고 매도하는 데 대해서도 반대해야 하는데, 그 이중의 반대 때문에 양쪽 모두로부터 혐의를 받거나 비난을 받아야 하는 것이다. 다른 한 편으로 저자의 현대 중국 문학 연구는 한국 문학에 대한 간여의 의도도 포함하고 있었다. 중국 문학의 유사한 경험에 대한 해석을 통해 주로 80년대 민중 문학의 편향성을 간접적으로 비판하고 그 편향을 바로잡기 위한 하나의 참조를 제공하고자 한 것이다.

저자의 이러한 입장과 의도는 항상 자신의 연구에 스스로 제약을 가하는 일종의 자발적 질곡으로 작용했다. 실은 그 질곡의 작용을 의식하는 일이 필자로서는 가장 괴로웠던 것 같다. 문학 연구가 획득해야 할 깊이와 넓이를 욕망하면 할수록 괴로움은 커졌다. 더구나 현대 중국 문학의 연구자로서의 '나'와 한국 문학의 비평가로서의 '나'가 내적으로, 심층적으로 통합되기는커녕 표층적으로도 별다른 관련을 맺지 못하고 따로따로 부유하고 있으며, 한국 문학의 비평가로서의 '나'에 비해 현대 중국 문학의 연구자로서의 '나'가 훨씬 열정이 부족하다는 데 대한 자기 인식은 현대 중국 문학의 연구자로서의 '나'를 더욱 괴롭혔던 것이다. 이 책에 실린 대부분의 글들은 그러한 괴로움 속에서 씌어진 것들인바, 이제 한데 묶으면서 돌이켜보니 괴로움보다는 자괴감으로 다가든다. 11년 동안의 성과가 기껏 이 정도밖에 안 되는 것인가. 마땅히 반성하고 극복해야 할 일이다.

이 책에 실린 글들을 장르상으로 보자면, 절반 정도는 논문이지만 나머지는 논문 이외의 여러 장르들이 뒤섞여 있다. 지상 토론의 응답

문도 있고, 저널리즘의 수요에 따라 씌어진 계몽적 해설문도 있고, 시선집이나 비평 선집의 역자 해설 및 편자 해설도 있으며, 중문학 교육의 맥락에서 씌어진 것도 있다. 비록 장르는 여러 가지이지만 그 주제는 일관되는 바가 있다. 1부는 문학사적 맥락의 것들로, 2부는 작가론·작품론적 맥락의 것들로, 3부는 문학 이론적 맥락의 것들로 각각 구성했다. 4부의 「북경에서의 김남주 읽기」는 한국 문학과 중국 문학이 만나는 하나의 내면 풍경에 대한 묘사인바, 일종의 보유로서 실은 것이다. 글들의 내용이 부분적으로 조금씩 중복되는 경우도 있어서, 정도가 심한 것은 그 부분을 삭제했고 부분적 삭제로도 해결이 안 되는 글 몇 편은 아예 수록에서 제외했다. 그 밖에 명백한 오류를 바로잡기 위해서, 그리고 용어의 통일을 기하기 위해서 일부 수정한 이외에는 원래의 발표문 형태를 될 수 있는 한 그대로 유지했다. 지금의 눈에는 유치하거나 소박해 보이더라도 당시로서는 그게 저자 자신의 정직한 모습이었다고 생각되기 때문이다.

이제 우리의 현대 중국 문학 연구도 종래의 편향성을 벗어나 균형을 얻고 빠른 속도로 깊이와 넓이를 이루어가는 중이다. 저자 역시 종래의 질곡으로부터 벗어나 자신의 연구 지평의 깊이와 넓이를 새롭게 조망하고자 한다. 이 책에 실린 글들 중 약간은 그 새로운 조망을 탐색하는 가운데 씌어졌다. 이 책의 출판을 전환의 계기로 삼아 현대 중국 문학의 연구자로서의 '나'를 강화하고 그 '나'와 한국 문학의 비평가로서의 '나'를 통합시키기 위해 노력할 것을 스스로 다짐한다.

그나마 이만큼의 책이라도 나올 수 있기까지에는 많은 분들의 작용이 있었다. 저자에게 현대 중국 문학 연구의 길을 열어주시고 그 동안의 전도정에서 내내 지도와 격려를 아끼지 않으신 스승 김시준 선생님, 그리고 늘 무언의 압력과 따뜻한 애정을 함께 주신 중국현대문학학회의 여러 동학들께 깊이 감사드린다.

1995년 12월
청주에서
전 형 준

차 례

1

20세기 중국 문학론 비판
현대 중국 문학 연구의 몇 가지 문제
현대 중국 문학의 어제와 오늘
대만 문학에 대하여

20세기 중국 문학론 비판

1. 20세기 중국 문학론의 의의

20세기 중국 문학론이 처음 제기된 것은 1985년 5월 북경 만수사(萬壽寺)에서 열린 '중국현대문학연구창신좌담회(中國現代文學硏究創新座談會)'에서였다. 북경대학의 전리군(錢理群)·황자평(黃子平)·진평원(陳平原)은 이 좌담회에서 '20세기 중국 문학'이라는 개념을 제기하고, 이를 동년 7월까지 두 달에 걸쳐 논문화하여 격월간 『문학평론』, 1985년 제5기에 「'20세기 중국 문학'을 논함(論'二十世紀中國文學')」이라는 제목으로 발표하였다.

이 논문은 학계에 커다란 반향을 불러일으켰다. '20세기 중국 문학'이라는 개념은 금세 학계에 확산되었고, 특히 소장 학자들에게 열렬한 지지를 받았다. 예를 들어 복단(復旦)대학의 진사화(陳思和)는 그의 『중국 신문학에 대한 총체적 조망(中國新文學整體觀)』 한국어판 서문에서 중국 현대 문학 연구사를 크게 세 시기로 나누면서 그 세번째 시기를 1985년부터로 잡고 그것을 "'중국 20세기 문학' 연구 시기"라고 부르고 있다(陳思和, 7).

20세기 중국 문학론의 긍정적 의의를 우리는 다음과 같은 몇 가지 측면에서 짚어볼 수 있다.

첫째, 그것은 중국 현대 문학사의 전과정을 하나의 유기적 전체로 파악함으로써 중국 현대 문학 연구에 있어서 하나의 질곡으로 작용해

왔던 '근대(近代)' '현대(現代)' '당대(當代)'의 시대 구분법으로부터
성큼 벗어났다.

둘째, 그것은 문학사를 사회·정치사로 환원시키고 사회·정치사
로 문학사를 규정해오던 종래의 문학사 인식의 완강한 관습을 해체하
고 문학 자체로부터의 문학사 인식의 가능성을 제시하였다.

셋째, 그리하여 그것은, 진사화의 표현을 빌리면, "혼돈되고 정해
진 틀이 없는 문학의 모습"을 가짐으로써 연구자들로 하여금 "여러
가지 주체적인 의식을 투사시켜 자유로운 해석을 할 수 있"게 해주었
다. "'20세기 중국 문학'이라는 명제의 제기는 현대 문학의 연구 대
상을 해방시켜주었을 뿐만 아니라 연구자 자신들도 해방시켰다"라고
진사화는 말한다(陳思和, 8).

넷째, 그것은 1898년에 시작된 사대부 문학 개량 운동과 1917년에
시작된 신문학 운동 사이의 관계를 연속성의 관계로 파악하고 중국
현대 문학의 기점을 1898년으로 설정함으로써 중국 현대 문학 기점론
에 새로운 국면을 열어주었다. 그리고 그것은 중국 현대 문학과 중국
고전 문학 사이의 관계를 단절로 파악하되, 종래의 단절론과는 아주
다르게, 마치 탯줄의 단절을 통해 태아가 모체로부터 독립된 개체로
화하는 것과도 같은 '심각한 연계'로서의 단절로 파악함으로써 심층
적 차원에서의 양자의 관련 가능성을 제시하였다.

다섯째, 그것은 대체계로서의 세계 문학과 소체계로서의 중국 문학
의 관계라는 구도 위에 중국 현대 문학의 형성과 전개가 세계 문학의
그것에 대해 갖는 '동보성(同步性)'을 전면에 내세우면서 중국 문학
이나 서양 문학이나 동등한 자격으로 세계 문학의 일부가 되고 있다
고 파악함으로써 종래의 서양 문학에 대한 열등 콤플렉스와 맹목적인
서양 문학 배격의 태도를 함께 넘어섰다.

여섯째, 그것은 문학 이론과 문학사, 문학비평을 긴밀히 관련시켜
야 한다고 주장함으로써 그것들을 분리해온 종래의 관습을 타파했다.

20세기 중국 문학론은 중국 현대 문학 연구사에서 확실히 획기적인

것이라고 할 수 있다. 그리고 최근 10년 간의 중국 현대 문학 연구는 20세기 중국 문학론이 열어놓은 길을 따라 괄목할 만한 성과들을 내놓고 있는 것이다.

그러나, 위에서 살펴본 20세기 중국 문학론의 긍정적 의의들은 어디까지나 상대적인 것들이다. 그것들은 다 나름대로 문제를 포함하고 있고 일정한 편향성을 띠고 있다. 물론 적지 않은 문제들이 그 동안 극복되기도 했지만, 현시점에서 볼 때 어떤 문제들은 오히려 악화되기도 하고 어떤 편향은 정도가 심해지면서 일정한 왜곡으로 이어지기도 한다. 비판의 작업이 필요한 이유이다. 1985년 이후의 진전이나 변화에 대한 검토도 필요하겠지만 그 모태 내지 원형이라 할「'20세기 중국 문학'을 논함」을 비판적으로 읽는 일이 우선적으로 요청된다. 이후의 변화들의 싹이 이미 그 모태 내지 원형에 대부분 잠재되어 있는 것이다. 우리의 비판은 비난의 뜻이 아니다. 그것은 객관화하고 상대화하는 일일 뿐이다. 우리의 비판은 20세기 중국 문학론에 대해 기본적으로 동지적 입장에서 행해지는 비판임을 먼저 밝혀두어야겠다.

또 한 가지 지적해둘 것은 중국에서 중국인에 의해 이루어지는 중국 현대 문학 연구와 한국에서 한국인에 의해 이루어지는 중국 현대 문학 연구 사이에는 차별성이 존재하며 또 존재해야 한다는 점이다. 한국에서 한국인에 의해 이루어지는 중국 현대 문학 연구는 그 자체로 한국 문화의 일부인 것이다. 경우에 따라서는, 중국에서 중국인에 의해 이루어지는 중국 현대 문학 연구의 경향에 대해 한국의 중국 현대 문학 연구자가 정면으로 반대해야만 하는, 그리고 그 반대에 의해서만 한국에서 한국인에 의해 이루어지는 중국 현대 문학 연구가 의미를 가질 수 있는 상황도 얼마든지 가능하다. 요컨대 한국에서의 중국 현대 문학 연구는 중국에서의 중국 현대 문학 연구를 추수하는 것이 아니라 객관화하고 상대화해야 하는 것이다.

2. 비 판

1) 20세기 중국 문학론의 이론적 핵심은 유기적 전체 개념에 있다. 중국 현대 문학을 하나의 유기적 전체로 파악한다고 할 때 중요한 것은 그 파악 자체가 아니라 유기적 전체성의 내용이 무엇인가 하는 것이다. '20세기 중국 문학'이라는 명명은 그 내용에 대한 규정성을 지니지 않는 명명이다. 그것은 단순히 20세기라는 시간 개념만을 지시한다. 그렇기 때문에 오히려 어떤 개방성이 확보될 수는 있다. 그 개방성을 가리켜 진사화는 "혼돈되고 정해진 틀이 없는 문학의 모습"이라고 표현하면서 그것이 "여러 가지 주체적인 의식을 투사시켜 자유로운 해석을 할 수 있"게 해주었다고 말하는 것이다(陳思和, 7). 그 개방성은 종래의 문학사 인식의 협소한 규정성(신민주주의 혁명 시대의 '현대 문학'과 사회주의 시대의 '당대 문학'이라는)과 관련지어보면 분명히 그로부터의, 진사화의 표현 그대로, '해방'이라 할 수 있다. 그러나 그 명명의 중립성에 부합되게 시간 개념 이외의 아무런 내용적 규정도 지니지 않는다면 20세기 중국 문학론은 그야말로 공허한 논의가 되어버리고 말 것이다. 물론 20세기 중국 문학론은 그 명명과는 달리 일정한 내용 규정을 함축하고 있다.

20세기 중국 문학은 지금도 진행중인 하나의 과정이다. 무엇이 진행중인가 하면 "고대 중국 문학으로부터 현대 중국 문학으로 전변·과도하여 최종적으로 완성하는"(『文學評論』, 3) 일이 진행중이다. 우리에게는 이 말이, 어폐가 있는 게 아닌가 할 정도로 이상스럽게 느껴진다. 그것은 '완성'의 목적어가 무엇인가 하는 것 때문이다. 오복휘(吳福輝)가 "그들은 금세기의 중국 문학이 세계 문학과 마찬가지로 동서 문화의 대충돌·대교류 속에서 생성하고 '고전'으로부터 '현대'로의 과도를 최종적으로 완성하는 것이라고 생각한다"라고 설명하고 있는 것을 보면(『三人談』, 111) '완성'의 목적어를 '전변·과도'로 보는 것이 중국어 어법상으로 자연스러운 것인 듯하다. 그런데 그렇게 읽는 것이 우리에게는 대단히 이상스러운 것이다. 왜 그런가 하면, 그렇게 읽을 때 중국 현대 문학은 아직 미완성인 상태이며 20세기 중국 문학은 중국 현대 문학 자체가 아니라 중국 현대 문학을 향해 나아가는 과도적 존재인 것이 되는데 이런 발상이 이상스럽게 여겨지기 때문이다. 우리의 생각으로는, 20세기 중국 문학이, 그 전개 과정 자체가, 거기에 포함된 약점이나 한계까지를 다 포함하여, 그리고 그 약점·한계를 극복하고자 하는 노력까지 다 포함하여 그 자체로 중국 현대 문학인 것이지, 그것이 무슨 과도라는 식의 발상은 전혀 떠오르지 않는 것이다.

20세기 중국 문학론에서의 중국 현대 문학은 하나의 이념형인 것이다. 우리가 보기에 20세기 중국 문학은, 명백히, 근대 문학이다(중국어로는 '현대 문학'이 되겠다. 우리말에서는 근대가 가치 개념이지만 중국어에서는 현대가 가치 개념으로 사용되고 있으므로). 20세기 중국 문학론은 근대 문학을 실제로서의 근대 문학과 이념형으로서의 근대 문학이라는 두 가지 층위로 파악하는 것이다. 그리고 결함 있는 실제로서의 근대 문학이 결함 없는 이념형으로서의 근대 문학을 향해 나아가는 하나의 과정을 설정한다.

그 과정이 진행되는 시간이 마침 20세기이어서 그 과정의 이름이 20세기 중국 문학이 되는 것이겠지만, 이런 시간적 명명은 참으로 임시 방편의 것이라 하지 않을 수 없다. 곧 21세기가 도래하면 그 명명은 넌센스가 되어버리지 않겠는가, 하는 아주 소박한 질문마저도 그것은 감당하지 못한다. 사실상 그 명명은 결코 우연한 것이 아니다. 일차적으로는 종래의 근대—현대—당대라는 3분법과 혼동될 것을 염려해서였겠지만, 그러나 깊은 의미에서 보면, 그 명명은 근대 문학을 실제로서의 근대 문학과 이념형으로서의 근대 문학으로 이원화하여 바라보는 데서 비롯되는 것이다. 실제로서의 근대 문학이 이념형으로서의 근대 문학을 향해 나아가는 과정, 그것을 근대 문학이라고 부르는 것은 뭔가 어색하다, 그러니 명칭은 중립적인 것이 좋겠다, 이런 맥락인 것이다.

더욱 깊은 의미에서 보면 그 명명에는 근대 및 근대성에 대한 정면에서의 통찰을 회피하고자 하는 의도가, 의식적이든 무의식적이든, 숨어 있다. 명명의 문제는 적합성의 문제일 뿐이므로 사소한 것이라고 할 수도 있겠으나 이 의도는 결코 사소한 문제가 아니다. 그 회피의 의도는, 근대 문학을 이념형과 실제로 구분하고 있는 것 자체가 사실은 근대 및 근대성에 대한 분명한 입장을 가지고 있음을 표지해주는바, 그 입장과 동전의 앞뒤처럼 맞물려 있다. 그것이야말로 전형적인 근대주의의 모습이다. 완성을 향해 나아가는 선조적 진보의 과정(때로 곡절이 있기도 하지만 전체적으로는 확고부동한 방향성을 갖는), 그 과정의 끝에는 일종의 유토피아로서의 완성이 있는 것이다. 실제에 있어서 그 완성은 영원히 도래하지 않는 것이고, 존재하는 것은 오직 근대화에 대한 도저한 낙관적 신뢰일 뿐이다. 그 낙관적 신뢰의 실제적 내용이 무엇인지에 대해서는 아래에서 다시 검토하기로 하자.

2) 20세기 문학론이 문학 자체로부터의 문학사 인식의 가능성을 제시하였다는 점은, 중국에서의 중국 현대 문학 연구사의 맥락에서 보자면, 대단히 높이 평가되어야 한다. 가령, 1898년의 사대부 문학 개량 운동을 고대 중국 문학과의 전면적인 심각한 단절의 시작으로 보는 근거는 그 운동에서 "문학 관념에서 작가의 지위에 이르기까지, 표현 수법에서 장르·언어에 이르기까지, 변혁의 요구와 실제적 도전이 모두 동시에 출현"했다는 데 있다(『文學評論』, 5). 또 20세기 중국 문학이 하나의 유기적 전체가 되는 것도 문학 내적인 성격에 그 근거를 두고 있다. 제2절에서는 주제 사상의 측면에서, 제3절에서는 미감(美感)의 측면에서, 제4절에서는 문체의 측면에서 그 근거를 밝히고 있다. 주제 사상의 측면에서 보면 20세기 중국 문학은 '민족 영혼의 개조'를 총주제로 삼은 '진지한 문학, 열정적인 문학, 침통한 문학'

이고, 미감의 측면에서는 '비량(悲凉)'의 문학이며 '격앙'과 '냉소'라는 상반되는 두 가지 미감 색채가 뒤엉킨 문학이고, 문체의 측면에서는 예술 형식이 전체 문학 과정 속에서 변증법적으로 발전(雅와 俗, 보급과 제고, 主義와 예술, 선전과 오락, 민족화와 현대화 등의 대립쌍들을 예시한다)한 문학이다. 이러한 파악의 구체에 대해서는 세부적으로 얼마든지 이의를 제기할 수도 있고, 전체적으로 다른 파악을 시도할 수도 있을 것이다. 예컨대, '민족 영혼의 개조'를 총주제로 삼았다는 것은 나름대로 일리가 있지만 소군화(蕭君和)가 지적한 '객관 세계의 개조'라든지(『三人談』, 121), 손옥석(孫玉石)이 지적한 '인간 해방'이라든지(『三人談』, 125) 하는 것들로 수정하거나 보완할 수 있는 것이며, 또 '비량'이라는 미감 특성도 소군화가 지적한 '비분' '비장'에 의해 보완될 수 있다.

그러나 우리가 여기서 문제삼고자 하는 것은 다른 것이다. 문학 내부에 대한 관심으로의 전환은 좋은데, 그것이 이제는 거꾸로 문학과 문학 외적인 것과의 관련에 대해 소홀히한다는 점이다. 물론 완전히 무시하거나 배제하는 것은 아니다. 자세히 보면 주제 사상, 미감 · 문체 등에 대한 해명이 일정한 정도로 사회정치적인 설명을 받고 있다. 그런데 특징적인 것은 사회경제적 관련에 대해서는, 전혀 없다고 해도 좋을 정도로, 설명이 주어지지 않는 것이다. 사회주의 시대에 대해서는 그렇다 쳐도, 그 이전의 반식민지 반봉건 시대, 그리고 자본주의 시장 경제로의 진입 이후인 신시기(新時期)에 자본의 운동과 문학 내적인 것과의 관련은 우리가 문학을 유기적 삶의 총체 속에서 인식할 때 간과할 수 없는 본질적 차원의 문제이다.

문학 이론상으로 볼 때 20세기 중국 문학론은, 문학사의 기술은 문학적 기준에 의거해야 한다는 르네 웰렉식의 온건하면서 소박한 문학주의를 넘어서지 못하고 있다. 이 웰렉식의 문학주의가 갖는 한계는 이미 오래 전에 드러났다. 문학사 기술에서 우리가 껴안지 않으면 안 될 물음들, 예컨대 문학사란 무엇인가, 문학을 문학이게끔 해주는 성격, 즉 문학성이란 무엇인가, 이와 관련하여 문학사의 기술 대상은 무엇인가 등등의 물음들이 구조주의적·기호학적·해석학적·수용 미학적·후기 구조주의적, 그리고 심지어는 최근에 대두되고 있는 인 지과학적, 혹은 네오 마르크스주의적 등등의 맥락에서 새롭게 제기되 고 깊이 있게 검토되어야 한다. 그 검토는 후기 자본주의 시대에서의 문학의 존재 조건에 대한 통찰을 심화시켜줄 것이다. 한마디로 말해, 문학성이라는 것은 시대를 초월한 고정불변의 것이 아니라 그 또한 시대의 변화에 따라 변화하는 것이고, 그 변화의 심층에서 작용하는 가장 중요한 맥락 중의 하나가 사회경제적인 맥락인 것이다. 그 맥락 은 환원적 맥락이 아니라 그것이 문학에, 필경은 문학성의 차원에까 지, 내면화되는 그런 맥락이다. 20세기 중국 문학론이 거의 의도적이 라고 보일 정도로 사회경제적 맥락을 누락시키고 있는 것 또한 근대 화에 대한 낙관적 신념과 무관하지 않다.

3) 1898년을 20세기 중국 문학, 즉 근대 문학의 기점으로 삼는 데 에는 많은 논란이 있을 수 있다. 근대 기점론은 중국뿐만 아니라 비서 구 지역 어디에서나 쉽게 해결되지 않는 논쟁적 난문제이다. 사실상 기점 문제는 그 자체로서는 그렇게 중요한 의미를 갖는 것이 아니고, 오히려 그것에 집착하면 비생산적인 형식 논리에 함몰될 위험을 초래 할 뿐이다. 어쩌면 기점론은, 마치 기원론이 그러하듯, 그 자체가 허 구의 논의일는지도 모른다. 그러나 기점론의 난점은 한 시대에서 다 음 시대로의 이행이 단순하지 않고 복합적이며 선조적이지 않고 중층 적인 과정이라는 것을 드러내는 데 역설적으로 기여할 것이다. 더욱 이 20세기 문학론에서의 기점 문제는 그것을 어떻게 파악하느냐에 따 라 근대성의 내용을 달리 파악하게 되는 하나의 관건이 된다. 여기서 중요한 것은 기점론이 근대성에 대한 본질적 논의와 유기적으로 결합 되어야 한다는 점이다.

1917년 설(說)이 흔히 서양 문학의 이식이라는 구도에 갇혀버리는 데 반해, 1917년 이전으로 기점을 끌어올리는 설들은 대체로 근대의 자생적 발생이라는 데에 주목하며 자생적 발생이 서구 제국주의의 문화적 침략으로 좌절되고 1917년부터 왜곡된 형태로 근대가 시작되었다고 본다. 그렇게 보는 것은 1917년의 신문학 운동을 서양 문학의 이식으로 본다는 점에서는 1917년 설과 다르지 않다. 이에 견주어볼 때 20세기 중국 문학론의 1898년 설은 독특하다. 우선 그것은 1898년을 자생적 발생으로 보지 않는다. 또한 1917년을 서양 문학의 이식으로 보지도 않는다(그럴 수 있는 것은 그것이 독특한 방식으로 세계 문학이라는 개념을 전제하고 있기 때문인데, 이 세계 문학 개념에 대해서는 아래에서 살펴볼 것이다). 그에 의하면 1898년은 고대 문학과의 전면적 단절이 시작된 해이고 1919년은 그 단절이 완성된 해이다. 말하자면 1898년부터 1919년까지는 20세기 중국 문학을 위한 준비기였다는 것이다. 이 준비기 동안 고대 문학으로부터 현대 문학으로의 이행이 진행된다.

이때 그 이행기를 어디에 귀속시키느냐 하는 문제가 제기될 수 있다. 논리적으로 보아, 이행은 이중적인 것이므로 뒤쪽으로 귀속시킬 수도 있고 앞쪽으로 귀속시킬 수도 있다. 20세기 중국 문학론은 그것을 20세기 쪽으로 귀속시켰지만 19세기 쪽으로 귀속시키는 것도 가능한 것이다. 어느 쪽으로 귀속시키든지 간에 여기서 필수적인 것은 1898년 전후의 차이와 1917년 전후의 차이를 명료화하는 일이다. 그런데 20세기 중국 문학론은 이행기를 20세기 쪽으로 귀속시키면서 1898년 전후의 단절을 강조하지만 1917년 전후의 단절에 대해서는 침묵한다. 단지 고대 문학과의 전면적 단절이 완성되었다는 설명만이 주어질 뿐이다. 사실상 1898년 전후의 단절은 근본적인 것이 아니었다. 백화문(白話文)은 이미 옛부터 있어왔던 것이고 시·소설·산문도 옛부터 있어왔던 장르이며 무엇보다도 문학 개량 운동의 세계관은 근본적으로 사대부적 세계관이었던 것이다. 그것은 대외적으로는 서구 제국주의의 위협에 직면하고 내부적으로는 봉건 사회의 모순의 팽창에 부딪혀 그 위기를 타개하되 사대부 계급의 지배 체제를 보존하면서 그렇게 하려는, 문자 그대로의 개량 운동이었다. 이 개량 운동을 부르주아 개량 운동으로 파악하는 데에 우리는 동의하지 않는다. 물론 역사에 있어서 이 대목이 복잡하고 혼란스럽게 얽혀 있음을 모르는 바 아니지만 그 표층에서의 착종 때문에 심층에서의 정체성을 혼동해서는 안 된다고 생각하기 때문이다. 경우에 따라 그 운동의 이중성, 그러니까 봉건적 보수성과 근대적 진보성의 착종에 주목할 수도 있겠지만, 그렇더라도 1917년 전후의 차이는 강조되어야 한다. 1917년 전후의 단절은 근본적인 것이었다. 여기서의 백화문은 명백히 근대적 백화문이었고 장르들은 근대적 장르들이었으며 신문학 운동의 세계관은 시민적 세계관이었던 것이다. 이 신문학 운동이 한동안 최대의 과제로 삼아 치른 것이 1898년 이래의 문학 개량 운동의 말류(末流)와의 싸움이었다는 것은 경시할 수 있는 문제가 아니다.

똑같은 1898년 설이라 하더라도 20년 가량의 이행기와 그 전, 그 후와의 관계를 어떻게 파악하느냐에 따라 기점론의 실질적 내용은 달라질 것이다. 20세기 중국 문학론의 1898년 설은 고대 문학과의 단절이라는 데 착안하고 있지만, 1917년 전후의 차별을 상대적으로 경시함으로써 거꾸로 그 단절의 계기를 점점 위로 끌어올리는 쪽으로 나아갈 소지를 마련하고 있다. 그 단절을 탯줄의 단절로 파악함으로써 전통과 근대 사이의 심층적 차원에서의 관련을 발굴해낼 수 있는 논리적 입지를 마련하였지만, 단절의 계기를 점점 위로 끌어올리다보면 필연적으로 내재적 발전의 계기가 점점 더 중시되게 되고, 전통과 근대의 심층적 차원에서의 관련이라는 것도 내재적 발전론의 강화에 복무하는 쪽으로 경사될 것이다. 비서구 지역에서의 근대 이행을 설명할 때 내재적 발전론은 대단히 유혹적인 것이지만 일방적으로 그쪽으로 편향되면 그 귀결은 국수주의인 것이다.

4) 세계 문학 개념의 독특한 설정은 20세기 중국 문학론의 최대의

강점이지만 동시에 최대의 약점이기도 하다. 자본주의 세계 시장이 전면적으로 실현되어가고 국가와 민족의 경계가 빠른 속도로 지워져 가고 있는 오늘날 어떠한 국민 문학·민족문학도 세계 문학과의 관련 속에서 살펴지지 않으면 그 올바른 모습을 파악할 수가 없다. 현재의 상황은 제도로서의 국민 문학·민족문학의 정체에 해체의 조짐이 나타나고 있을 정도이다. 그러나 이런 시점에서도 세계 문학이라는 개념은 여전히 모호하다. 그것은 어떤 보편적 실체인가. 아니면 여러 국민 문학·민족문학의 단순한 집합인가. 혹은 그야말로 단순히 외국 문학들의 총칭인가.

20세기 중국 문학론이 설정한 세계 문학은 거의 보편적 실체 개념에 가깝다. 그것은 괴테와 마르크스의 언술을 빌려, 이미 19세기 전반에 세계 문학의 실현이 예견되고 있었음을 예증하고, 그 예견대로 20세기는 세계 문학이 초보적으로 형성된 시대라고 진단한다. 그러면서 미묘한 진술을 행한다.

> 개별 국민 문학(國別文學)은 세계 문학이라는 대체계에 편입된 뒤에 일종의 '체계질(體系質),' 즉 실체 자체로부터가 아니라 실체들 사이의 관계로부터 결정되는 일종의 질을 획득했다. (『文學評論』, 4)

이는 세계 문학이 초보적으로 형성된 20세기에 개별 국민 문학들이 세계 문학과 어떻게 관계를 맺는가에 대한 설명이다. 이 설명에 의하면 세계 문학은 하나의 체계, 개별 국민 문학·민족문학 들이라는 실체들의 관계로 이루어지는 하나의 체계이다. 20세기의 개별 국민 문학·민족문학 들은 그 체계 속으로 들어가야 한다. 아니, 그 체계로부터 자유로울 수 없다고 말하는 편이 더 적절할 것이다. 세계 문학이 형성되었다는 것은 거꾸로 말해 모든 개별 국민 문학·민족문학 들이 그 속에 이미 들어가 있다는 뜻이기 때문이다. 개별 국민 문학·민족문학은 세계 문학 속에 들어감으로써, 다시 말해 여러 국민 문학·개별 문학들 사이의 관계망 속에 들어감으로써 종래에는 없던 새로운 질을 획득한다. 상당히 요령 있는 설명인 듯하다. 그러나, 다른 곳에서 세계 문학을 언급하는 경우들을 보면 세계 문학은 실제로 하나의 보편적 실체로서 나타나고 있다.

1) ‘세계 문학’을 참조 체계로 삼는다면, 개별적인 우수한 작품은 제외하고 총체적으로 말해, 20세기 중국 문학의 인간성에 대한 발굴은 철학적 깊이를 현저히 결핍하고 있다. (『文學評論』, 7)

2) 바로 이 모든 것이 20세기 중국 문학으로 하여금 동시대의 세계 문학과 상통하는 현대적 비극감을 가지게 하였으며 또한 자신만의 독특한 비량(悲凉)의 색채도 가지게 하였다. (『文學評論』, 9)

눈에 띄는 대로 두 곳에서 예문을 취했거니와, 여기서의 세계 문학은 각 개별 국민 문학·민족문학 들에 공통되는, 그리하여 대체적으로 보편적인 것으로 인정될 수 있는 문학적 경향과 다름아니다. 사실 그것이 보편적 실체이냐 관계망이냐 하는 것은, 미묘한 문제이기는 하지만 큰 문제는 아니라고도 할 수 있다.

문제는 세계 문학이 누군가에 의해 주도되는 것인가, 아니면 내부적으로 상호 동등한 관계 속에서 성립되는 것인가 하는 데 있다. 괴테나 마르크스의 언술 속에서의 세계 문학은 서양 문학의 주도성을 전제한 세계 문학이다. 실제로 서양 문학은 20세기에 들어 비서양 지역의 국가들로 확산되어 그들의 근대 문학 형성에 결정적인 작용을 하였다. 비서양 지역 국가들의 근대 문학 형성이 서양 문학의 이식이건, 서양 문학의 수용이건, 혹은 서양 문학과의 주체적인 상호 작용이건 간에 거기에 대해 서양 문학이 결정적인 작용을 하였다는 데에는 의심의 여지가 없다. 물론 20세기말에 가까워지면서는 양상이 상당히 달라진다. 서양 문학의 주도성은 현저히 약화되고 비서양 문학들의 지위가 향상되었으며 때로는 비서양 문학들이 세계 문학의 흐름에 주도적 작용을 하기도 하는 것이다. 냉정하게 살피면, 20세기의 세계 문학은 그 내부의 주도성이라는 각도에서 두 개의 단계로 나뉘는 것이 더 실제에 부합되는 것 같다.

20세기 중국 문학론은 그 중 두번째 단계의 양상을 전체적 양상으로 확산시켜 이해하고 있다. 그럼으로써 종래의 서양 문학에 대한 열등 콤플렉스를 벗어나는 데 성공하고 있다. 그러나 이것은 사실과 부합되지 않는다. 20세기초의 서양 문학과 세계 문학의 상황을 다음과 같이 묘사하는 것을 보면 이는 거의 의도적인 오해인 것처럼 보인다.

세계의 문학 예술이 이미 '유럽 중심주의'를 극복하고 각 민족의 척도를 가지고 각 민족의 예술을 평가하기 시작했을 때〔……〕『文學評論』, 5)

이러한 세계 문학의 현상이 나타나기 시작한 것은 아무리 빨리 잡아도 2차 세계 대전 이후의 일이다. 20세기초에 중국 문학이 동시대의 세계 문학과 동보성을 가졌다면 그것은 서양 문학을 제외한, 비서양 지역의 문학들과의 동보성이다. 문화적 식민주의의 공세 속에서 서양 문학 주도의 세계 문학 속으로 편입되어가는 과정을 그것들은 공유했던 것이다.

유기적 전체성의 확보를 위해 그러한 의도적 오해를 불사했으리라고도 짐작이 되지만, 그러나 그른 것은 그른 것이다. 실제에 있어서 서양 문학 주도의 세계 문학(문화적 식민주의의 관철을 내용으로 하는)인 것을 서양 문학도 그 중 일부일 뿐인 상호 동등한 관계망으로서의 세계 문학으로 파악하는 것은 그 자체로 문화적 식민주의 이데올로기의 한 양상일 뿐이다. 우리가 세계 문학이라는 말을 조심스럽게 사용하는 이유는 그 때문이다. 위 인용에 이어지는 말이,

우리는 오히려 옛 것을 좋은 것이라고 오해하고 3천 년이나 묵은 내부의

질곡을 벗어날 길이 없었다. (『文學評論』, 5)

인 것을 보면, 20세기 중국 문학론은 반봉건의 맥락에 한결 투철하되 반제국주의(그리고 반식민주의)의 맥락에서는 상대적으로 문제 의식이 취약하다고 해야겠다.

세계 문학이라는 것과 관련하여 한 가지 더 지적할 것은 20세기 중국 문학론이 사회주의 문학을 지나치게 경시한다는 점이다. 중국 문학이 20세기초의 세계 문학과 가졌던 동보성은 엄밀히 말해 비서구 지역의 문학과의 동보성이었다. 그것은 주로 19세기 서양 문학(그러니까 이미 한 세기 전의 것이다)의 수용이라는 모습을 하고 있었다. 그러나 1920년대말부터 시작된 프로 문학 혹은 사회주의 문학의 탐구는 문자 그대로 세계 문학과 동보적이었다. 그것은 세계적으로 동시대성을 갖는 것이었다. 그 탐구가 많은 가능성들을 품고 있었다는 사실 자체는 우리가 부인할 수 없다. 비록 현실 사회주의 국가들에서는 스탈린주의, 즈다노프주의의 늪 속으로 삼켜지고 말았지만 서양에서는 그 가능성들이 제한된 범위에서나마 나름대로 빛나는 결실들을 이루었던 것이다. 필요한 것은 그 가능성들이 왜, 어떻게 해서 즈다노프주의 속으로 함몰되고 말았는가 하는 데 대한 깊은 성찰, 그리고 그 가능성들의 현재적 의미에 대한 재탐색이지 그것들을 없었던 것으로 치부하거나 한사코 외면하는 태도가 아니다.

3. 근대화에 대한 낙관과 그 위험성

이상으로 네 가지 주요한 측면에서 비판점들을 검토해보았다. 지엽적이거나 부분적인 지적들이 더 있을 수 있지만 그러나 그것들을 건너뛰어도 우리는 어느 정도의 결론을 내릴 수가 있을 것 같다.

전체적으로 보아 20세기 중국 문학론은 근대화에 대한 도저한 낙관을 그 기본적 시각으로 하고 있다. 그 낙관이 이념형으로서의 근대 문학을 향하는 과정이라는 개념을 낳고, 근대의 내용으로서의 근대성에 대한 깊이 있는 비판적 성찰을 경시하게 만든다. 이 낙관은 물론 신시기 진입 후의 중국의 현대화 노선과 관련된다. 이 현대화의 실제적 내용은 자본주의 시장 경제의 활성화, 그리고 자본주의 세계 시장으로의 본격적 편입이다. 여기서 새로운 문제로 대두될 수밖에 없는 것이 자본주의의 모순이다. 노자(勞資)간의 모순, 빈부 격차의 증대 등은 물론이고 더욱 깊은 의미에서는 노동의 소외, 의식의 사물화와 같은 문제들이 나타나게 되는 것이다(1985년 당시는 아직 심각하지 않았겠지만 이제는 이미 심각한 문제로 대두되고 있음이 분명하다). 이 문제에 대해 20세기 중국 문학론은 외면하고 있다. 어쩌면 그 외면은 의도적 외면인지도 모르겠는데, 그 외면이 문학 내부를 강조하면서(이는 올바르지만) 문학과 사회경제의 관련을 도외시하게(이는 옳지 않다) 만든다.

오늘날 근대가 새로이 문제시되고 있는 이유는 '자본주의―근대/사회주의―근대 이후'라는 명쾌한 도식을 세계사의 실제적 전개가 붕괴시켰다는 데 있다. 여기서 근대의 긍정성을 확인하는 입장도 있을 수는 있겠으나 그것은 온당치 못하다. 어느 시대에나 문학은 자기 시대의 보편성, 혹은 보편성이라고 알려져 있는 것에 의문을 제기하며 그 시대의 모순과 갈등을 인식하고 그것에 언어적 표현을 부여하려 하는 것이다. 근대 문학이 근대의 추구와 근대 극복의 추구라는 상반되는 두 가지 지향의 공존 속에서 존재하고 운동한다는 것은 지극히 자연스러운 일이다. 그러니까 근대의 시작 이후 오늘날까지를 그 이중성에 입각해서 살피고 그리하여 포괄적 의미에서의 근대성을 비판적으로 인식하는 일이 요청되는 것이다.

20세기 중국 문학론은 근대화에 대한 낙관이라는 전망을 가지고 있으면서 그 현재적 전망을 역으로 과거에 투사함으로써 문학사 이해의 여러 곳에서 오류를 범하고 있다. 우리가 문학사는 항상 새로 씌어져야 한다고 말할 때 그것이 의미하는 것은 과거의 문학적 사실을 과거의 맥락에서만 보아서는 안 되고 현재적 입장에서 재구성하여야 한다는 것이다. 그러니까 과거의 문학적 사실이 어떻게 현재에 충격을 주고 현재에 의해 재구성되는가를 밝혀야 한다는 것이다. 그러나 과거의 문학적 사실은 객관성을 잃지 않으면서 후대의 독자들에 의해 그 의미가 끊임없이 변모되고 확대되어야 하는 것이지 현재적 재구성에 의해 그 객관성을 손상당해서는 안 된다.

한편 대외적으로 보자면, 자본주의의 모순은 자본주의 세계 시장 속에서도 여전히 심각하게 발현되고 있다. 자본주의 세계 시장은 호혜 평등의 공간이 아니라 국가들간의 억압 관계, 발전과 저발전의 불균형 상태, 후진국의 선진국에의 정치경제적 종속 등으로 착종되어 있는 고통의 공간이다. 20세기 중국 문학론은 이 점 역시 경시하고 있다. 오히려 자본주의 세계 시장 속에서 중국이 주도적 지위로 상승할 것에 대한 낙관에 휩싸여 있는 것으로 보인다. 그 낙관이 20세기의 세계 문학에 대한, 특히 20세기 전반의 세계 문학에 대한 기묘한 의도적 오해를 낳는다. 이 의도적 오해는 탈식민주의가 아니라 반대로 새로운 제국주의에의, 그리고 국수주의에의, 더더욱이 동아시아내에서의 중국 주도성에의 은밀한 욕망과 아무런 관계가 없는 것일까. 설사 20세기 중국 문학론 자체에는 의식적으로나 무의식적으로 그런 욕망이 작용하지 않았다 하더라도 그 논리의 체계 속에 그런 욕망이 배태될 수 있는 구조가 숨어 있다고는 분명히 말할 수 있겠다.

동아시아 지역의 개별 국민 문학·민족문학 들은 근대로의 이행이 시작되면서부터 동보적인 역사적 경험을 하였다. 여기서 일본은 사실상 상당히 예외적이다. 적어도 청·일 전쟁 및 러·일 전쟁 이후 군국주의에 이르기까지의 일본의 경험은 제국주의적 근대의 특별한 예인 것이어서 중국과 한국이 겪은 제3세계적 근대와는 확연히 대립된다. 우리는 서구적(제국주의적) 근대성과 동아시아적(제3세계적) 근대성을 변별해서 살펴야 한다. 서구적 근대성은 선발 자본주의, 제국주의와 맞물려 있고 동아시아적 근대성은 후발 자본주의, 식민지와 맞물려 있기 때문에 그 내용이 분명히 다른 것이다. 그러나 이 두 가지 서로 변별되는 근대성들을 포괄하는 세계적 의미에서의 근대성이 전제되어야 할 것이다. 근대성이라는 것이 두 종류가 있다기보다는 보편적 근대성의 두 측면이 있다고 보아야 한다는 것이다. 그 한 측면이 서구적 근대성이고 다른 한 측면이 제3세계적 근대성이다. 세계사는 이 두 측면이 서로 표리 관계임을 알려준다. 쉽게 말해 선발 자본주의, 즉 제국주의는 후발 자본주의, 식민지 없이는 성립되지 않는 것이다. 여기서 서구적 근대성만이 진정한 근대성이고 제3세계적 근대성은 불구나 기형의 근대성, 혹은 아직 진정한 근대성에 도달하지 못한 것으로 여기는 것은 옳지 못하다. 제3세계적 근대성 역시 이미 보편적 근대성의 한 측면이기 때문이다. 오히려 탐색되어야 하는 것은 그 두 측면의 양자택일을 넘어서는 제3의 길은 없는가 하는 것이다. 20세기에 시도되었던 사회주의적 탐색이 그 예가 될 터인데, 그러나 그것은 20세기말에 와서 일단 현실적으로 좌절되었다. 물론, 20세기 후반에 와서는 양상이 무척 달라졌다. 신식민지 시대를 거쳐 자본의 국제화와 세계 시장의 전면적 실현이 진행되어 종래의 제국주의/식민지의 구도는 희석된 것이다. 그러면서 이념적으로는 반근대주의가 대두되고 새로이 탈근대가 논의되고 있다. 근대의 양측면이 이제 그 경계가 사라지고 전면적으로 상호 침투되고 있는바, 그 상호 침투는 문제를 훨씬 복잡하고 중층적인 것으로 만들며 자본주의 세계 시장을 더욱 반(反)인간적이고 고통스러운 공간으로 만들고 있다. 바로 이러한 자리에 우리는 서 있는 것인데, 그러므로 문학을 하는 우리는 근대 추구와 근대 극복의 이중적 과제를 자국 문학내에서는 물론이고, 넓게는 동아시아 문학, 더 넓게는 세계 문학내에서 호혜 평등의 보편성을 지향하는 가운데 추구해야만 하는 것이다. 그 기반은 비판적 지성의 국제적 연대일 것이다. 　　　　　　　　　　　　　　　　〔1995년 12월〕

* 인용된 책

1) 陳思和, 『中國新文學整體觀』, 한국외대 중국현대문학연구회 옮김,
   『20세기 중국 문학의 이해』, 청년사(서울, 1995).
2) 『文學評論』, 1985년 第5期.
3) 黃子平·陳平原·錢理群, 『二十世紀中國文學三人談』, 人民文學出
   版社(北京, 1988).

현대 중국 문학 연구의 몇 가지 문제

이 글은 중국현대문학학회 편집위원회의 설문에 응답하는 지상 토론의 형식으로 씌어진다. 편집위원회의 문제 제기는 매우 적절해 보인다. 제기된 다섯 가지 문제는 중국 현대 문학 연구의 현단계에서 가장 핵심적이라 할 수 있는 것들이고, 그 문제들에 접근하는 편집위원회의 시각과 태도 또한 썩 이치에 닿기 때문이다. 편집위원을 맡고 있는 젊은 연구자들의 학문적 성장의 정도를 이를 통해 충분히 짐작할 수 있는데, 그것은 아마도 우리 중국 현대 문학 연구계의 성숙, 혹은 성숙 가능성의 뚜렷한 징후일 것이다. 필자가 아직 체계성도 갖추지 못했으며 깊이도 얻지 못한 상태에서 천박한 견해를 피력하는 것은 그들의 노력에 조금이라도 부응하자는 뜻에서 말미암는다.

1. 현대 문학사의 시대 구분[1]

시대 구분은 역사에서 단위를 잡는 일이다(사실상, 시대 구분을 어

---

1) 이 항목의 세부 질문은 다음과 같았다.
　i) 기존의 삼분법을 중심으로 한 시기 구분법에 대해 평가를 해주시고, 긍정적이든 부정적이든 그 근거를 구체적으로 밝혀주십시오.
　ii) 또한 신시기에 새롭게 제기된 시기 구분 방법론에 대해서는 어떻게 생각하시는지 말씀해주십시오. 이른바 거시적 시각에서 20세기 문학론을 들고 나오며 중국 문학의 유기체적 정체성을 주장하는 이들도 있는데, '20세기 중국 문학'이란 개념과 그 속에 포함

떻게 할 것인가라는 문제는 문학의 역사를 기술하는 일이 가능하다는 판단 이후의 문제이다. 문학사 기술의 가능·불가능에 대한 논란 역시 만만치 않은 것이지만 이 자리는 일단 가능 쪽을 선택한 자리이므로 이는 일단 논외로 하자). 단위라는 것은 '일정한 내용, 일정한 사건의, 가능하면 동일한 질의 그것이 계속되는 시간'을 지칭한다. 그렇다면 무엇을 기준으로 단위를 잡을 것인가. 그것은 순서 개념인가, 본질 개념인가. 순서 개념에서는 한 단위와 다음 단위 사이의 계승적 관계(그것이 진화이든 단순한 변화이든 간에)가 중요해지고 본질 개념에서는 한 단위의 엄정한 자기 동일성이 중요해질 것이다. 순서 개념이든 본질 개념이든, 단위의 내용은 무엇인가. 그것은 문학 외적인 것인가, 문학 내적인 것인가. 이러한 양자 택일의 물음이 반드시 양자 택일의 답변을 요구하는 것은 아니다. 왜냐하면 문학사의 단위에는 양자가 모두 얽혀 있기 때문인데, 그러한 물음은 그 얽힘의 양상을 성찰하기 위한 방법적인 것이라 할 수 있는바, 시대 구분에 대한 우리의 고구는 그 물음들을 포괄하지 않으면 아주 피상적이고 소박한 것에 그칠 수밖에 없을 것이다.

　중국 문학계에서 종래 사용되어왔고, 근자에 들어 적지 않은 이의 제기가 있었음에도 불구하고 여전히 통용되고 있는 현대 문학의 시대 구분법은 주지하는 바와 같이 근대/현대/당대의 삼분법이다. 이 삼분법에는 많은 난점들이 포함되어 있다. 우리는 그것을 단위의 수, 각 단위의 명명, 각 단위의 실제 내용, 단위들간의 관계 등의 각도에서 고찰해볼 수 있다. 그러나 무엇보다 먼저 살펴보아야 할 것은, 우리 자신이 이미 그렇게 썼듯이, 이 세 단위들을 총괄하여 현대 문학이라고 부르고 있다는 점, 그리고 이 현대 문학과 그 이전 사이의 분기는 마치 자명한 것처럼 주어져 있다는 점이다. 근대/현대/당대가 현대

된 중요한 방법론적 특징으로서의 '정체 의식(整體意識)'에 대해 어떻게 생각하십니까?
　iii) 만일 위의 두 가지 방법을 모두 부정적으로 보신다면 선생님께서는 새로운 현대 문학사를 구성하기 위해서 어떤 대안을 가지고 계신지 말씀해주십시오.

문학을 삼분한 것이라면 넓은 의미의 현대 문학은 시간적으로 보아 아편 전쟁 이후 지금에 이르기까지의 문학이 되고, 아편 전쟁 이전은 '고전 문학'이 된다. 그러나 실제로 중국 문학계에서 통용되는 바로는 1917년 이후가 현대 문학이고 그 이전은 '고전 문학'이다. 왜 19세기의 문학은 통상적으로는 '고전 문학'이 되고 현대 문학의 분기를 이야기할 때는 현대 문학이 되는가. 실은 여기서부터 점검이 필요한데, 이는 현대와 근대의 개념 문제, 그리고 현대 혹은 근대의 기점 문제와 직결된다.

삼분법의 가장 큰 난점은 그 용어의 개념적 혼란에 있다. 근대·현대·당대는 동일한 위상의 개념들이 아니다. 그 셋은 영어의 modern의 가능한 세 역어인바, 근대는 가치 개념으로서 상대적이 아닌 절대적 역사 가치를 지니는 것인 데 비해, 현대와 당대는 그렇지 않다. 현대·당대는 몰가치적이고 상대적인 것으로서 영어의 contemporary에 해당하며, 더욱이 현대와 당대 사이에는 어감 이외에는 내용상의 실질적 차이가 없는 것이다. 아편 전쟁부터 1917년까지, 1917년부터 1949년까지, 1949년부터 지금까지, 이렇게 세 개의 시기를 분절하는 것은 나름대로 일리가 있겠으나, 그것들을 대등한 위상에서 자리매김하고 근대·현대·당대라고 명명하는 것은 옳지 않다. 거기에는 물론 일정한 의도가 각인되어 있다. 현대/당대의 구분에는 중화인민공화국의 정치적 입장이 깊숙이 각인되어 있다(사회주의 시대의 문학은 사회주의 시대 이전의 문학과는 근본적으로 구분되어야 한다는 당위가 작용하고 있는 것이다). 근대/현대의 구분에는, 현대는 우리가 동시대라고 느끼는 시간대이고 근대는 현대에 비해 상대적으로 과거에 속하는 시간대라는 통속적 용어법이 전제되어 있고, 더 근본적으로는 근대 혹은 현대의 기점 문제에 대한 애매모호한 태도가 내포되어 있다(여기서의 근대는 엄격한 의미의 근대가 될 수도 있고 안 될 수도 있다).

modern의 가치적 측면이 근대이고 몰가치적 측면이 현대라면 근대와 현대는 같은 것이지 서로 다른 것이 될 수 없다. 중요한 것은 근대＝현대의 기점이 어디냐이다. 그것이 1949년이든, 1917년이든, 아편 전쟁이든, 혹은 더 거슬러올라가 명말 청초이든 그 이후는 일괄해서 근대＝현대의 맥락으로 파악되어야 할 것이다. 어쩌면 기점론은, 마치 기원론이 그러하듯, 그 자체가 허구의 논의일는지도 모르지만, 그러나 기점론의 난점은 한 시대에서 다음 시대로의 이행이 단순하지 않고 복합적이며 선조적이지 않고 중층적인 과정이라는 것을 드러내는 데 역설적으로 기여할 것이다. 여기서 기점론의 험난한 늪을 헤쳐갈 필요는 없겠다. 우리가 확인할 것은 기점 설정의 기준이 무엇이냐이다. 정치·사회·경제가 기준이냐, 아니면 문학이 기준이냐 하는 것이다. 이데올로기의 불균등 발전을 끌어들일 것도 없이, 기준에 따라 기점은 달라질 수밖에 없다. 문학을 기준으로 한다고 할 때 우리는 그 기점을 명말 청초까지, 혹은 송대까지 끌고 올라갈 수도 있다. 그 때부터 문학에 있어서의 근대＝현대가 전면적으로, 보편적으로 실현되는 시기까지는 일종의 복합적이고 중층적인 이행기로 볼 수 있을 것이다. 그렇다면 전면적이고 보편적인 의미에서의 근대＝현대는 언제부터인가. 문학형을 가지고 살필 때 그것은 1917년이 될 수밖에 없다. 왜냐하면 사대부적 세계관에서 근대적 세계관으로, 사대부적 형식에서 근대적 형식으로, 문언문에서 백화문으로라는 근본적 전환이 거기에서 실현되기 때문이다. 그러니까 중국 근대(＝현대) 문학사의 기술은(이렇게 쓰고 보니 좀 이상스러운 느낌이 든다. 근대＝현대라는 등식을 조금 수정할 필요가 있을 수 있겠다. 그러니까 이른바 근대의 기점 이후 지금까지——물론 아직 탈근대가 전면적으로 실현되지는 않았다고 볼 때——가 근대이되 그 중에서도 지금을 살아가는 우리가 동시대라고 느끼는 정도의 시간대는 현대이다, 라고 말할 수 있을 것이다. 그렇다면 근대＝현대가 아니라 근대＞현대가 될 것이다), 수정하면, 중국 근대 문학사의 기술은 근대의 기점 이후 1917년까지의 이행기와 1917년 이후의 전면적 실현기를 연속적으로 포괄하는 형태가 되어야겠고, 그중에서도 오늘날의 우리가 동시대라고 느끼는 최근의 시간대를 특별히 현대라고 하위 구분하는 형태가 되어야겠다. 말하자면 현대 문학사의 시대 구분이라는 문제 자체를 근대 문학사의 시대 구분으로 바꾸어야 한다는 것이다. 송대, 혹은 명말 청초, 혹은 아편 전쟁, 혹은 청말부터 지금까지가 근대 문학이고, 그 근대 문학 중에서도 1917년 이전은 복합적 이행기, 1917년 이후는 전면적 실현기가 되며, 1917년 이후, 혹은 1942년 이후, 혹은 1949년 이후 지금까지는 근대 문학의 일부로서의 현대 문학이고 그 이전은 현대 이전의 근대 문학이다, 라고 보는 것이다(이때 현대는 아마도 1945년 이차 세계 대전의 종결부터, 혹은 내전이 종식되는 1949년부터로 파악되는 것이 온당할 터이다. 전세계적으로 그러하듯이, 중국 역시 반식민지 반봉건 사회로부터 자주적 민족 국가로 전환하기 때문이다. 그 전환은 단지 국가나 사회의 문제일 뿐만 아니라 문화 전반의 문제이기도 한 것이다). 이렇게 보면 결과적으로 삼분법의 틀은 대체로 그대로 남는데, 다만 그 기점 및 분기의 시각에 변화의 여지가 있게 되고, 무엇보다도 각 시기의 명명이 달라지고, 각 시대의 단위로서의 본질 개념적 내용이 달라지게 된다.

중국의 일부 연구자들이 제기하고 있는 20세기 중국 문학이라는 개념은 시대 구분의 여러 난점들을 극복한다기보다는 회피해가는, 좋게 말하면 대단히 중립적인 태도에서 비롯된다. 그 태도는 본질 개념을 세기라는 시간 개념에 기대었기 때문에 상대적으로 순서 개념을 전경화하게 된다. 순서 개념이 전경화되므로 한 단위의 엄정한 자기 동일성보다는 한 단위와 다음 단위 사이의 계승 관계, 즉 연속성이 강조된다. 20세기 문학론은 순서 개념에 편향된, 따라서 엄격한 의미에서 문학사의 시대 구분론으로는 큰 취약성을 갖는 것이 될 수밖에 없다. 소박하게 말해, 21세기(이제 몇 년 안 남았다)가 되면 21세기 중국 문학을 따로 설정해야 하지 않겠는가. 20세기 중국 문학과 21세기 중국 문학 사이에 변별이 어느 정도, 어느 차원에서 있건 간에 말이다. 문제를 끌어안고 싸워가기가 쉽지 않지만 우리는 문학사론에서 본질 개념 차원의 탐구를 회피해서는 안 될 것이다.

2. 전통과 근대성의 문제[2]

　문제 제기가 다소 혼란스러운 듯하므로 작은 물음 각각에 대해서만 간략히 답변하기로 하겠다.

　1) 이미 앞의 항목에서 어느 정도 얘기된 바이지만, 근대가 가치 개념으로서 상대적이 아닌 절대적 역사 가치를 본질 내용으로 지니는 것이라면 근대성은 당연히 '특정한 시기의 가치를 규정하는 개념'이 될 수밖에 없다. '낡은 것을 타파하고 새로운 것을 추구하는 보편적인 변화 원리'라는 것이 있다면 그것의 이름은 근대성이 아니라 진보성 내지 혁명성이 되어야 할 것이다.

　2) 서구적 근대성과 중국적(넓히면 동아시아적, 제3세계적) 근대성을 변별해보는 것은 의미 있는 작업일 것이다. 서구적 근대성은 선발 자본주의, 제국주의와 맞물려 있고 중국적 근대성은 후발 자본주의, 식민지와 맞물려 있기 때문에 그 내용이 분명 다른 것이다. 그러나 이 두 가지 서로 변별되는 근대성들을 포괄하는 세계적 의미에서의 근대성이 전제되어야 할 것이다. 근대성이라는 것이 두 종류가 있다기보다는 보편적 근대성의 두 측면이 있다고 보아야 한다는 것이다. 그 한 측면이 서구적 근대성이고 다른 한 측면이 제3세계적 근대성이다. 근

---

2) 이 항목의 세부 질문은 다음과 같았다.

　i) 일반적으로 근대성이란 역사적 전환기의 이행 논리로 설명되기도 합니다. 선생님께서는 근대성을 어떤 특정한 시기의 가치를 규정하는 개념으로 보시는지, 아니면 낡은 것을 타파하고 새로운 것을 추구하는 보편적인 변화 원리로 보시는지 말씀해주십시오.

　ii) 기존에 보편적인 모델로 여겨졌던 서구적 근대성과는 다른 제3세계적인, 동양적인, 혹은 중국적인 근대성에 대해서는 어떻게 생각하시는지요?

　iii) 錢理群 등은 근현대 개념을 '20세기'로 통합하고, 서구 문학의 충격으로 중국 근대 문학이 탄생했다는 이식 논리에서 벗어나 근현대 문학을 자체적인 계승─변형 과정으로 파악하고 있습니다. 선생님께서는 이러한 근대 문학 재평가에 대해서 어떻게 생각하십니까? 만약 위의 관점에 동의하신다면 외부 요인 외에 중국 자체의 내부 발전 동력은 무엇이라고 생각하십니까? 그리고 서양의 근대 문학과 구별되는 중국 근대 문학의 본질적인 지표 혹은 근대성은 무엇이라고 생각하십니까?

대 이후의 세계사는 이 두 측면이 서로 표리 관계임을 알려준다. 알기 쉽게, 최인훈의『회색인』중의 한 대목을 인용해보자.

> 제국주의를 대외 정책으로, 민주주의를 대내 정책으로 쓸 수 있었던 저 자유자재한, 행복한 시대는 영원히 가고 우리는 지금 국제 협조, 후진국 개발의 새 나팔이 야단스러운 새 유행 시대에 살고 있으니, 민주주의의 거름으로 써야 할 식민지를 부앙천지 어느 곳에서 탈취할 수 있으랴. 그러나 식민지 없는 민주주의는 크나큰 모험이다. (전집판, 11)

선발 자본주의――제국주의는 후발 자본주의――식민지 없이는 성립되지 않는다. 후발 자본주의――식민지를 벗어나려면 그 자신이 식민지를 소유한 선발 자본주의――제국주의로 변신하지 않으면 안 된다. 그러나 그 변신은 현실적으로 거의 불가능에 가깝다(일본 같은 예외가 전혀 없는 것은 아니지만). 대충 이렇게 요약될 수 있을 터인데, 여기서 서구적 근대성만이 진정한 근대성이고 제3세계적 근대성은 불구나 기형의 근대성, 혹은 아직 근대성에 도달하지 못한 것으로 여기는 것은 옳지 못한 것이다. 제3세계적 근대성 역시 이미 보편적 근대성의 한 측면이기 때문이다. 오히려 탐색될 수 있는 것은 그 두 측면의 양자택일을 넘어서는 제3의 길은 없는가이다. 20세기에 시도되었던 사회주의적 탐색이 그 좋은 예인데, 그러나 이 탐색은 20세기 말에 와서 일단 현실적으로 좌절된 셈이다.

물론, 20세기 후반에는 양상이 무척 달라진다. 신식민지 시대가 열리고 자본의 국제화가 진행되어 종래의 제국주의/식민지의 구도는 희석된 것이다. 그러면서 이념적으로는 반근대주의가 대두되고 새로이 탈근대가 운위되고 있다. 근대의 양측면이 탈근대에서는 경계가 사라지고 전면적으로 상호 침투되고 있는 것이다. 그 상호 침투가 대세라면 서구적 근대성과 제3세계적 근대성의 변별 내지 대립을 논의하는 것은 현재적으로는 무의미해져간다고 할 수밖에 없겠다.

3) '서구 문학의 충격으로 중국 근대 문학이 탄생했다'는 논리가
이식 논리인가? 서구 문학의 이식으로 중국 근대 문학이 생겨났다는
것이 이식 논리이다. 충격과 그에 대한 주체적 대응으로 생겨난 것은
결코 이식이 아니다. 그것은 지극히 정상적인 문화 현상인 것이다.

앞에서 살폈듯이, 중국의 근대 문학사를 복합적 이행기와 전면적
실현기로 나눈다면 그 두 시기 사이에 개재된 것이 서구 문학의 충격
이다. 복합적 이행기는 세계사적 근대와의 상호 작용 없이 오직 내적
으로 근대 지향을 모색한 시기이다. 서구의 충격은 중국이 세계사적
근대 속으로, 강제로, 후발 자본주의——식민지의 자격으로 편입될
때에 주어졌다. 그 강제적 편입이 없었더라면 하는 역사적 가정은 무
의미하다. 그 충격은 굉장히 복잡한 현상을 유발했다. 종래의 전통
문학에 대한 전면적 부정, 서구 문학의 무비판적인 전면적 수용(여기
서 이식적 현상이 나타나기도 했다)으로부터 시작하여(물론 이때에 전
통 문학 옹호, 서구 문학 거부의 움직임도 있었다), 전통 문학의 봉건적
측면과 근대 지향적 측면을 변별하고 서구 문학의 긍정적 측면과 부
정적 측면을 변별하려는 움직임이 나타나고, 더욱 결정적으로는 문학
에 있어서의 제3의 길이라 할 사회주의 문학의 탐색이 나타나 이것들
이 복잡하게 뒤얽혔던 것이다. 사실 이러한 양상은 중국에만 고유한
것이 아니라, 제3세계 문학이 대체로 공유하는 근대 문학의 제3세계
적 양상인 것이다. 이 복잡한 양상은, 크게 보면, 서구 문학의 수용과
전통 문학의 계승의 불가분한 복합이라고 파악될 수 있다. 이 복합을
오직 서구 문학의 수용이라는 계기로만 파악하거나 반대로 전통 문학
의 계승이라는 계기로만 파악하는 것은 모두 온당치 못하다. 그 복합
작용을 수행해낸 주체의 문화적 역량, 내지 문학적 역량이 바로 중국
근대 문학의 가장 본질적인 부분이다.

3. 중국 근대 문학에서의 리얼리즘의 문제[3]

넓은 의미의 리얼리즘은 근대 문학의 기본적인 정신에 해당한다. 이때 리얼리즘은 현실에 대한 근대적 인식과 그것의 문학적 발현을 포괄적으로 지칭한다고 할 수 있다(탈근대가 운위되면서 리얼리즘이 철 지난 것으로 이야기될 수 있는 것은 그 때문이다). 물론 더 넓혀서 리얼리즘을 초시대적인 보편적 문학 원리의 하나로 볼 수도 있고, 이 경우 고대 문학 속에서도 리얼리즘을 발견할 수 있겠는데, 이런 관점에 대해서는, 마치 근대를 보편적인 변화 원리로 보는 관점에 찬성할 수 없는 것과 마찬가지로, 찬성할 수 없다. 의미를 좁히면 리얼리즘은 방법일 수도 있고 사조일 수도 있고 기법일 수도 있는데, 사용상의 혼동을 제어할 수만 있다면 정신·방법·사조·기법 각각을 지칭하는 리얼리즘 개념들이 나름대로 다 유용성을 갖는다.

중국 근대 문학에서 문제되는 리얼리즘은 주로 방법 및 그와 관련되는 세계관 차원의 리얼리즘이다. 1920년대초에는 주로 사조와 기법의 차원에서 검토되었었지만, 프로 문학의 대두 이후로 그것은 방법 및 세계관 차원의 그것이 되었고, 그것은 머지않아 사회주의 리얼

---

3) 이 항목의 세부 질문은 다음과 같았다.

　i) 선생님께서는 '리얼리즘'이라는 개념에 대해서 어떻게 규정하고 계십니까? 리얼리즘을 정신·사조·방법의 차원으로 구분하는 견해에 동의하십니까? 서구적 개념에 근거한 리얼리즘이니 낭만주의니 하는 용어 자체를 폐기 처분해야 한다는 견해에 대해서는 어떻게 생각하십니까?

　ii) 중국 현대 문학 발전의 주류를 리얼리즘으로 평가하는 것에 대해서는 어떻게 생각하십니까? 만일 이에 동의하신다면 그 밖에 다른 문학 현상들은 어떻게 평가할 수 있다고 보십니까? 특히 중국 현대 문학에 있어서 또 다른 주요한 경향으로 얘기되어온 낭만주의와 리얼리즘의 관계에 대해서는 어떻게 생각하십니까?

　iii) 중국 현대 문학에서 리얼리즘은 대표적으로 노신에게서 비롯되었다고 얘기됩니다. 그런데 노신의 문학은 일반적으로 리얼리즘만으로는 해석될 수 없는 낭만주의적, 상징주의적 요소들을 포괄하고 있는 게 사실입니다. 이처럼 노신의 리얼리즘으로 대표되는 중국적 리얼리즘의 특수성에 대해 어떻게 생각하십니까?

리즘으로 축소되었다. 그것은 방법 및 세계관의 개방적 탐색이 아니라 반대로 한정된 선택의 폐쇄성으로 치달았다. 물론 리얼리즘에 대한 실제적 논의들은 방법 및 세계관 차원에만 머무르지 않고 사조·기법으로까지 무분별하게 확대되어 혼란스러운 양상을 빚어냈다.

동시대의 서구에서 논의되던 리얼리즘 역시 방법 및 세계관 차원의 그것으로서 주로 모더니즘과의 관계가 문제시되었는 데 반해 중국에서 논의되던 리얼리즘은 주로 낭만주의와의 관계가 문제시되었다(중국에서 리얼리즘이 모더니즘과의 대립으로서 부각된 것은 1980년대에 들어서의 일이다). 이는 상당히 흥미로운 현상이다. 중국 근대 문학에서 모더니즘의 세력은 아주 취약했기 때문에 리얼리즘은 모더니즘과의 싸움을 그렇게 심각하게 부각시킬 필요가 없었던 것일까. 중국에서 낭만주의는 리얼리즘에 대립되는 것으로 파악되기도 했지만, 또한 리얼리즘에 보완되는 것으로 파악되기도 했다.

여기서 우리는 근본적인 문제를 검토하여야 한다. 리얼리즘과 낭만주의, 모더니즘의 관계는 과연 동일한 위상에서의 관계이기만 한 것일까, 하는 것이 그 하나이다. 동일한 위상에서의 관계라면 대립·보완·대결이 이야기될 수 있다. 그러나 리얼리즘이 근대 문학의 기본 정신으로서의 그것이라면, 낭만주의나 모더니즘은 그 속에 포괄될 수 있는 것이다. 가령 모더니즘의 예로서 카프카나 로브-그리예의 소설은 얼마든지 리얼리즘의 성과로 평가될 수 있다. 초기 자본주의 사회의 리얼리티와 산업 사회, 그리고 후기 산업 사회의 리얼리티는 서로 다르며, 리얼리티 자체의 변화가 리얼리즘의 변화를 가져오는 것은 자연스러운 것이다. 이렇게 되면 리얼리즘은 열린 리얼리즘, 경계 없는 리얼리즘이 될 터인데 이 경우 극단적으로 말하면 리얼리즘이라는 말 자체에 매달릴 필요가 없어질 수도 있다. 오히려 말에 매달릴 경우 리얼리즘의 본뜻을 배반하는 결과가 될 수도 있다. 나로서는 리얼리즘이라는 말을 버릴지언정 닫힌 리얼리즘에 매달릴 필요는 없다고 생각한다. 또 하나의 문제는, 리얼리즘에 대한 논의와 실제 창작을 구분하여야 한다는 것이다. 문학에 있어서의 실재는 창작이다(그 단위가 작품이든, 작가이든, 주제이든, 작품 세계이든 간에). 발자크를 예로 들면 실재하는 것은 발자크이지 리얼리즘이 아니다. 발자크에게는 낭만주의·신비주의의 요소 또한 짙게 드리워져 있는 것이다. 중국의 경우 역시 마찬가지이다. 노신의 창작에는 낭만주의·상징주의, 그리고 후기의 어떤 작품들에서는 모더니즘의 요소까지 새겨져 있는 것이다. 그러므로 중국 근대 문학의 주류가 리얼리즘이다, 라는 판단은 옳기도 하고 그르기도 한 것이다.

4. 연안문예강화의 문제[4]

연안문예강화는 20세기 중국 문학에서 대단히 중요한 문학적 사건이다. 시각에 따라서는 20세기 중국 문학을 이분하는 분기점이 될 수도 있다. 우선 그것은 1920년대 중반부터 시작된 사회주의 문학의 탐색을 나름대로 총괄하고 체계화한 것이며, 해방구라는 현실적 조건 속에서, 즉 문학과 정치의 행복한 일치 속에서 이루어진 것이며, 그 이후의 문학적 탐색에 틀을 지어준 것이었다. 여기에는 긍정적 측면과 부정적 측면이 복합되어 있다.

이론적으로만 보자면 연안문예강화의 담론은 깊이 있는 것은 못 된다. 그것은 오히려 상식적이고 통속적인 것에 가깝다. 그러나 그것이

---

4) 이 항목의 세부 질문은 다음과 같았다.

i) 연안문예강화의 권위가 사라지면서 문학사에 대한 평가 자체가 달라지는 현상, 그리고 중국 현대 문학사에서 문학과 정치의 관계가 갖는 (긍정적 또는 부정적) 의미, 그리고 문학의 보편적 가치 기준보다도 연안문예강화를 더 우위에 둘 수 있었던 역사적 상대주의의 관점 등을 고려하시면서 연안문예강화에 대한 총괄적인 평가를 내려주시기 바랍니다.

ii) 그리고 만약 연안문예강화의 상대적 가치를 인정하는 관점에 대해서도 부정적으로 보신다면 그 대안적 방법론은 무엇이라고 생각하시는지 말씀해주십시오.

프로 문학 시대의 플레하노프적인 것과 사회주의 리얼리즘의 고리키적인 것을 해방구의 정치적·문화적인 실천 경험을 바탕으로 융합하여 대단히 독자성을 갖춘 체계로 재구성해냈다는 점은 높이 평가되어야 한다. 그 이론적 재구성은 문학에 긍정적 영향도 끼쳤고 부정적 영향도 끼쳤거니와, 해방구 시대에는 긍정적 영향이 두드러지고, 50년대 이후로는 부정적 영향이 두드러진다.

리얼리즘과 관련하여보면, 연안문예강화는 그 이전까지의 두 흐름, 즉 비판적 리얼리즘과 사회주의 리얼리즘 중 후자의 손을 들어준 것이 된다. 물론 비판적 리얼리즘과 사회주의 리얼리즘이 확연히 구분되는 것은 아니다. 사회주의 리얼리즘이라 불린 것 내부에는 다양한 경향들이 공존했었던 것이며, 그 중에는 비판적 리얼리즘의 연장선상에 있는 것도 있었으니까 말이다. 연안문예강화의 이론은 그것의 해석 및 적용 과정에서 점차 경직화되고 폐쇄화되며 문화적 관료주의의 길로 치달았다. 여기서 노신 문학의 정신을 계승하는 비판적 리얼리즘이나 개방적 리얼리즘은 탄압받고 필경 압살되고(그것도 왜곡된 노신의 이름으로 말이다), 반문학적 교조화의 상태는 문혁 시기에 이르러 최악이 된다. 신시기에 들어 연안문예강화를 평가절하하게 된 것은 자연스러운 일이다.

그러나 연안문예강화 자체와 뒷날 이루어진 그것의 해석 및 적용은 구별되어야 한다. 연안문예강화 자체의 문학적 의의와 해방구 시대의 그것의 긍정적 작용은 충분히 인정되지 않으면 안 된다. 필요한 것은 50년대 이후의 사회주의 시대에 문화적 관료주의의 압도적인 팽창이 왜, 어떻게 이루어졌는가 하는 데 대한 반성적인(그렇다, 엄정한 의미에서 반성적인) 통찰이고, 그 문화적 관료주의에 저항하며 진정한 리얼리즘을 수호하려던 문학인들의 고투를 되새기고 그 정신을 계승하는 일이다. 그 계승의 작업 없이 간단히 리얼리즘을 전면 폐기하고 모더니즘 및 포스트모더니즘으로 건너가버리는 일은 사상누각을 짓는 것에 다름아닐는지도 모른다. 언제나, 대세라고 선전되는 것, 압도적

인 유행으로 닥쳐오는 것에는 수상한 혐의가 있는 것이다. 1950, 60
년대의 문화적 관료주의에 대한 맹목적 추종이나 오늘날의 모더니즘
및 포스트모더니즘에 대한 맹목적 추종은 비판적 통찰 없이 대세나
유행을 따른다는 점에서는 서로 다르지 않을 수 있다.

5. 중국 현대 문학 연구의 시급한 과제

한국에서의 중국 현대 문학 연구가 본격화된 것은 시간적으로 얼마
되지 않는다. 처음에는 우리의 민중문학 · 민족문학 운동과의 내밀한
관계 속에서 주로 프로 문학 운동 및 사회주의 문학 운동과 그 이론에
집중적인 관심을 쏟았었고(이때 연구 시각은 상당한 좌경적 특색을 보
였다), 1990년대 이후로는 신시기의 중국 쪽 연구 경향을 빠른 속도
로 수용하면서 방향 선회를 하고 있다. 이 속도는 중국과의 교통이 자
유로워지면서 한층 빨라지고 있는데, 여기에는 다소 우려되는 바가
있다.

지금 우리에게는 우리가 한국인으로서 한국에서 중국 현대 문학을
연구한다는 것의 뜻에 대해 숙고해야 할 필요가 있을 것이다. 타자의
연구이지만 이것은 타자의 것이 아니라 자아의 것이다. 다시 말해 한
국에서의 중국 현대 문학 연구는 한국 문화의 일부이다. 타자의 타자
성을 통해 자아의 객관화가 가능하다는 뜻에서도 그러하고, 또 타자
의 타자성을 보는 관점이 필경 우리 자신의 문화에서 우러난다는 뜻
에서도 그러하다. 이 관점의 깊이 있는 생성이 가장 근본적인 문제일
것이다.

구체적으로는, 문학의 실체를 확보하는 일이 시급하다. 이론에 편
중되어서는 실체를 확보할 수 없다. 작품론 · 작가론의 차원에서 정밀
하고 깊이 있는, 다양한 작업이 이루어져야 한다. 이 작업들의 축적
위에 우리의 관점은 자연스럽게 생성되어나올 것이다. 축적? 그렇다.

근대 이후 우리 문화는 축적을 잘하지 못했다. 축적이 안 되면 늘 새로 시작해야 한다. 한국에서의 중국 현대 문학 연구의 역사는 일천하지만, 그 대신 지금부터 축적을 제대로 해나간다면 빠른 시간 안에 수준을 높이고 독자성을 획득할 수 있을 것이다. 그런 의미에서 전망은 밝다.

〔1994년 가을〕

현대 중국 문학의 어제와 오늘

1. 중국 현대 문학과 5·4의 세 가지 양상

1917년, 당시의 젊은 신지식인들에 의해 '신문학'이라는 이름으로 출범된 중국 현대 문학이 이제 75년의 연륜을 쌓았다. 한 세기가 채 못 되지만, 그 동안 중국 현대 문학이 겪은 곡절 많은 역사와 그 속에서 태어난 다양한 문학적 성과는 고전 문학의 여러 세기에 맞먹는다. 이 75년 간을 오늘의 관점에서 되돌아볼 때 우리는 크게 세 개의 분기점을 발견할 수 있다.

첫째는 1919년의 5·4 운동이다. 5·4 운동은 반봉건 반제국주의의 시민적 대중 운동으로서 사회사에 있어서 진정한 의미의 근대 내지 현대의 시발점을 이룬다. 그 5·4 운동의 역사적 의미를 체현한 1919년 전후의 신문학과 그 흐름의 지속을 우리는 흔히 5·4 문학이라고 부른다.

5·4 문학은 우선 중국의 봉건적인 구문학에 반대하고, 19세기 서양 문학을 전범으로 삼으며 낭만주의·사실주의·자연주의·상징주의 등 서양의 문예 사조를 수용하는 가운데 중국의 근대 문학을 형성시키려고 노력했다. 그리하여 문체상으로는 고문이라는 문어체를 버리고 새로이 백화문이라는 구어체를 생성시켰고, 장르상으로는 근대 자유시·근대 소설·근대극 등을 중심 장르로 자리잡게 하였으며, 사상적으로는 근대적 자아·휴머니즘·합리주의·근대적 민주 사회의

건설 등을 추구하였다. 한마디로 말하자면 5·4 문학의 본질은 봉건적인 것과의 투쟁 및 근대적인 것의 추구라고 할 수 있다. 5·4 문학의 흐름은 호적(胡適)·진독수(陳獨秀)·주작인(周作人)·심안빙(沈雁氷) 등의 평론과 호적·주자청(朱自淸)·사빙심(謝氷心)·곽말약(郭沫若)·서지마(徐志摩)·문일다(聞一多) 등의 시, 그리고 노신(魯迅)·사빙심·엽소균(葉紹鈞)·욱달부(郁達夫)·파금(巴金)·노사(老舍) 등의 소설을 낳았다.

둘째는 1928년부터 시작된 사회주의 문학 운동이다. 이는 사회 정치적으로 사회주의 운동에 뿌리를 내리고 사회주의적 전망 아래 5·4 문학과는 다른 새로운 근대 문학의 기획을 이루려는 것이었다. 이 새로운 문학적 흐름에 '프롤레타리아 5·4'라는 이름을 부여한 사람은 구추백(瞿秋白)이었다. 그에 의하면 5·4 문학은 새로운 귀족 계급, 신식 사대부의 문학일 뿐인 데 반해 프롤레타리아 5·4 문학은 프롤레타리아 대중의 문학이다. 그것은 물론 문체·장르·사상 등 모든 측면에 걸쳐서 그 내용을 달리하는 것으로 생각되었고, 여기서 새로이 추구되기 시작한 것이 문예 대중화, 혁명 문학 등이었다. 요컨대 봉건적인 것은 물론이고 자본주의적인 것까지 반대하며 사회주의적인 것을 추구하는 이 사회주의 문학의 흐름은 이로부터 몇 개의 단계를 거치며 오늘날까지 지속되어왔다고 할 수 있다.

그 단계들을 간단히 살펴보면, 우선 1928년부터 1937년까지가 첫 단계가 된다. 1930년에 결성된 좌익작가연맹(약칭 좌련)의 이름을 따서 이 단계를 흔히 좌련 시기라고 부른다. 1937년부터 1949년까지의 두번째 단계는 당시의 공산당 통치 지구의 이름을 따서 해방구 문학이라고 부를 수 있다. 1949년에 중화인민공화국이 성립되고서부터 오늘날까지의 세번째 단계는, 중국인들 자신의 명명에 의하면, 당대 문학이다.

이 사회주의 문학의 흐름은 그러나 그 내용이 단일한 것이 아니다. 여기서 우리는 크게 두 가지의 서로 다른 흐름을 구분해볼 수 있다.

하나는 사회주의 문학을 5·4 문학과의 계승적 연관 속에서 파악하고 형성시키려는 입장이다. 이들은 고급 문학을 중시하며 문체와 주제의 다양성을 존중하고, 세계 문학과의 적극적 교섭을 긍정하기도 하며, 나아가서는 문학의 자율성과 현실 비판성을 추구하는 가운데 사회주의 문학의 건설을 기획한다. 다른 하나는 고급 문학을 배격하고, 문체와 주제를 사회주의 리얼리즘의 규범적 틀 속에 한정시키고, 세계 문학과의 교섭을 거부하며, 문학의 정치에의 복무를 강조하는 가운데 사회주의 문학의 건설을 기획한다. 5·4 문학과의 관계로 말하자면, 5·4 문학이 갖는 긍정적 측면과 부정적 측면 중 전자는 긍정적 측면을 살리려 하는 것이고 후자는 부정적 측면에 초점을 맞추는 것이라 할 수 있다. 이 두 흐름의 대립 갈등은 1942년 모택동의 '연안문예좌담회에서의 연설'을 계기로 후자에게 헤게모니를 주게 되며, 1957년의 반우파 투쟁을 거쳐 1966년의 문화 대혁명에 이르러서는 후자의 전면적 승리로 귀결된다.

셋째는 1976년 이래 새롭게 열린 신시기 문학이다. 정치적으로 신시기는 문화 대혁명의 정치 노선을 청산하고 '현대화'를 목표로 하는 개혁 개방을 추구하는 시기이다. 신시기 문학은 사회주의 문학의 두 흐름 중 후자의 흐름을 청산하고 전자의 흐름을 계승하여 시대적 사명에 맞게 발전시키려 하며, 그런 의미에서 또 하나의 5·4라고 불릴 수 있다. 물론 8, 90년대의 시대성이 신시기 문학의 문학적 내용을 5·4 문학이나 종래 사회주의 문학의 5·4적 흐름의 그것과는 변별되게 해주고 있지만 그것들 사이의 역사적 및 실제적 연관은 아주 뚜렷하게 나타나고 있다.

2. 해방구 문학과 당대 문학

우리가 흔히 '30년대 문학'이라고 부르며 중국 현대 문학사상 최대
의 문학적 수확이라고 꼽는 것은 주로 5·4 문학과의 계승적 연관 속
에 이루어진 사회주의 문학의 성과들이다. 장극가(臧克家), 애청(艾
青), 전간(田間) 등의 시, 모순(茅盾)의 『한밤중』, 노사의 『낙타 상자』
를 비롯한 일련의 장편소설과 중·단편소설들이 그것들이다. 그러나
이 흐름은 해방구 문학의 대두와 더불어 약화되기 시작한다.

40년대 들어 중·일 전쟁이 지구전의 양상을 띠게 되고 국공간의
통일전선이 해체되기 시작하면서 연안을 중심으로 한 해방구 문학이
급격히 대두된다. 해방구 문학은 세계사적으로 유례 없는, 문학의 독
특한 사회적 존재 방식을 이루었다. 정치 권력과 문학간의 행복한 결
합·일치가 그것이다. 1942년 모택동의 '연안문예좌담회에서의 연
설'이 문학에 대해 정치와의 긴밀한 결합과 정치에의 복무를 요구한
것도, 그리고 그 요구가 긍정적 의미를 가질 수 있었던 것도 그 행복
한 결합·일치를 가능케 하는 물적 토대와 분리해서 생각할 수 없다.

해방구 문학의 창작적 성과는 민가체의 장편 서사시와 전래의 민간
연행 예술의 형식을 되살려낸 새로운 형태의 소설로 집약된다. 해방
구에서의 토지 혁명의 과정과 그 속에서 펼쳐지는 젊은 남녀의 사랑을
그린 이계(李季)의 「왕귀와 이향향」, 세 여성의 해방 이전의 비참한
운명과 해방 이후의 새로운 생활을 묘사한 완장경(阮章競)의 「장하수
(章河水)」 등이 장편 서사시의 대표작이다. 소설은 한국의 판소리 비
슷한 민간 연행 예술 형식을 차용한 조수리(趙樹里)의 단편 「소이흑
(小二黑)의 결혼」, 장편 『이가장(李家莊)의 변천』 등이 대표작이다.

해방구 문학의 특징은 당과 지식인 그리고 노동자·농민·병사 대
중이 항일 투쟁과 토지 혁명 과정을 통해 이루는 만남의 공간을 민족
적이고 대중적인 언어로 묘사하며 도저한 낙관주의를 빚어낸다는 데

있다. 그러나 해방구 문학에는 정황 구속성이 크다는 한계가 있다. 정황이 달라지고 시대가 달라짐에 따른, 텍스트의 의미와 가치의 재생산의 폭이 좁다는 뜻이다. 실제로 해방구 문학에서 시대적 이월 가치를 갖는 작품은 토지 혁명의 과정을 그린 정령(丁玲)의 사실주의 소설 『태양은 상건하에 비치고』 정도에 불과하다.

1949년 중화인민공화국이 성립되면서부터 문학적 상황은 다시 아주 달라진다. 연안문예좌담회에서의 연설 이후로 계속되어온 '문학의 정치에의 복무' 라는 요구는 해방구에서는 문학과 행복한 일치를 이룰 수 있었으나, 신중국의 건국 이후로는 차츰 문화적 관료주의의 문학에 대한 억압으로 변해갔다. 1953년 중국문학예술공작자 제2차 대표대회에서 사회주의 리얼리즘 방법을 전체 문예 창작과 비평의 최고 준칙으로 삼고, 긍정적인 영웅적 인물을 그려 애국주의와 사회주의 사상으로 인민을 교육할 것을 사회주의 리얼리즘의 주요 과제로 삼은 이래, 이러한 문학관은 시간이 지남에 따라 부단한 이론적 경직화와 협소화의 길을 걷게 된다.

이러한 추세에 대한 저항과 비판의 움직임도 물론 있었다. 이미 40년대에, 해방구의 문학 이론을 무조건적으로 국민당 통치 지구에도 적용하려는 압력에 맞서 5 · 4 문학과의 계승적 연관을 중시하는 사회주의 문학의 입장을 옹호했었던 호풍(胡風)이 50년대초 불굴의 정신으로 문화적 관료주의를 비판했고 1956년의 백화제방 때에는 진조양(秦兆陽)의 「리얼리즘──광활한 길」을 필두로 교조주의의 속박이 창작의 도식화 · 관념화를 초래했고 문예의 정치에의 복무를 단순하고 천박하게 이해하도록 했다고 비판하면서 사회주의 리얼리즘의 확장과 유연화를 주장하는 움직임이 나타났으며, 창작에서는 주제와 스타일의 다양화가 현저한 가운데 현실 비판적인 작품들이 대거 등장하였다. 유사하(流沙河), 공류(公劉) 등의 현실 비판적인 풍자시와 왕몽(王蒙)의 단편 「조직부에 새로 온 청년」을 위시하여 유빈안(劉賓雁)의 「우리 신문 내부의 소식」, 이국문(李國文)의 「다시 뽑다」 등 관료주의의 경직성과 반인민성을 비판한 소설들이 그것들이다. 그러나 호풍은 1954년에 투옥되어 무기징역형을 선고받았고, 1957년의 반우파 투쟁 때에는 시인 애청·유사하·공류·백화(百樺) 등과 작가 왕몽·유빈안·유소당(劉紹棠) 등의 많은 문인들이 우파 분자로 지목되어 창작의 권리를 박탈당하고 노동을 통한 인간 개조를 위해 하방되었다.

중국식 사회주의 리얼리즘의 경직화 및 협소화는 1958년에는 혁명적 리얼리즘과 혁명적 낭만주의의 결합이라는 경제적 주관주의에 함몰된 슬로건을 낳았고, 문화 대혁명 시기에 들어서서는 근본 임무론, 주제 선행론, 삼돌출론 등의 극단적인 주장까지 낳게 된다. "노동자·농민·병사의 영웅 인물을 창조하는 것이 사회주의 문예의 근본 임무이다, 창작 과정에서 먼저 주제 사상을 확정하고 그 확정된 주제 사상에 따라 인물 형상을 확정하며 삶으로부터 이야기를 선택해야 한다, 긍정적 인물을 부각시키되 그 속에서 영웅적 인물을 부각시키고 그 중에서도 중심적 인물을 부각시켜야 한다"라는 것이 그 주장들의 주요 내용이다. 순수한 프롤레타리아 문예의 건설이 주장되었고, 그 전범으로 전통 연극인 경극(京劇)을 현대화한 모범극(樣板戲)이 내세워졌다.

문학은 압살되었다. 많은 문학인들이 창작의 권리를 박탈당하고 하방되었고, 적지 않은 사람들이 투옥되거나 피살되었다. 이제 공식적으로 발표되는 작품들은 문화적 관료주의의 강제적 요구에 뜯어맞춘, 따라서 인민을 이탈하고 삶을 이탈했으며 형상화도 없는, 지배 이데올로기의 저급한 선전물에 지나지 않게 되었다. 그 폐해가 비교적 적은 작품은 심용(諶容)의 「만년청(萬年靑)」, 이심전(李心田)의 「빛나는 붉은 별」 등 극소수에 지나지 않았고, 미국에서 귀국한 한 여성 과학자의 고통스러운 삶과 그녀의 변함없는 조국애 및 삶에의 성실성을 그린 장양(張揚)의 장편 『두번째 악수』 같은 작품은 작가가 투옥되는 상황까지 초래하기도 했다. 정직한 작가라면 아무도 작품을 쓰려 하지 않는 최악의 상황이 되었던 것이다.

3. 신시기 문학의 새로운 전개

신시기의 중국 문학은 거대한 변화를 보여준다. 그 변화를 전반적으로 특징짓는 것은 정치와의 관계에 있어서 상대적 자율성이 증대되었다는 점이다. 신시기에 들어서면서 문화적 관료주의의 억압을 거부하고 문학의 자율성을 획득하고자 하는 문학인들의 요구가 급격히 부각되었고, 그 요구가 정부 당국에 의해 일정한 정도로 수용되어 문예 정책에 근본적인 변화를 가져왔다.

1979년 가을 열린 중국문학예술공작자 제4차 대표대회에서 등소평(鄧小平)은,

> 문예라는 복잡한 정신 노동은 문예가가 개인의 창조 정신을 발휘할 것을 가장 필요로 한다. 무엇을 어떻게 쓸 것인가는 문예가가 한 걸음씩 해결해갈 수 있을 따름이다. 이런 면에서 멋대로 간섭해서는 안 된다.

라고 공언했고, 1984년 12월에 열린 중국작가협회 제4차 회원대표대회에서 당 중앙서기 호계립(胡啓立)은 '창작의 자유'를 보장할 것을 확실한 어조로, 구체적으로 표명했다.

이 상대적 자율성의 증대는 중국 문학에 다시금 비판성의 획득을 가능케 해주었다. 문혁 기간 동안 현실 긍정적일 것은 물론이요, 좌편향의 정책에 대해 적극적으로 선전 기능을 담당하도록 강요받아온 문학이 그 강요된 틀을 벗어나 일정한 정도로 비판성을 얻게 되었다는 것은 커다란 변화가 아닐 수 없다.

신시기 초기에 그 비판성은 문혁 비판을 폭로의 수준에서 행하는 데 지나지 않았다. 이른바 상흔(傷痕) 문학이 그것이다. 유심무(劉心

武)의 「학급 담임」과 노신화(盧新華)의 「상흔」 등 단편소설에서 시작된 이 창작 경향은 임표(林彪)·강청(江靑) 반혁명 집단의 죄악을 고발하고, 문혁이라는 '십 년 동란'이 인민들에게 가한 학대와 상처를 폭로하는 것을 내용으로 했다. 이는 곧 그 한계가 인식되어, 단순한 폭로에 그치지 않고 그 상흔을 빚어낸 역사적 원인에 대한 심각한 탐색으로까지 발전하게 되었다. 이것이 이른바 반사(反思) 문학이다. 노언주(魯彦周)의 장편소설 『천운산 전기(天雲山傳奇)』, 고화(古華)의 『부용진(芙蓉鎭)』, 주극근(周克芹)의 『서무(徐茂)와 그의 딸들』 등이 그 대표작이다.

그러나 우리가 보기에 더욱 중요한 것은, 상흔에서 반사로의 진전과 더불어 신시기 문학이 제재 영역의 폭넓은 확대를 이루며 신시기의 동시대적 현실에 대한 다양한 탐색과 비판적 성찰을 수행하기 시작했다는 점이다. 말하자면 '역사로부터 현실로의 전이'인 셈인데, 상흔과 반사의 비판성이란 것이 과거의 좌편향에 대한 비판에 국한된 데 비해, 동시대적 현실에 대한 문학적 탐색은 신시기의 새로운 모순과 갈등을 예민하게 포착하고 과감하게 드러내는 데까지 그 비판성을 끌어올렸다. 사실상 상흔과 반사의 비판성이란 것은 엄격히 따지자면 사회주의 신시기의 개혁 정책의 범위내에 들어 있는 것이라 할 수 있다. 이에 비해, 동시대 현실에 대한 탐색에서의 비판성은 그 개혁 정책의 범위를 넘나든다.

시를 예로 들면, 원로 시인 애청의 장시 「대상해(大上海)」에서 청년 시인 서정(舒婷)의 장시 「조국이여, 내 사랑하는 조국이여」에 이르는 일련의 정치 서정시들은 중국 현대시의 리얼리즘 전통을 회복하며 일정하게 비판성을 구현하고 있지만, 여전히 개혁 정책의 범위 안에 갇혀 있다. 그에 반해, 문혁 기간에 학교를 중도에 그만두고 노동에 종사하며 소년기를 보낸 새로운 세대를 중심으로 한 새로운 시는 그 제한된 범위의 경계를 자유로이 넘나든다.

민족의 감정은 이미 풍부해졌는데
초원은 매일 이슬이 가득 내리고
강물은 매일 바다로 흐른다
영원히 젖는 감정처럼
감동의 숫자가 아직도 적단 말이냐
나는 감옥의 벽에 못박혀 죽었다
옷자락이 천천히 나부낀다
바야흐로 올라가는 깃발처럼

위 인용은 50년대에 태어난 노동자 출신 시인 강하(江河)의 장시 「다 쓰지 못한 시」 중의 마지막 대목이다.

상흔에서 반사를 거쳐 동시대 현실에 대한 비판적 성찰에 이르기까지, 이러한 신시기 문학의 비판성에 관류하는 주제는 휴머니즘이라 할 수 있다. 다시 말하면 그 비판성의 근거가 되는 자리에 휴머니즘이라는 개념이 놓여 있는 것이다. 신시기 중국의 휴머니즘은 문혁 시기에 극단화되었던 좌익적 인간성론을 거부하는 데에서부터 시작되었다. 그 좌익적 인간성론은 이미 1942년의 '연안문예좌담회에서의 연설'에서부터 발원한다. 그때 모택동은 다음과 같이 말했다.

인간성이란 것은 없는가? 물론 있다. 그러나 단지 구체적 인간성만 있을 뿐 추상적 인간성은 없다. 계급 사회에서는 계급성을 띤 인간성이 있을 뿐이다.

이 진술은 불투명하고 모호한 부분을 남긴, 상당히 포괄적인 진술이어서 해석의 추가를 필요로 한다. 그러나 이 진술은 그뒤 30여 년의 세월 동안 부단히 좌익적 방향으로 해석되어왔다. 구체성의 내용으로 계급성만이 강조되어온 것이다. 신시기의 휴머니즘은 그 좌익적 편향을 비판한다. 당시 인민일보 부편집장이던 왕약수(王若水)는 모택동의 진술을 인용하고 다음과 같이 썼다.

그러나 다년간 이 말은 더욱더 좌익적인 관점에서 이해되고 왜곡되어왔
다. 마치 계급 사회에는 아무런 인간성도 없고 단지 계급성만 있다는 듯이.
어떤 이는 계급성이 곧 인간성이라고 말했다. 그 결과 인간성을 띠지 않은
계급성이 되었다. 본래 마르크스는 인간의 본질은 일체의 사회 관계의 총화
라고 명확하게 말했는데, 지금은 도리어 계급 관계만을 남기고 다른 사회 관
계는 모두 사상되어버렸다. 이 또한 어떻게 추상적 인간이 되지 않겠는가.

말의 바른 의미에서의 구체적 인간성의 추구는 인간성의 총체적 인
식 속에서만 가능하다. 문학이 인간성의 총체적 인식을 지향할 때 무
엇보다도 먼저 제재의 영역이 확대되고, 그 확대에는 필연적으로 양
식적 및 방법적 확대가 수반된다. 이러한 확대야말로 신시기 문학의
진정한 문학적 육체라고 할 수 있을 것이다.

4. 신시기 문학과 세번째 5·4

신시기 문학이 문학의 자율성을 증대시키고 비판성을 확충하며 제
재·양식·방법 들을 확대시키고 있는 것은, 돌이켜보면 5·4 문학
의 전통이 새로이 계승되고 있는 것이라 할 수 있겠는데, 그 계승은
또 한차례의 5·4라고 말할 수 있을 정도의 양상을 보인다. 이 세번째
5·4는, 첫번째 5·4가 그러했던 것처럼, 대내적으로는 반봉건을 기
조로 하고 대외적으로는 세계 문학과의 적극적 교섭을 지향한다.
신시기 문학의 기조가 다시 반봉건이 되고 있는 데에는 필연적인
역사적 문맥이 있다. 중국 사회의 근대화라는 역사적 과제가 여전히
현안의 문제로 남아 있다는 것, 그리고 종래의 중국 사회주의라는 것
이 실은 일정한 정도로 봉건적인 것과 타협하고 있었으며 때로는 봉

건적인 것을 적극적으로 차용하기까지 하였다는 것이 그것이다. 작가이며 북경대 교수인 조문헌(曹文軒)의 다음과 같은 진술은, 약간의 과장이 있기는 하겠으나, 이 점을 날카롭게 지적하고 있다.

> 문화 대혁명이 발생한 원인은 여러 가지가 있겠으나 그 중 근본적인 것은 봉건주의 의식이 악성적으로 폭발하였다는 것이다. 임표와 '사인방'의 정신적 지주는 봉건주의였다. 문화 대혁명은 봉건주의의 산물이라는 것이 드러났다. 종교식의 개인 숭배, 빈곤의 평등주의, 개성의 압살, 인격의 멸시 등등 봉건주의의 특징을 띠지 않는 것이 없다.

오늘날의 중국 사회에도 봉건적인 것은 편재하고 있다. 조문헌은 그것들을 물질과 경제의 경시, 중용의 처세 철학, 가족과 애정에 관한 낡은 윤리관, 농민 의식의 낙후성, 봉건적 관료주의, 봉건적 전체주의 등으로 지적한다. 신시기 문학은 그러한 봉건적인 것들을 비판하고 대신 근대적 가치를 제시하고 있다. 그 근대적 가치는 크게 두 가지로 요약될 수 있겠다. 하나는 물질과 경제를 존중하고 그에 대한 욕망을 자연스러운 것으로 인정하는 것이고, 다른 하나는 근대 개인주의 휴머니즘의 맥락에서 자아의 각성을 중시하는 것이다.

세계 문학(그리고 나아가서는 세계 문화)과의 적극적 교섭 역시 신시기 문학의 전반적 특징이다. 그 적극성은 첫번째 5·4 때의 그것에 못지않은데, 60여 년의 시차로 인해 그 내역이 많이 달라졌고 또 맹목적 수입이 아니라 주체적 수용의 자세를 견지하려고 노력하고 있는 점이 눈에 띈다. 그 중 1980년대 중국에 미친 세 차례의 충격으로 꼽히는 것은 사르트르의 실존주의, 프로이트의 정신분석학, 쇼펜하우어와 니체의 철학이다. 구조주의, 체계 이론, 커뮤니케이션 이론 등의 충격도 크다.

이와 같은 충격 속에서 중국 문학은 소외와 자기 회복의 문제를 다루기 시작했고——왕몽의 단편소설 「나비」, 대후영(戴厚英)의 장편소설 『사람아, 사람아』 등이 대표적이다——부조리의 문제를 다루기 시작했으며——고행건(高行健)의 단편 「정거장」, 유삭랍(劉索拉)의 단편 「다른 선택은 없다」 등이 대표작이다——그 밖에 일탈·고독·몰락·의혹·탐색 등의 낯선 주제들이 나타났다. 카뮈, 사르트르, 카프카, 베케트, 샐린저, 엘리엇, 마르케스, 보르헤스, 아흐마토프 그리고 심지어는 샤토브리앙 등 외국 작가들의 영향이 그러한 주제들의 대두 밑에 깔려 있다. 흥미로운 것은 이들 외국의 철학자·사상가·문학가 들이 19세기의 인물에서부터 최근 들어서야 각광받기 시작한 인물에 이르기까지 그 시간적 편차가 대단히 크다는 사실이다. 그것은 중국의 문학과 문화가 수십 년 간 세계의 문학과 문화로부터 고립되어 있었던 데에서 연유하는 현상이다. 첫번째 5·4 때에 근 2세기에 걸친 고립이 시간적 차이를 무시하고 근대 서양의 각종 사상과 사조를 공시적 지평에서 받아들이게 했던 것과 다르지 않다고 하겠다.

양식적 및 방법적 확대 역시 이러한 맥락에서 살펴질 수 있다. 신시기 문학을 문학 언어라는 측면에서 살펴보면 우선 눈에 띄는 것은 문체의 개성화이다. 이 개성화는 작가들의 자각적 문체 의식 위에 이루어지고 있다. 가령 왕몽은 자신의 문체에 대해 다음과 같이 말하고 있다.

첫째는 쉼표의 증가이다. 「나비」를 쓸 때 쉼표가 압도적으로 우세를 차지했다. 둘째는 인용부호의 감소이다. 대화가 심리적 활동으로 변함으로써 인용부호를 쓰지 않아도 되었다. 셋째는 비유의 개념에 커다란 변화가 생겼다는 것이다. 사람들이 잘 아는 것을 가지고 잘 모르는 것이나 생각하기 어려운 것을 비유하는 게 일반적이지만 비유가 다 그런 것은 아니며 그 반대일 수도 있다. 넷째, 「봄의 소리」의 한 문단은 명사만으로 이루어졌고 주어는 있되 술어가 없다. 다섯째, 대구(對句)는 서로 비슷한 단어를 쓰는 게 일반적이지만 나는 반대되는 뜻을 가진 단어들로 대구를 한다.

이제 한 작품의 문체를 보면 대체로 그 작가를 짐작할 수 있을 정도로 문체의 개성화는 보편적인 현상이 되고 있다. 이러한 문체의 각성에 영향을 미친 외국 작가들로는 헤밍웨이, 도스 파소스, 제임스 조이스 등을 꼽을 수 있다.

종래의 당대 문학에서는 찾아볼 수 없었던 수사학이 대거 등장하고 있는 것도 중요하다. 조문헌은 그것을 추상적 개념의 사물화, 모순 어법, 통감각, 명사만으로 이루어진 문장, 동사와 목적어의 의미상의 불일치, 빈번한 행갈이, 주관적 색채 묘사, 가치 중립적 서술, 단어와 표현 대상의 불일치 등으로 요약하고 있는데, 대체로 이러한 수사와 효과는 러시아 형식주의 이래 주목되어온 낯설게 하기 효과에 해당한다. 약간 과장을 무릅쓰고 말하면, 중국의 당대 문학은 1980년대에 들어서서야 비로소 일상 언어와 구별되는 문학 언어를 획득하게 된 것이다.

장르별로 보자면, 시에 있어서는 북도(北島)——그는 올해 노벨문학상 후보로 거론되었다——고성(顧城), 강하, 엄력(嚴力), 양련(楊鍊) 등 새로운 세대의 시인들에 의해 씌어진 이른바 몽롱시(朦朧詩)가 주목된다. 몽롱시라는 말은 난해시라는 뜻이 되겠는데, 일상 언어의 차원에 묶인 종래의 평면적이고 단순한 시에 익숙해진 눈으로 볼 때 난해하다는 것이다. 다시 말하면 몽롱시는 철저히 문학 언어의 가능성을 밀고 나가는 시이다. 몽롱시는 인간을 평면적으로 파악하지 않고 중층적 깊이로 파악하며, 대상을 모방적으로 묘사하거나 감정을 직설적으로 토로하지 않고 대상과 자아 사이의 상호 작용을 포착하려하고, 장식적 수사를 배격하고 힘있는 이미지와 깊이 있는 상징을 추구한다. 고성이 "캄캄한 눈으로 광명을 추구"한다고 말한 것처럼, 이러한 시적 움직임은 세계 이해 및 해석의 진정성의 추구라는 내적 필연성을 가지고 있다.

소설의 경우에는 사회주의 리얼리즘의 고전적 서사체를 성큼 뛰어넘어 서간체, 심리소설, 영화 기법을 차용한 이른바 '영화 소설,' 우

언체, 에세이 소설, 변론체, 추리 수법의 사용 등 자못 다채로운 시도
가 이루어지고 있다. 이는 다채로운 생활 내용과 구체적 인간성의 탐
구의 소산이다. 그 중 특히 주목되는 것은 인간의 내면 세계의 묘사인
데, 그 묘사에 주력하는 소설을 흔히 심리소설이라고 부르지만 이는
결코 나쁜 의미에서의 심리주의로의 함몰이 아니다. 그 묘사는 정치
한 심리 묘사에서부터 '의식의 흐름'에 근사한 것에 이르기까지 다양
하면서도, 인간을 중층적인 존재로 파악하고 심층의 존재를 존중한
다는 점에서 공통된다.

여지견(茹志鵑)의 심리주의가 그 중층과 심층을 합리성으로 파악
하는 경우라면, "불합리한 상황이 불합리한 심경을 만든다"라고 말
하는 왕몽의 이른바 '의식의 흐름'은 그것을 합리성과 비합리성의 착
종으로 파악한다. 특히 왕몽에게 두드러지는 것은 종래 소설의 선조
적 진행 형식을 파괴하는 과감한 몽타주와 복합적 화법에 의한 대화
적 서술 공간인데, 이는 역사와 사회, 인간과 삶에 대한 왕몽의 복합
적이고 입체적인 인식의 형태화이며 양식화라고 할 수 있다.

그러나 이 세번째 5·4로서의 신시기 문학은 첫번째 5·4가 그러했
던 것처럼 약간의 위험성을 안고 있다. 첫번째 5·4에 비해서는 주체
적 수용의 자세가 훨씬 뚜렷하지만, 여전히 서구주의에의 함몰의 위
험이 도사리고 있는 것이다. 무엇보다도 외국 문학과 문화를 이해함
에 있어서 체계성이 빈곤하다는 것이 약점이다. 그것들을 통시적으로
파악할 수 있고 나서야 비로소 공시적 지평 위에 지형도를 그리는 것
이 가능해지는 것이며, 그것들의 역사적 의미를 깊이 파악한 뒤에야
올바른 비판적 수용이 가능해지는 것이다. 더욱 문제가 되는 것은,
이 세번째 5·4의 근대 지향이 한편으로는 문혁의 상처에 대한 반발
에 맞물려 있고 다른 한편으로는 후기 자본주의의 세계 지배가 본격
화되고 있는 세계사적 상황과 맞물려 있음으로 해서 자칫 사회주의의
근대적 의미를 포기해버리고 후기 자본주의의 세계 지배에 굴복해버
리거나 순응해버리는 데로 귀결될 수도 있다는 점이다. 이 문제야말

로 신시기 중국의 문학인들과 지식인들이 깊이 있게 고뇌하고 싸워야
할 문제일 것이다.   〔1993년 2월〕

대만 문학에 대하어

1. 대만 문학이란 무엇인가

얼마 전까지만 해도 우리는 중국을 중공, 대만을 자유중국이라고 불렀다. 그렇게 부르는 것은 현대 중국의 정통성을 20세기 전반의 중화민국과 20세기 후반의 자유중국으로 파악함을 전제로 하는 것이다. 이때 대만 문학이라는 말은 불필요하거나 무의미한 말이 된다. 있는 것은 중국 문학과 중공 문학일 뿐이기 때문이다. 그러나 현대 중국의 정통성을 20세기 전반의 중화민국과 20세기 후반의 중공으로 파악하게 되면 중공은 다시 중국으로, 자유중국은 다시 대만으로 불리게 되며, 이제는 중공 문학이라는 말이 불필요하거나 무의미한 말로 되어버린다. 있는 것은 중국 문학과 대만 문학일 뿐이기 때문이다. 바로 이 자리에서, 대만 문학이란 무엇인가라는 물음이 제기된다.

대만 문학은 분단 국가로서의 대만의 문학인가. 그렇다면 그것은 1949년 이후라는 시간적 제약 속에서만 성립되는 국민 문학 개념일 터인데, 이 경우 1949년 이전의 대만 문학은 하나의 지방 문학으로서만 의미를 가질 것이다. 이렇게 보는 것은 대만 문학이라는 말을 이원적으로 사용하는 것이 된다. 이와는 달리, 대만 문학을 중국 문학의 단순한 주변부가 아니라 대등한 차원에서의 독자적 영역으로 설정함으로써 그 말을 일원적으로 사용할 수도 있다. 이는 정치적으로는 대만 독립파의 개념 설정과 궤를 같이하는 것인데, 현재의 추세는 대만 독립파의 정치적 성장과 더불어 독자적 영역으로서의 대만 문학의 가능성에 대한 탐색이 대두되고 있는 중이다. 이 새로운 입장을 이해하기 위해서는 대만의 역사에 대한 이해가 필요하다.

대만이 한족(漢族)의 역사에 본격적으로 편입되기 시작한 것은 1661년 청군에 쫓긴 명의 장군 정성공(鄭成功)이 군대를 이끌고 건너오면서부터였다. 대만의 원주민은 한족에게 동화되기도 하고 동화를 거부하며 저항하다가 고산 지대로 쫓겨가기도 했는데, 이주 한족과 이들에 동화된 대만 원주민들로 대만 본토인이 형성된다. 그러나 1683년에 대만은 청의 지배하에 들어가게 되고, 이로부터 대만 본토인에 대한 중국 대륙인의 지배가 시작되었다. 청조 지배하의 대만 본토인들에게 대만인이라는 독자적인 민족 의식이 뚜렷이 나타나기 시작한 것은 19세기 후반에 이르러서였다. 그러나 1895년 대만은 일본의 식민지로 전락해버린다. 1945년 일본의 패전과 더불어 50년의 기나긴 식민지 시대가 종결되자 대만은 국민당 정부의 지배를 받게 되고, 1949년 대륙의 내전에서 패배한 국민당 정부가 건너옴으로써 현재까지 계속되고 있는 이른바 자유중국 시대를 맞이하게 된다. 그러니까 대만에는 대륙인의 대대적인 이주가 역사적으로 두 차례 있었던 것인데, 첫번째는 17세기의 그것이고 두번째는 1940년대 후반의 그것이다. 대만인이라는 독자적인 민족 의식은 첫번째 이주에 뿌리를 내리고 있다. 이 입장에서 보자면 대만인은 3백 년 이상을 계속해서, 청조, 일본, 국민당 정부로 이어지는 외세의 지배 아래 지내온 것이 된다. 국민당 정부의 지배는, 보기에 따라서는 외세의 지배가 아닐 수도 있다. 국민당 정부의 대만 천도와 더불어 이주해온 두번째 이주민들이나 대만 본토인들이나 똑같은 한족이기 때문이다. 그러나 대만 본토인들은 이미 3세기에 걸친 그들 나름의 집단적 체험을 가졌기 때문에 두번째 이주민들에 대해 이질감을 느끼지 않을 수 없었다. 더욱이 두번째 이주민들로부터 정치적·경제적·사회적으로 소외되고 억압받으면서 그 이질감은 해소되기보다는 오히려 증폭되었다. 이것이 현재 대만인의 독자적 민족 의식의 뿌리이다. 그 동안 국민당 정부의 강권 통치에 짓눌려온 이 민족 의식이 적극적으로 표출되기 시작한 것은 1970년대 중반부터였는데, 이는 일단 표출되기 시작하자 빠른 속도로 성장하여 이제 대만 민족주의라는 거대한 흐름을 이루고 있다.

대만 문학이라는 개념은 지방 문학으로서의 그것과 분단 문학으로서의 그것, 그리고 독자적인 민족문학으로서의 그것이라는 세 가지 차원에 얽혀 있는 개념이다. 지금으로서는 어떤 것이 올바른 것인지 섣불리 판단하기보다 그 세 차원을 두루 포괄하며 대만 문학의 여러 국면을 살펴보는 일이 더 중요할 것이다.

2. 대만 문학의 역사

지금 우리가 살펴보고자 하는 대만 문학은, 시대적으로 보자면 1920년대부터의 대만 문학이다. 다시 말하면 현대 문학으로서의 대만 문학인 것이데, 여기에는 현대 문학과 현대 문학 이전의 구분을 20세기초의 신문학 운동에서 찾는 입장이 전제되어 있다. 이는 중국 문학에서 일반적으로 합의를 이루고 있는 입장이므로 여기에서는 이 입장 자체에 대한 논의는 피하기로 하자.

대만의 신문학 운동은 일본 유학생들에 의한 잡지『대만 청년』(1년 뒤에『대만』으로 개제)의 창간(1920)과 '대만문화협회'의 설립(1921)으로부터 시작되었다. 이들은 중국 대륙의 신문학 운동에서와 마찬가지로 근대 문학으로서의 백화 문학의 건설이라는 과제를 먼저 이론적으로 제기하고 곧 이어 창작으로 실천하였다. 신문학 창작의 최초의 주목할 만한 성과는 1926년에 발표된 뇌화(賴和)의 단편소설「떠들썩한 날」이다. 이 작품은 노신(魯迅)의 초기 소설과 유사하게 봉건적인 것에 함몰되어 있는 대만 민중의 삶을 비판적으로 묘사하였다.

이 작품 이후로 대만 문학은 소설을 중심으로 활발한 창작을 전개하
였다.

대만 문학에도 프로 문학 운동이 나타났다. 1927년 대만문화협회
가 좌경화되고, 1928년에는 일본 프롤레타리아 예술가 동맹(나프)의
기관지 『전기』의 대만판이 출판되며, 1929년부터 프로 문예지들이 속
속 간행되고, 1931년에는 일본 프로 문학 작가와 대만 프로 문학 작
가가 공동으로 대만문예가협회를 결성한다. 대만의 프로 문학 운동은
중국 대륙의 그것보다는 오히려 일본의 프로 문학 운동과의 밀접한
연관 속에서 펼쳐졌는데, 1931년 만주 사변의 발발과 더불어 일제로
부터 극심한 탄압을 받게 된다. 1933년 일제의 탄압이 다소 완화되면
서 다시 활동을 재개하지만, 1937년 중·일 전쟁의 발발과 더불어 완
전히 중단되고 만다. 정치적 상황에 따라 부침을 겪으면서 대만 프로
문학은 양규(楊逵)의 소설을 필두로 한 적지 않은 성과를 낳았다.

1937년 이후로 대만 문학은 황국 문학이라는 일제의 어용 문학을
강요받아 암흑 시대로 접어든다. 이는 당시 조선 문학의 상황과도 유
사하다. 특징적인 것은 대만 문학의 경우, 황국 문학은 물론 프로 문
학이나 넓은 의미의 민족주의 문학이나를 막론하고 대만 작가들의 일
본 문단에의 진출이 아주 활발했다는 점이다. 그들은 일본어로 작품
을 써서 일본의 지면에 발표하는 일을 꺼리지 않았다. 식민지 체제의
오랜 지속이 일본어의 사용을 자연스러운 것으로 만들어버린 것이다.
이는 해방 이후의 대만 문학에 언어 문제에 있어서 심각한 병을 앓게
만든다.

해방 이후, 대만 문학은 대만 문학의 나아갈 방향을 놓고 다양한
모색을 하게 된다. 그 모색에서 대두된 주된 입장들은 중국 대륙의 문
학 전통에 합류하고자 하는 중국 전통 문학파, 사회주의 리얼리즘을
추구하고자 하는 좌파, 그리고 대만 문학의 독자성을 발전시키고자
하는 대만 민족주의파 등이었다. 이 다양한 모색은, 1950년 국민당
정부의 주도하에 중국문예협회가 결성되고 '공산주의에 반대하고 소

련에 맞서 싸우는 삼민주의 문예'가 제창되면서, 다 같이 중단되고
만다. 이로부터 대만 문학에는 '반공 문학 시기'가 시작되며 대륙 출
신의 문학인들이 주도하고 대만 출신의 문학인들은 소외되는 국면이
펼쳐진다.

그러나 1950년대는 '반공 문학 시기'일 뿐만 아니라 '순수 문학 시
기'이기도 했다. '순수 문학'이라는 명분하에 반공이라는 강요되는
정치성을 회피하는 것은 소극적 형태의 저항일 수 있었다. 이 소극적
형태의 저항은 장르상으로는 시, 사조상으로는 모더니즘을 중심으로
이루어졌는데 기현(紀弦)의 『현대시』파와 '남성(藍星)'파, '창세기'
파 등에 의해 주도되었다. 1960년대에 들어서면서 '순수 문학'은 새
로운 젊은 세대에 의해 모더니즘 소설로 그 영역을 넓히며 비약적인
발전을 이룬다. 그 시작은 대만대학 외국 문학과 재학생들에 의해 창
간된 『현대 문학』이었다. 백선용(白先勇), 진약희(陳若曦)는 바로 이
흐름 속에서 태어난 작가들이다.

1960년대 중반에 들어서면서 이러한 순수 문학——모더니즘의 흐
름 속에서 새로운 문학의 싹이 텄다. 일제 시대 말기의 민족주의 작가
였던 오탁류(吳濁流)가 복간한 잡지 『대만 문예』와 새로 창간된 시 전
문지 『입(笠)』, 그리고 진영진(陳映眞)·황춘명(黃春明) 등 젊은 세대
가 창간한 『문학 계간』 등에 대만 출신의 작가들이 모이기 시작한 것
이다. 1971년 국제 정치의 무대에서 중국의 정통성을 대륙의 사회주
의 정권에 빼앗기게 된 것을 계기로 민주화의 민중적 요구가 높아지
고 대만 민족주의가 서서히 표출되기 시작하자, 이를 배경으로 새로
운 문학의 싹은 급속한 성장을 이루었다. 여기서 대두된 것이 향토 문
학론이다. 향토 문학이라는 용어는 이미 1920년대부터 사용되었던
것인데 농촌 현실의 사실주의적 묘사라는 내포를 가지고 있던 이 용
어가 이제 보다 보편적인 개념으로 제기되면서 향토 문학론이 펼쳐진
다. 여기에는 크게 두 계열이 있다. 하나는 대만 민족주의의 입장이
다. 대만인의 민족적 전통을 계승하면서 대만인의 삶의 진실을 표현

하자는 것이 그것이다. 다른 하나는 비판적 리얼리즘의 입장이다. 이 입장은 대만 인민의 현실을 묘사하는 리얼리즘 문학을 주창하였다. 이 두 계열은 국민당 통치하의 사회 체제를 비판하고 그에 저항한다는 점에서 동일하며 대만인으로서의 민족 의식을 공유하고 있으나 그 공통점 못지않게 중요한 차이점을 보인다. 전자가 대륙 출신의 외성인(外省人)과 대만 출신의 본성인(本省人) 사이의 모순만을 보고 일반적 의미의 계급적·계층적 모순과 갈등을 경시하는 데 비해, 후자는 일반적 의미의 계급적·계층적 모순과 갈등을 문제삼으며 외성인/본성인의 모순을 그 일반적 문제틀 속에서 파악한다. 따라서 전자는 향토 문학을 보수적인 민족주의 문학의 틀 속에 폐쇄시키고, 후자는 향토 문학에 제3세계의 민족문학으로서의 대만 문학이라는 새로운 문제성을 부여한다. 우리에게 주목되는 것은 후자이다. 독자적 민족문학으로서의 대만 문학이라는 관점에서 볼 때 전자가 더욱 선명한 듯하지만 그것은 그 내부적인 보수성으로 인해 뚜렷한 한계를 가진다. 진영진·황춘명으로 대표되는 후자는 대만 현실을 제3세계적 현실로 파악한다. 그러니까 대외적으로는 신식민지적 모순이, 대내적으로는 자본주의적 모순이 문제되는데 이 모순들 속에 외성인/본성인의 모순이 중첩되고 포함된다. 이 입장에는 대만 현실의 변혁과 아울러 분단 중국의 통일에 대한 전망으로까지 나아갈 가능성이 있는 것이다. 1970년대말에 불길처럼 일었던 향토 문학론은, 그러나 정부의 강경한 탄압과 1980년대 이후의 현실의 변화에 따라 점차 위축되어갔다.

1980년대 이후의 대만에는 전반적으로 부르주아 헤게모니가 관철되고 있다. 정치적으로는 국민당 지배와 대만 독립파의 대항이 맞서고 있으나 양쪽 모두 사회적 모순과 갈등을 진보적으로 개혁하고자 하는 지향과는 거리가 먼 것이다. 대만 문학 역시 그러한 정치적 흐름과 상응하는 변화를 보이고 있다. 사조상으로는 포스트모더니즘이 급격히 대두하여 주체의 소멸, 자본의 지배에의 굴복을 선전하고 있고, 패배와 허무의 자리를 상업주의적 대중 문학이 채우고 있는 것이다.

제3세계 민족문학으로서의 대만 문학의 추구와 리얼리즘의 탐색은 더 이상의 진전을 이루지 못하고 고립된 채 외면당하고 있다.

3. 우리나라에 소개된 대만 문학 작품

상업주의적 대중 문학에 대해서까지 언급할 필요가 없다는 데에는 이견이 없을 것이다. 또한 누락 없는 목록을 작성하는 것이 이 대목에서 겨냥하는 바가 아니라는 데에도 우리는 대체로 동의할 수 있을 것이다. 우리나라에 번역 소개된 대만 문학 작품은 뜻밖에 많지만, 여기서는 적극적으로 주관을 개입시켜, 대만 문학에서 특히 의미 있다고 생각되면서 완결된 책의 모습으로 우리에게 주어진 것들 중 몇 가지만 살펴보기로 하겠다.

Ⅰ. 황춘명, 『사요나라 짜이젠』(창작과비평사, 1983)

향토 문학 작가의 작품 선집이 우리나라에 단행본으로 소개된 것은 이것이 처음이었다. 소설가 이호철 선생이 일본어 역에서 중역한 것이 대부분이지만 그 중 몇 편은 당시 중국 문학과 대학원생이었던 필자가 중국어 원본에서 직접 번역하였다. 황춘명은 1962년에 등단한 대만 출신 작가로서, 1966년에 진영진·위천총 등과 함께 계간지『문학 계간』을 창간했고 향토 문학 논쟁에서 리얼리즘 문학의 입장에 섰던, 대표적인 향토 문학 작가 중의 하나이다. 그의 작품은 크게 두 가지로 나뉘는데 하나는 서정성이 짙은 문체로 농촌의 고통스러운 삶을 감싸안 듯 묘사하는 것이고 다른 하나는 도시적 삶의 실상을 풍자와 해학을 통해 날카롭게 드러내는 것이다. 표제작인 중편「사요나라 짜이젠」은 황춘명의 대표작인데, 한 여행사 직원의 눈을 통해 일본인들의 기생 관광과 그것을 둘러싼 각종 대만인들의 모습을 관찰함으로써 대만의 신식민지적 현실을 드러내고 있다. 이 작품 선집에서 가장 흥미로운 작품은 단편 「두 페인트공」이다. 왜 흥미로운가 하면, 우리나라의 1980년대 연극 「칠수와 만수」(영화화도 되었다)는 바로 이 작품의 패러디이기 때문이다. 고층 건물의 외벽에 페인트칠을 하는 두 노동자의 하루가 이 작품의 제재이다. 착취와 소외의 현실. 고향에 대한 추억의 내용도 괴로운 것들 투성이이다. 삶이란 원초적으로 고통스러운 것인가. 그럴지도 모른다. 그러나 사회적인 것이 더욱 크다. 어쩌다 이 두 노동자는 투신 자살하려는 사람으로 오인받게 된다. 매스컴이 출동한다. 매스컴의 허위. 티브이 카메라와 마이크를 들이대며 '자살하려는 사람'을 상품으로 만든다. 생방송되는 대화. 그러나 매스컴의 물음은 삶의 진실과는 겉도는 도식적인 것들이거나 아니면 삶의 진실에 상처를 입히는 가학적인 것들이다. 그 가학의 칼날에 두 페인트공은 영혼 깊이 상처를 입는다. 그리하여 한 사람은 추락(혹은 투신)하여 죽고, 다른 한 사람은 태아의 모습으로 퇴행하여 운다. 그 울음에 공명하여 마음속으로부터 울음 비슷한 떨림이 솟아오르는 것이 느껴진다면 이 작품을 제대로 읽은 것이다. 그 떨림은 연민과 전율과 두려움 · 분노 등등이 뒤섞인 그것이다.

Ⅱ. 애청 외, 『현대 대표 시인 선집』(중앙일보사, 1989)

중국현대문학전집 20권 중의 한 권이다. 1부에서 3부까지는 1949년까지의 시인들, 4부는 사회주의 중국의 시인들, 5부는 대만의 시인들을 다루고 있다. 그러나 그 구분은 엄격한 것이 못 된다. 가령 한 시인이 1930년대에 등단하여 1980년대까지 시를 썼다고 할 때 그를 어디에 포함시키느냐 하는 문제를 정당하게 해결하지 못했기 때문이다. 5부의 대만 시인들은 허세욱 교수가 번역했다. 허세욱 교수는 대만 문단에 중국어 시로 데뷔하여 창작 활동을 해온 '대만 시인'이기도 한데, 과연 그의 중국 시 번역은 탁월한 바가 있다. 의역의 정수를 보여주는 대목이 특히 눈길을 끈다.

Ⅲ. 조자번·백선용, 『반하류 사회/대북 사람들』
(중앙일보사, 1989)

역시 중국현대문학전집 중의 한 권으로 허세욱 교수가 번역했다. 조자번의 장편 『반하류 사회』는 엄격히 말해 대만 문학에 속하는 것인지 분명치 않다. 왜냐하면 호남 출신으로 독일에서 유소년기를 보내고 호남과 홍콩에서 청년기를 보낸 뒤 42세가 되는 1964년에야 대만으로 이주한 조자번이 이 작품을 쓴 것은 1953년 홍콩에서였고 이 작품이 그리는 것은 홍콩으로 몰려든 지식인 출신의 도시 빈민의 삶이기 때문이다. 그러나 대만으로의 이주 이후에 계속되는 작품들과 묶어서 생각한다면 대만 문학의 일부로 보는 것도 무방하기는 할 것이다. 백선용은 1960년대 모더니즘 소설의 대표자이며 『현대 문학』의 창간자이다. 그의 대표작인 『대북 사람들』은 단편 14편을 모아놓은 것인데, 이 14편은 일종의 연작으로 볼 수 있을 만큼 공통된 주제와 공통된 구조를 가지고 있다. 각 단편마다 각양각색의 인물이 등장하는데 이들은 모두 중·상류 계층에 속하거나 관계되며, 현재는 대북에 살지만 과거에는 대륙에 있었고, 현재의 상실감과 추억 속의 과거의 충만감이 대조를 이룬다. 이 연작은 대북 사람일 수 없는 외성인의 내면 세계에 대한 다소 감상적이지만 섬세한 관찰의 기록이다.

Ⅳ. 진영진 외, 『야행화차 외』(중앙일보사, 1989)

역시 중국현대문학전집 중의 한 권이다. 대만 작가들의 중·단편 선집으로 유중하 교수가 작품을 선정하고 번역했는데, 11편 중 양규의 「신문 배달부」와 오탁류의 「포츠담 과장」을 제외하면 모두 향토 문학 논쟁 이후에 나온 향토 문학 계열의, 그 중에서도 리얼리즘 계열의 작품들이다. 우리가 보기에 대만 문학의 가장 치열한 성과들을 모아놓은 셈인데, 여기서 우리는 대만의 현실과 우리의 현실이 얼마나 유사한가 하는 것을 엿볼 수 있을 터이다. 대만의 경우가 내부적으로 존

재하는 민족 문제로 우리보다 좀더 복잡하기는 하지만 말이다. 아무
튼 그 유사성의 확인으로부터 이른바 제3세계적 현실이라는 것이 갖
는 보편적 의미를 시사받을 수 있을 것이다.   〔1994년 8월〕

2

봉건과 근대의 착종
혁명 문학과 리얼리즘의 사이
노신 소설과 5·4 운동
노신, 혹은 전략과 진실 사이
현대시 형성기의 시인들
생명의 불길과 그 형태화

봉건과 근대의 착종
──왕몽의 『변신하는 인형』에 대한 복합적 독해

1

　『변신하는 인형(活動變人形)』은 왕몽(王蒙)의 세번째 장편소설이다. 중·단편소설 위주의 작가인 왕몽은 40여 년 간의 창작 생활에서 장편소설은 단지 세 편을 썼을 뿐인데, 공교롭게도 그 세 편의 장편소설들은, 이 작가의 문학적 생애를 크게 세 개의 시기로 구분할 때, 그 세 시기에 각각 속한다. 1953년에 씌어지기 시작하여 1956년에 완성된 『청춘 만세(靑春萬歲)』[1]는 신강(新疆)으로 이주하기 전의 북경(北京) 시기에, 1973년부터 씌어지기 시작하였으나 완성되지는 못한 『이곳 풍경(這邊風景)』은 신강 시기에, 그리고 1985년에 완성되어 1986년에 발표된 『변신하는 인형』은 신시기(新時期)에, 말하자면 두번째 북경 시기에 각각 속하는 것이다. 세 장편소설들은 그것들이 속하는 각 시기의 왕몽 문학의 특징을 잘 구현하고 있다.

　『청춘 만세』는 1953년 졸업 예정인 북경의 고등학생들의 학교 생활

---

1) 『청춘 만세』의 발표는, 그러나, 이 시기에 이루어지지 않았다. 1956년 9월 북경일보와 1957년 1월 문회보(文匯報)에 그 일부가 발표되었을 뿐이고, 전편의 발표는 1979년의 단행본 출판을 통해 비로소 이루어졌다. 이에 대해 왕몽은, "1957년의 '반우(反右)' 투쟁 후기에 나는 '과장' 되어갔고, 그리하여 이미 조판을 완료하고 오케이 교정까지 본 『청춘 만세』를 출판하지 못했다. 20여 년 뒤인 1979년이 되어서야 비로소 세상에 내놓을 수 있게 되었다"라고 쓰고 있다. 王蒙, 「文學與我」, 曾鎭南, 『王蒙論』(中國社會科學出版社, 1987), p. 390.

을 제재로 하여 청춘과 혁명의 격정으로 충만한 삶을 서정적인 필치
로 묘사하였다. 왕몽은 1950년 5월부터 신민주주의 청년단 북경시 제
3구 공작위원회에서 일했는데 이때 접한 청소년들의 정신적 면모에
강렬한 인상을 받았다. "특히 그 중에서도 정치적으로 상당히 조숙한
'소년 볼셰비키'들은 내게 평생 잊지 못할 인상을 주었다"고 왕몽은
회고하고 있다.[2] 게다가 그 자신도 그 중의 하나였던 것이니,[3] 『청춘
만세』는 그 강렬한 인상과 뜨거운 공감의 산물이었다. 1956년에 발표
된 단편 「소두아(小豆兒)」의 소두아나 「조직부에 새로 온 청년(組織部
新來的靑年人)」의 임진(林震) 역시 그러한 소년 볼셰비키들이다. 『청
춘 만세』의 소년들, 그리고 아버지와 숙부를 고발하는 소두아나 조직
부 부부장의 관료주의에 맞서는 임진의 순정적인 혁명적 열정이야말
로 이 시기 왕몽 문학의 핵자이다.

　　한편 『이곳 풍경』은 신강 시기의 침잠을 대변해준다. 신강으로 이
주한 1963년 12월 이래 왕몽의 글쓰기는 중단되었다가 1971년부터
1973년까지의 5·7 간부학교 노동 개조 생활을 끝내고 신강 자치구
문화국으로 옮기면서 다시 시작되는데 이때 씌어지기 시작한 작품이
『이곳 풍경』이다. 그러나 『이곳 풍경』은 문혁(文革) 시기의 극좌적 문
예 사조로부터 자유롭지 못하다. 그 정도는, 1978년 1월 『신강 문예』
에 발표된, 그러니까 신시기 왕몽의 첫 발표작으로서, 신강 시기와
두번째 북경 시기 사이의 연결고리라 할 수 있는 「봄빛을 향하여(向春
暉)」가 "작가의 창작시의 사상이 상당히 구속되어 있고 심지어는 이
왕에 유행한 영웅 인물 묘사라는 틀의 속박까지 받고 있는 것"[4] 이상
이다. 그것이, "뒤에, 끝내 완성되지 못한 장편소설 『이곳 풍경』(단지
몇 개의 장만 발표되었다)은, 아마도, 극좌적인 시대 분위기 속에서 형
성된 제재 소질과 사상 소질을 개조하기가 몹시 어려운 탓에 버려졌

---

2) 앞의 책, p. 389.

3) 앞의 책, p. 389.

4) 何西來, 「心靈的搏動與傾吐」, 『文學評論叢刊』 第14輯.

을 것"[5]이라는 유추를 가능케 한다.

그러나, 왕몽은 「봄빛을 향하여」 이후로 『변신하는 인형』이 발표된 1986년까지 자그마치 14편의 중편과 수십 편의 단편을, 마치 터진 둑에서 거센 물결이 용솟음쳐나오듯 잇달아 써냈는데, 이 작품들은 내용적으로나 형식적으로나 한마디로 요약하기 어려울 만큼 다양하다. 다소의 단순화를 무릅쓰고 요약한다면, 우리는 다음과 같이 두 가지로 지적해볼 수 있다. 첫째, 삶에 대한 통찰의 예민함과 사회 문제 반영의 첨예함과 대담함이다. 왕몽의 눈은 피상적이지 않고 깊으며, 삶과 인간을 단순화·평면화하지 않고 그 복합성과 입체성을 포착하며, 그 눈으로 보아낸 현실의 부정적 측면을 첨예하게 드러낸다. 둘째, 표현 형식에 있어서의 대담한 탐구와 개척이다. 왕몽 소설이 서구 모더니즘의 '의식의 흐름' 수법을 사용했다고 보는 게 통설인데, 그것은 왕몽 소설에 나타나는 시공의 비약과 치밀한 내면 묘사를 두고 하는 말이다. 그러나 그런 식의 설명은 왕몽 소설의 의미를 풍요롭게 길어내는 게 아니라 그 반대로 '의식의 흐름'이라는 양재본으로 그것을 재단하는 짓이어서 일종의 왜곡이라 해도 과언이 아니다. 왕몽의 형식 탐구는 보다 폭이 넓으며(그는 '외길을 가고 싶지 않다'고 말한다), 그 자신의 표현을 빌리면 '삼십 년 팔천 리'(삼십 년은 1949년 해방 이후 삼십 년을, 팔천 리는 북경에서 신강까지의 팔천 리를 가리킨다)의 삶과 현실의 복합성과 입체성을 표현하기 위한 필연적인 형식 탐구이다. 『변신하는 인형』은 이러한 특징들을 포괄적으로 구현하고 있어서 두번째 북경 시기의 왕몽의 하나의 총결이라 할 만한데, 더 나아가서는 첫번째 북경 시기의 그것까지도 포괄하는, 요컨대 왕몽 소설의 집약체라 할 수 있을지도 모른다.

『변신하는 인형』은 그 내용에 있어서나 형식에 있어서나 대단히 복합적이고 중층적이다. 그 복합성과 중층성이 이 작품의 독해를 복합

---

5) 曾鎭南, 앞의 책, p. 89.

적 독해가 되지 않을 수 없게 만든다. 이 작품을 단순히 '반사소설(反思小說)'로만 읽어서, "구체적인 사회 역사 문제에 대한 반성으로부터 중국 전통 문화에 대한 반성으로 나아갔다"[6]고 풀이하는 것은 이 작품의 일부만을 본 것이다. 중요한 것은 '반사 소설' 개념에 부합되는 일부가 아니라 그 개념을 훨씬 벗어나는 것들로 이루어진, 복합적이고 중층적인 전체이다.

2

1987년에 출판된 『변신하는 인형』의 인민문학출판사본에는 편집자의 다음과 같은 내용 소개가 실려 있다.

이야기는 40년대 초기의 북경 시내에서 발생한다.
한 가정, 화약내가 물씬한 한 가정. 종일 부부가 불화하고 싸우며, 장모와 처형은 계책을 꾸며 불 위에 기름을 붓고, 그리하여 파탄과 가출을 빚어내는 희비극.
이 소설은 저명한 작가 왕몽의 역작이다. 작가는 신랄하고 유머러스한 필치와 독특하고 착실한 세목으로, 한 지식분자의 가정 내부의 부르주아지와 봉건주의 두 가지 문화 형태의 목숨을 건 투쟁을 묘사했고, 현대 문명을 동경하지만 어떠한 출로도 찾지 못하는 지식분자 내면의 분열과 왜곡과 고통, 그리고 몰락한 지주분자의 부패·완고·절망을 드러냈다. 이 작품은 작가의, 오천 년 중국 문명과 중국 지식분자 문제에 대한 형상적 사고이며, 그 생생한 인물들로부터 우리는 죽어버린 시대와 그것이 우리에게 드리운 긴 그림자를 엿볼 수 있다.[7]

---

6) 金漢, 『中國當代小說史』(杭州大學出版社, 1990), p. 228.
7) 王蒙, 『活動變人形』(人民文學出版社, 1987), 속표지 2면.

이 간략하면서 명쾌한 설명에는 나름대로의 일리가 있다. 다만, 『변신하는 인형』의 제2장부터 제23장까지만을 놓고 볼 때, 그리고 그 범위내에서도 하나의 고정된 시각에서 볼 때 그렇다. 그 범위를 벗어나면 사태는 달라지고, 시각을 가능한 몇 가지로 바꾸어감에 따라 또 사태는 달라지는 것이다. 우선 그 범위내로 제한하여, 제2장부터 제23장까지에서 서술되는 이야기를 간추리면 다음과 같이 된다.

40년대초 북경 시내의 한 가정. 예오성(倪吾誠)은 몰락해가는 지주 가문에서 태어나 신식 교육을 받고 구라파 유학까지 다녀온 지식인으로서 현재 대학 강사이다. 그는 현대 문명을, 즉 서구 문명을 동경하고 추구하며 중국의 봉건적 문화와 풍속을 혐오한다. 그러나 그의 동경과 추구에는 출로가 없고 그래서 그의 삶은 고통으로 가득하다. 예오성의 처 강정의(姜靜宜) 역시 몰락 지주 가문 출신으로 신식 교육을 받았는데, 그녀는 예오성과는 달리 봉건적인 문화와 풍속 속에서 살아간다. 그녀의 고통은 가정을 돌보지 않는 예오성에게서 비롯된다. 강정의의 홀어머니 강조(姜趙)씨와 과부 언니 강정진(姜靜珍)이 이 집에서 함께 살고 있다. 고향의 땅을 소작 주고 도지를 받으며 살고 있는 그녀들은 봉건적인 삶에 철저하게 갇혀 있다. 예오성과 강정의·강정진·강조씨 사이에는 크고 작은 싸움이 그칠 날이 없다. 그리고 국민학교 2, 3학년인 예조(倪藻)·예평(倪萍) 남매가 있다.

줄거리를 따라가면 이렇다. 1942년 가을 어느 날, 사흘 간 집에 들어오지 않은 남편의 귀가를 기다리며 강정의가 벼르고 있다. 사흘 동안 봉급을 다 쓰고 돌아온 예오성과 강정의·강정진·강조씨 사이에 한바탕 악전이 벌어진다. 쫓겨난 예오성은 폭음을 하고 한밤중에 비를 맞으며 집으로 돌아와 쓰러진다. 폐렴에 걸린 예오성은 몇 달 간 집에서 요양을 한다. 그 사이에 강정의가 임신을 한다. 이 임신에 충격을 받은 예오성은 이혼을 결심하고 건강이 회복되자 은밀히 변호사를 찾아 상담한다. 이 사실을 알게 된 강정의는 친지들을 초대한 회식 자리에서 예오성을 탄핵한다. 그날 밤 예오성은 나무에 목을 매는데 끊어졌던 숨이 되살아난다. 죽었다 살아난 예오성은 혼자 북경을 떠난다.

사실상 이 줄거리 자체는 그다지 중요하지 않다. 중요한 것은 이 줄거리에 실리는 각 인물들의 성격과 내면 풍경이다. 줄거리 자체가 중요하다면 될 수 있는 한 서술의 통일을 기하는 편이 유리할 터인데, 작가는 오히려 각각의 장마다 시점을 바꾸어가며 삼인칭 주관적 시점에 의한 서술을 하고 있는 것이다. 이는 인물의 성격과 내면 풍경을 세밀하게 묘사하기 위해서이다. 이 점에 유념하여 각 인물들을 하나하나 추적해보자.

예오성에게는 삶의 두 가지 양식의 대립이 있다. 하나는 맹관둔(孟官屯)-도촌(陶村)으로 표상되는 봉건적 양식이다. 맹관둔-도촌은 예오성의 고향이다. 그의 할아버지는 무술 변법(戊戌變法)에 참가하고 전족에 반대한 진보적 사대부였지만 그 때문에 목을 매고 죽는 최후를 맞이한다. 봉건적인 것으로부터 벗어나려는 데 대한 봉건적인 것의 보복이라 할 수 있다. 그 보복은 대를 잇는다. 예오성의 아버지 예유덕(倪維德)은, 시아버지꼴이 될까 두려워하는 처에 의해 아편쟁이가 되어 요절한다. 예유덕의 처는 아들 예오성도 봉건적인 것 속에 잡아두고자 하고, 예오성은 그 속박을 벗어나려고 애쓴다. 결국 예오성은 일면 봉건적인 것을 벗어나 근대적인 것으로 진입하는 데 성공하면서도 다른 일면으로는 여전히 봉건적인 것을 벗어나지 못한다. 그가 신식 교육을 받고 해외 유학을 하고 대학 강사가 되어 북경의 시민으로 살아가게 되는 것은 근대적인 것의 획득이라 할 수 있다. 그러나 어머니의 안배에 따른 강정의와의 애정 없는 결혼은 봉건적인 것과의 타협이다. 문제의 심각성은 이것이 그의 근대적인 것의 획득과 불가분의 관계라는 데 있다(그의 유학이 가능했던 것은 그 결혼 때문이다). 그것들은 서로 뒤얽혀서 그의 삶을 규정한다. 집 안에서는 봉건적인 것에 속박받고 집 밖에서는 근대적인 것을 추구한다. 이 대립은 그의 의식과 무의식에서도 나타난다. 그의 무의식에는 맹관둔-도촌이 깊이 각인되어 있고 그의 의식에는 서양—근대가 반짝인다. 이 대립은 그러나 분명한 경계를 갖는 것이 아니다. 그것들은 서로간의 경계를 지우고 뒤얽히며, 그 뒤얽힘은 예오성을 신경증으로, 분열증으로 이끌어간다. 예오성이 아큐(阿Q)의 패러디라면 그는 신경증 및 분열증에 걸린 아큐이다(이렇게 보면 그를 '부르주아지 문화 형태'로, "현대 문명을 동경하지만 어떠한 출로도 찾지 못하는 지식분자"로 파악하는 것은 얼마나 단선적인 것인가). 표제의 '변신하는 인형,' 머리·몸통·다리 세 부분으로 되어 있는, 그것들을 조합하기에 따라 모양이 얼마든지 변하는 '변신하는 인형'은 봉건과 근대의 착종 속에서 신경증 및 분열증에 걸린, "복잡한 성격 복합체"[8]로서의 예오성의 표상이다. 성인이 된 예조의 회상 속에서 그 '복잡한 성격 복합체'는 다음과 같이 묘사된다.

그것은 대체 무엇인가? 아버지가 세상을 뜬 지 몇 년이 지난 뒤에도, 예조는 아버지가 아버지의 시대를 얘기하던 걸 상기하면 기이한 전율이 느껴졌다. 당당한 사람이, 지식인이, 유학도 했고 해방구에도 갔던 사람이 어떻게 그 모양일 수 있단 말인가? 그는 언어와 개념의 궁핍을 느꼈다. 예조는 아버지가 어떤 부류의 사람인지 판정할 도리가 없었다. 지식인? 사기꾼? 미치광이? 바보? 호인? 반민족분자? 노혁명가? 동 키호테? 극좌파? 극우파? 민주파? 기생충? 매몰된 자? 겁쟁이? 주책 늙은이? 공을기(孔乙己)? 아큐(阿Q)? 가짜 양놈? 로댕? 오블로모프? 쾌락주의자? 룸펜? 장사꾼? 책상물림? 이상주의자? 이렇게 생각해가다보면, 예조는 숨이 막히고 온몸에 식은땀이 흐르는 것이었다. [9]

---

8) 曾鎭南의 표현이다. 그것을 봉건적인 것의 징벌로 파악한다는 점에서는 우리의 문맥과 다소 다르지만, 예오성의 성격적 특징에 대한 적절한 표현으로 여겨져서 그대로 사용한다. 증진남, 앞의 책, p. 27.
9) 왕몽, 앞의 책, p. 345.

한편, 강정의는 결혼에 대한 봉건적 관념에 사로잡혀 있다. 닭에게 시집가면 닭이 되고 개에게 시집가면 개가 된다는 식으로, 그녀의 자아는 독립적 자아가 아니라 남편에 의존하는 자아, 다시 말해 일종의 비(非)자아이다. 그런데 이 비자아는 그 존립에 위기를 겪는다. 한편으로는 경제적 궁핍이 위기를 가져온다. 그 궁핍은 남편이 가정을 돌보지 않고 돈을 가져다주지 않는 데서 비롯된다. 다른 한편으로는 근대적 관념이 위기를 가져온다. 남편이 서양적인 것, 근대적인 것으로 그녀를 개조하려 하는 것이다. 그녀는 봉건적 비자아의 보위를 위해 싸운다. 남편으로 하여금 가정을 돌보게 하고 돈을 가져오게 하기 위하여 남편과 싸우고, 남편이 강요하는 서양적인 것, 근대적인 것을 거부하기 위하여 남편과 싸운다. 이 싸움에서 그녀는, 천진하고 무지하며 경망스럽고 고집불통인 듯이 보이는 외모와는 달리, 놀라운 능력을 발휘한다. 예컨대 신선거(神仙居)의 회식 자리에서의 그녀의 언변은 예오성을 어리둥절하게 만드는 것이다.

　　그는 강정의가 이런 능력이 있고, 사교 장소에서 이렇게 사람의 마음을 격동시키는 연설을 발표할 수 있는 줄을 아직껏 몰랐다. 〔……〕 어쩌면 강정의에게는 일종의 정치적 재능이 있는지도 몰랐다. 동정을 얻고, 적수에게 타격을 주고, 적을 죽음에 이르게 하는…… 그런데 그는 줄곧 '우매' '백치' 따위의 말로 정의를 평가해온 것이었다. 10)

그런데 이러한 능력 발휘는 독립적 자아의 계발을 위한 것이 아니라 의존적 자아, 혹은 비자아를 수호하기 위한 것이라는 데에 아이러니가 있다. 강정의의 가능적 자아는 자발적으로 봉건적인 것 속으로 매몰되어가는 것이다(이렇게 보면 그녀를 '봉건주의 문화 형태'로, '몰락한 지주의 부패·완고·절망'으로 파악하는 것은 단선적이라 하지 않

____

10) 앞의 책, p. 303.

을 수 없다).

　제2장부터 제23장까지의 서술에서 사건의 대립 당사자는 예오성과 강정의이지만, 그러나 예오성과 진정으로 상반되는 자리에 있는 대조적 인물은 강정진이다. 강정진은 어린 남편을 사별하고 평생 독신의 삶을 살아왔는데, 그 독신은 봉건적 형태의 수절이다. 그녀에게 수절은 자신이 이루어야 할 최고의 가치이다. 봉건적 수절의 삶은, 그러나 인간 본성의 왜곡이라는 대가를 요구한다. 강정진의 음울·잔혹·교활은 그녀의 본성이 기형적으로 왜곡된 결과이다. 그녀는 "세상에서 가장 지독하고 가장 악한 것은 사람"이라고 생각하고 수절하는 삶의 공허감을 타자에 대한 증오와 보복으로 대체한다. 사실상 그녀는 모순에 빠져 있는 것이다. 수절이 최고의 가치라는 관념과 고통으로 가득 차 있는 그 실제 사이의 모순, 그 모순은 수절이라는 일종의 틀 자체를 부정하지 않는 한 해소될 길이 없다. 그 모순이 그녀를 기형적으로 왜곡시키는 것이며 거꾸로 그 기형적 왜곡이 모순을 어느 정도 견딜 수 있게 해주지만, 그러나 결국 그 왜곡은, 작가가 집요하게 묘사하듯이, 신경증적 증후로까지 발전된다. 강정진의 이러한 양태에 대해, "그녀의 악(惡)은 그녀 자신의 자신과의 싸움(사회는 그녀의 손을 빌려 그녀 자신을 죽인다)의 일종의 굴절된 표현 형식이며, 그녀의 생명력의 기형적인 발산이다"[11]라고 한 증진남(曾鎭南)의 해석은 적절해 보인다. 여기서 좀더 숙고할 것은, 신경증적 증후로까지 발전하는 강정진의 왜곡에는 그 스스로 고통이 됨으로써 사회의 고통을 개인적 수준에서 체현하는 민감한 영혼이 숨어 있다는 점이다. 그녀의 본성은, 가산을 지키기 위해 싸울 때의 모습에서 잘 나타나듯, 총명과 지혜, 그리고 강인한 생명력의 그것이다. 그 총명과 지혜, 생명력이 봉건적인 것의 틀 속에서 왜곡됨으로써 극단적인 음울·잔혹·교활로 변하는 것이고, 여기서는 총명·지혜, 생명력이 크면 클수록 음

---

11) 증진남, 앞의 책, p. 33.

울·잔혹·교활도 그만큼 더 커지는 것이다. 그런 의미에서 본다면 강정진은 강정의는 물론이고 예오성보다도 훨씬 더, 민감한 영혼을 소유한 비범한 인물이라고도 할 수 있다.

세 주요 인물들을 이상과 같이 살펴보면, 작가의 일차적 의도는 쉽게 납득된다. 증진남에 의하면, 왕몽은 증진남에게 이 작품의 제목을 '보응(報應)'이라 할 생각이라고 말한 적이 있다.[12] 여기서의 '보응'이란 역사의 보응인데, 여기에는 이중의 의미가 있다. 하나는 봉건 사회가, 특히 그 가족 제도가 인간에게 가하는 징벌이다. 왕몽은 봉건과 근대의 착종 속에서 그 징벌의 구체적 양상들을 묘사하고 있는 것이다. 그런데 그 징벌의 가혹함은 다시 역사로 되돌려진다. 그 가혹함이 혁명을 필연적인 결과로, 절대적 소명으로 가져오기 때문이다.[13] 제2장부터 제23장까지는 확실히 이러한 '보응'이라는 개념으로 읽힐 수 있다.

그런데 봉건과 근대의 착종 속에서의 봉건적인 것의 '보응'이라는 개념은 꼭 왕몽에게 특유한 것이라고만 할 수는 없다. 중국 현대 문학의 여러 작품들, 이를테면 노신의 「광인 일기(狂人日記)」나 「아큐정전(阿Q正傳)」, 파금(巴金)의 『집안(家)』만 해도 같은 개념으로 읽힐 수 있는 것이다. 왕몽의 개성은 그 보응을 포착하고 형상화하는 그 특유의 시각과 방법에 있다. 왕몽은 그 보응을 인물의 내면 풍경 속에서 포착하고 형상화한다. 『변신하는 인형』의 제2장에서 제23장까지가, 매장마다 시점을 바꾸어가며 삼인칭 주관적 시점에 의한 서술을 행하는 것은 그런 의미로 이해될 수 있다. 그 서술은 관념적 진술을 최대

---

12) 앞의 책, p. 22.

13) 속집 제2장에서 왕몽은 다음과 같이 쓰고 있다. "삶이 부패하면 부패한 만큼 고통스러운 법이다. 완전히 다른 사람들도, 착취자들의 잔재 세력까지도, 변함없이 앉아서 멸망을 기다리는 일체의 삶을 달가워하지 않는 역사의 틈바구니에 낀 잉여 인간들까지도, 진심으로 폭풍우를 바라고 있었고, 지진이 일어나고, 하늘이 무너지고 땅이 꺼지고, 화산이 폭발하고 강물이 역류하기를 기원하고 있었다. 이 세상은 한번 뒤집히지 않으면 안 되었다." 왕몽, 앞의 책, p. 332.

84

한 억제하고 구체적 묘사를 최대한 지향한다. 문체상으로 보면 내적
독백 위주이고 다양한 화법이 병존한다는 점이 두드러진다. 따옴표를
치는 직접 화법, 따옴표를 치지 않는 직접 화법, 간접 화법, 그리고
직접 화법과 간접 화법 사이의 자유 간접 화법들이 자유롭게 구사된
다. 이러한 서술 및 문체상의 특징은 종래의 사실주의적 서술의 환상
효과 대신에 소설 읽기의 자의식과 비판적 읽기의 공간을 가능케 해
주며, 인물과 사건을 단순화하지 않고 그 복합성과 중층성을 드러내
는 데 기여한다.

3

　　그러나 『변신하는 인형』은 제2장부터 제23장까지로만 이루어져 있
는 것이 아니다. 제1장과 속집(續集)의 5장이 더 있는 것이다. 제1장
과 속집의 5장은 구조적으로 제2장부터 제23장까지를 감싸고 있다.
일종의 액자 형태를 취하고 있는 것인데, 물론 이 액자 형태는 단순히
기교의 문제에 그치는 것이 아니라 주제의 문제에 직결되는 것이다.
　　제2장부터 제23장까지, 즉 1940년대 북경 시내의 한 가정에서 일어
나는 사건과 그 가족 구성원들 각각의 내면 활동에 대한 서술 및 묘사
는 1980년 6월 서독에서 47세의 예조가 회상하는 형태로 이루어진다.
제1장의 마지막과 속집 제1장의 첫머리는 다음과 같이 되어 있다.

　　1) 일반적으로 사람들이 생각하기에는, 공간의 여행은 가역적이지만 시
　간의 여행은 불가역적이다. 그러나 오늘밤, 그는 온통 마음을 격동케 하는
　체험을 했다. 80년대에 이역에서, 그는 오래 전에 묻혀버린 과거를 발견한
　것이었다.
　　고고학인가?
　　계속해보자. 또 무엇이 계속될 것인가. (제1장 마지막)[14]

2) 유럽 방문 마지막 날 오전, 예조 일행은 M시 소재 한 대학의 동방 연구 센터를 방문했다. (속집 제1장 첫머리)[15]

예오성의 아들 예조는 중국 학자 대표단의 일원으로 서독을 방문한 길에 아버지의 옛 친구 볼프강 슈트라우스(중국명 史福崗)의 집을 찾아가는데, 거기서 '난득호도(難得糊塗)'라는 편액(그것은 유년 시절 그의 집에 걸려 있었던 바로 그 편액이다)을 발견하고 망각 속에 묻힌 과거사를 돌이키게 된다. 이상이 제1장이고, 제2장부터 제23장까지는 1942, 43년의 과거사의 회상이다. 속집 제1장은 다시 1980년의 예조에게로 되돌아와 그의 귀국과 아버지 예오성의 죽음을 서술하고, 제2장은 1944년 이후의 예오성의 삶과 행적을 서술하고, 제3장은 외할머니 강조씨와 이모 강정진의 삶과 죽음을 서술하고, 제4장은 작가가 직접 개입, 다른 주요 인물들의 후일담을 전하며, 제5장은 작가 자신의 심경을 토로하고 작가가 1985년 여름에 예조를 만난 일을 서술한다. 사실주의 소설의 서술 미학의 입장에서 보자면 서술의 불일치·산만함 내지 혼란스러움으로 보일 수도 있겠으나, 기실은 바로 이 독특한 서술 형태에 이 작품의 비밀이 숨어 있다.

우선 고려할 것은, 제1장과 속집의 5장이 1949년 해방 이후 1980년대까지의 신중국을 그 시간적 및 공간적 배경으로 하고 있다는 점이다. 편의상 1949년 이전을 구중국이라고 부른다면, 구중국의 봉건적 모순이 그 '보응'으로 혁명을 부르고 그 혁명에 의해 신중국이 성립된 것인데, 제1장과 속집의 5장은 예오성·강정진·강정의 등의 신중국에서의 삶을 보고한다.

예오성은 1943년의 가출 이후 얻었던 지방 도시의 학교 교장직을 잃고 귀가하여 실업자 생활을 하다가 1946년에 해방구로 간다. 1949

---

14) 앞의 책, p. 24.
15) 앞의 책, p. 319.

년에 회색 간부복을 입고 북경으로 돌아온 그는 대학 강사직을 얻고, 1950년에 강정의와 합의 이혼을 하고 재혼을 하며, 1955년의 숙반 운동에서 '적발' 되지만 다행히 위기를 모면하고, 1957년의 반우파 투쟁은 무사히 넘기고, 1958년의 대약진 운동 때에는 자원해서 노동에 참가하고, 그러나 1966년에 문화 대혁명이 시작되자 역사적 반혁명분자로 분류되고 마는데, 다행히 치명적인 타격은 입지 않으며, 1970년대에는 두 눈과 두 다리의 기능이 손상되고, 신시기에 들어서는 퇴직 휴양 간부의 신분으로 만년을 지내다가 만 70세가 되는 1980년 6월에 죽는다. 이러한 프로필로만 볼 때 예오성은 1949년 이후의 신사회에 적응하는 데 상당히 성공한 것처럼 보인다. 그러나 예오성의 행태나 의식은 사실상 이전과 달라진 바가 거의 없다. 달라진 것이 있다면 종전의 서양 문명이 이제는 사회주의로 대체된 것뿐이라고 해도 지나치지 않을 것이다. 신중국의 예오성에게는 여전히 모순되는 양면이 있다. "한쪽은 구체적 처지에 대한 비할 데 없이 지독한 불평이었고, 한쪽은 수십 년을 하루같이 한결같은, 당에 대한, 마르크스 레닌주의에 대한, 모택동(毛澤東)에 대한 시종여일한 칭송"[16]인데, 그에게서 "이 두 가지가 어떻게 통일되는지를 이해할 수가 없"을 정도이다. [17] 예오성은 여전히 "두 개의 큰 문제가 나를 억압하고 내 잠재력의 발휘를 방해한다"고 생각하는바, 그 하나는 그의 결혼과 가정의 문제이고 그 둘은 그의 낮은 사회적 지위의 문제이다.[18] 예오성의 온갖 '열적(劣迹)' 들에 대한 보고는 그가 근본적으로는 조금도 달라지지 않았음을 웅변해준다.

여기서 우리는 중요한 점을 하나 지적하지 않으면 안 된다. 그것은 예오성의, 본질을 알지 못하면서 아는 체하는 속물성이다. 1940년대의 그는 서양 문명에 대해, 그리고 자본주의적 근대에 대해 그 본질을

---

16) 앞의 책, p. 338.
17) 앞의 책, p. 338.
18) 앞의 책, p. 336.

알지 못하고 그것의 말초적이고 피상적인 외관을 본질로 착각했었다.
그 속물성은 신중국에 들어와서도 여전하다. 그는 사회주의적 근대에
대해서도 여전히 그 본질을 알지 못하고 말초적이고 피상적인 외관에
만 붙들려 있는 것이다. 1946년에 해방구로 가 공산당에 투신하기로
결정했을 때의 그의 의식이 얼마나 속물적인가는 다음과 같은 대목에
잘 나타난다.

> 당시의 국민당 통치구에는 토지 개혁에 관한 온갖 유언비어가 퍼져 있었
> 다. 가장 끔찍한 종류는 농민이 지주 여자와 투쟁할 때 고양이를 지주 여자
> 의 사타구니에 잡아넣는다는 것이었다. 예오성은 그 얘기를 듣고는 흥분하
> 며, 그런 방법으로 해치우지 못한 지주 여자들도 있단 말야라고 말하고 손뼉
> 을 치며 즐거워했다. 중국이란 나라는 이렇게 하지 않고서는 조금도 변화시
> 킬 수가 없어.[19)

이 속물성을 중시하면, 예오성에게서 발견되는 봉건과 근대의 착종
은 그 자체가 왜곡되어 있는 것이라 할 수 있다. 거기서의 근대는, 그
것이 자본주의적 근대이든 사회주의적 근대이든, 이미 말의 참뜻에서
의 근대가 결코 아니기 때문이다. 사실상 예오성의 자기 의식에서 정
당하다고 할 수 있는 것은 봉건적인 것의 침투에 대한 것뿐이다. 문혁
초기 때의 예오성의, "나 역시 사구(四舊)입니다. 내게는 사구가 스며
들어 있고 나는 사구에 함몰되었습니다. 그 때문에 고통스러워 살고
싶지 않을 지경이지만 스스로 제거할 수가 없습니다. 사구는 사람을
죽입니다"[20)라는 '극좌적 발언'에는 그런 의미에서 진정성이 담겨 있
다. 만년에 그가 "내가 사구 타파를 옹호한 건 진심이야, 진정으로 사
구 타파를 할 수 있기를 지금도 바란다. 유감으로 느끼는 건 오히려

---

19) 앞의 책, pp. 331~32.
20) 앞의 책, p. 341.

우리가 사구를 진정으로 타파하지 못했다는 거야"[21]라고 말하는 데에
도, 예조 또한 그렇게 인정하지 않을 수 없듯이, 진정성이 담겨 있는
것이다.

　여기서 우리는 『변신하는 인형』의 액자 형태의 의미를 알아차릴 수
있다. 제2장부터 제23장까지가 봉건과 자본주의적 근대의 착종을 묘
사하고 있다면, 그 묘사를 감싸는 나머지 부분은 봉건과 사회주의적
근대의 착종을 묘사하고 있는 것이다. 후자는 전자의 연속이며 전자
는 후자를 비추어주는 거울이다. 다시 말해 혁명은 봉건의 극복을 결
코 달성하지 못한 것이고, 골수에까지, 혹은 영혼 깊은 곳에까지 침
투되어 있는 봉건적인 것의 보응을 인물들은 신중국의 현실 속에서
도, 죽을 때까지 극복하지 못하는 것이다. 예오성뿐만 아니라, 강정
의 · 강정진 · 강조씨 등 구세대의 인물들 모두가 그러하다.

　그런데 제1장과 속집 5장은 예오성 등의 구세대의 인물들뿐 아니라
예조 세대의, 다시 말해 신세대의 인물들의 삶에 대한 보고도 겸하고
있다. 제1장의 조미토(趙微土), 문혁 때 중국을 탈출하여 유럽으로 건
너가 독일에 정착한 지식인인 그는 중국 현실에 대한 절망과 그 절망
을 이겨내지 못하는 자신에 대한 자학으로 괴로워한다. 속집 제5장에
서 직접 화자로 등장하는 작가가 이인칭으로 부르는 '친구,' 그는 탁
월한 재능에도 불구하고 신중국의 현실 속에서 거듭 좌절하고 거듭되
는 좌절로 인해 절망과 자학의 늪으로 빠진다. 이들이 자신들의 고통
스러운 삶을 통해 드러내는 것은 혁명 이후의 사회주의 중국이 자신
에게 깊이 스며들어 있는 봉건적인 것을 여전히 극복하지 못하고 있
다는 역사적 사실이다. 신중국의 사회주의는 어느 의미에서는 오히려
봉건적 사회주의라고 해야 옳을는지도 모른다(그 봉건적 사회주의의
극단적 발현이 문혁일 것이다). 그렇다면 신세대의 인물들은 봉건적
사회주의와 사회주의적 근대의 착종 속에서 고통받는, 또 하나의 예

---

21) 앞의 책, p. 341.

오성들인 것이다. 실제로, 속집 제5장의 '친구'가 "뭐? 열이 있는 만큼 빛이 난다구? 난, 제미랄, 열이 그렇게 나는데도 열을 내지 못하게 하던걸, 그 썩을 놈들이…… 내 잠재력은 분명 내 몸 속에서 썩어버렸어"[22]라고 분개하는 모습은 "두 개의 큰 문제가 나를 억압하고 내 잠재력의 발휘를 방해한다"[23]라고 한탄하는 예오성의 모습과 오버랩된다.

4

그러나, 『변신하는 인형』의 액자 형태는 구중국의 봉건과 근대의 착종을 신중국의 봉건과 근대의 착종으로 감싼다는 단일한 소설적 의미만을 갖는 것이 아니다. 우리는 이 액자를 예조와 예오성의 부자 관계라는 각도에서 또 다르게 이해할 수 있다. 이 허구 속의 부자 관계는 실제에서의 한 부자 관계와 오버랩된다. 그것은 바로 『변신하는 인형』의 작가 자신의 부자 관계이다. 일반적으로는 허구와 실제의 일치 여부를 따지는 것이야말로 진부하며 무의미한 일이지만, 『변신하는 인형』의 경우에 그것은 이 작품의 한 의미층을 드러내기 위해 필요한 일이 된다.

예오성은 작가 왕몽의 아버지와 오버랩된다. 하나는 작중 인물이고 다른 하나는 실제 인물인 이 두 사람은, 구지주 가정 출신으로 신식 교육을 받고 서양 유학을 다녀왔으며 대학 강사였고 북경의 서사패루(西四牌樓) 근처에서 살았고 부부간에 불화가 심했으며 1946년에 해방구로 갔다는 등등의 점에서 공통된다(왕몽의 실제 가정사에 대해 좀 더 많은 정보가 확보된다면 아마도 더욱 많은 공통점이 발견될 것이다). 마찬가지로 예조는 작가 왕몽 자신과 오버랩된다. 1934년생으로 북

---

22) 앞의 책, p. 361.
23) 앞의 책, p. 336.

경에서 학교를 다녔고 어린 시절 책읽기를 좋아하였고 특히 사빙심
(謝氷心)을 좋아했으며 1945년 북경 수복 때 '국군(國軍)'의 도래를
열렬히 환영했고 그러나 곧 국민당 정부에 대해 환멸감을 갖게 되었
고 1948년에는 소년 볼셰비키가 되었으며 1960년대에는 신강 생활을
했고 나중에는 북경으로 돌아와 살며 1980년 6월에 독일 여행을 하고
언어를 다루는 일을 한다(예조는 언어학자이고 왕몽은 소설가이다)는
등등의 점에서 공통된다. 이 공통점에 초점을 맞추면 『변신하는 인
형』은 왕몽의 자전적 소설이라 해도 과언이 아니고, 자전적 성장 소
설이라는 각도에서 보면 예조의 유년 시절의 묘사는 나름대로 독특한
세계를 이루고 있는 것으로 보인다.
　그런데 이 작품이 자전적 소설이라면 그것은 아주 독특한 자전적
소설이다. 왜냐하면 작품 속에 작중 인물 예조와 작가 왕몽이 함께 등
장하기 때문이다. 속집 제5장에서, 친구 사이인 둘은 함께 해수욕을
하며, 레스토랑에서 예조는 춤추고 왕몽은 그것을 바라보며 소설을
구상한다. 자아의 분열, 즉 반성하고 서술하는 자아와 반성되고 서술
되는 자아로의 분열인 것이다.

　1985년 여름, 필자는 한 해변 휴양지에서 옛 친구 예조를 만났다. 그는
이미 쉰 살이 넘었는데 몸은 건강했다. 최근 이 년 사는 게 상당히 별볼일 있
었던 모양이다. 그와 함께 수영하자고 했다. 그는 개구리헤엄, 모자비헤엄,
그리고 송장헤엄으로 천천히, 평온하게, 태연하게 헤엄쳤다. 시작할 때 내
가 앞에 섰고 그가 뒤에 섰는데, 그와 함께 헤엄치기 위해 가끔 속도를 늦추
고 그를 기다려야 했다. 사십 분쯤 지나자 힘에 부치는 것 같아 돌아가자고
했다. 그가 말했다. 정말 미안하지만, 오늘 난 멀리까지 헤엄치지 않으면 안
되겠어. 어쩌면 이렇게 멀리까지 헤엄치는 건 마지막일지도 모르잖아? 왕
형, 당신 먼저 돌아가.[24]

---

24) 앞의 책, pp. 364~65.

두 사람이 1985년에 만나는 것은, 바로 이때가 작가 왕몽이 『변신하는 인형』을 쓰는 때이기 때문이다. 허구의 창조 속에서 현실적 자아 왕몽과 허구적 자아 예조의 만남이 이루어지는 것이다. 반성하고 서술하는 자아는 제1장 첫머리와 제5장 첫머리, 제10장 후반부, 제18장 첫머리에도 등장하는데, 특히 제18장 첫머리의 다음과 같은 대목은 두 자아의 관계를 더욱 분명히해준다.

> 그때 식구가 대문으로 나갔다가 돌아왔다. 식구는 향긋한 찐 옥수수 몇 개를 가지고 왔다. 덜 익은 옥수수나 익은 옥수수를 모두 늙은 옥수수라고 불렀는데, 작은 여자 아이를 늙은 계집애라고 부르는 것과 같은 건지 몰랐다. 옥수수의 향긋한 내음이 너의 생기를 많이 회복시켜주는 것 같았다. 너는 아직 어린애였고, 네 얼굴은 덜 익은 옥수수 알맹이보다 더 연하고 윤택했다. 너는 어떻게 일어나 앉았는지 몰랐다. 그때야 "옥수수 사려" 하는 외침 소리가 들렸다.[25]

여기서 화자는 1985년에 『변신하는 인형』을 쓰고 있는 작가 왕몽이고 이인칭으로 불리는 '너'는 유년의 왕몽이며 유년의 예조이다.

반성되고 서술되는 자아 예조는 아버지 예오성을 끝내 증오한다. 그 증오는 유년 시절의 희미한 반감에서부터 아버지의 죽음 이후의 회상에 이르기까지, 때에 따라 정도의 차이는 있으나, 기본적으로 일관된다. 아버지에 대한 성인 예조의 기본적인 감정은 다음과 같이 묘사된다.

> 그의 울음과 날카로운 언사에 예조는 동정이 갔지만, 동시에 화도 나고 혐오스럽기도 했다. 그런 식의 말을 예조는, 해방 전부터 해방 후까지, 유년 시절부터 청년·중년 시절까지, 몇십 년 동안 들어온 터였다. 〔……〕 세상

---

25) 앞의 책, p. 248.

에 이런 아버지가 다 있는가. 열다섯 살, 열여섯 살, 열일곱 살, 열여덟 살 아이에게 마구 신경질을 부리고 끊임없이 하소연하며 자기 영혼의 무거운 짐을 자기 아이에게 전가하고…… 그러나 아이는 오히려 자립한 뒤 생전 자기 일 때문에 아버지를 괴롭히지 않았다. 만약 삶이 예오성을 차갑게 대했다면, 예오성은 열 배 백 배 더 삶을 낭비하고 그르치고 배반하지 않았을까? 그가 도대체 집안을 위해, 나라를 위해, 사회를 위해, 다른 사람을 위해, 조금이라도 한 일이 뭐가 있는가? 이렇게 생각하노라니 예조는 전율할 수밖에 없었다.[26]

아버지의 장례식 때에도 "다른 사람을——누군가를 자기의 죽음으로 인해 진정 가슴 아프게 만들지 않았다는 것, 이것이 아마 예오성이 일생 중에 한 유일한 좋은 일일 것"[27]이라고 생각할 정도로 예조의 증오심은 끈질기게 지속된다. 그러나 반성하고 서술하는 자아 왕몽은 예오성과의(그리하여 아버지와의) 화해를 이루고 그에 대한 사랑을 획득한다. 『변신하는 인형』의 쓰기 과정 속에서 그 화해와 사랑이 생성되는 것이라고 할 수 있다. 그 화해와 사랑이 예오성의 내면 풍경에 대한 묘사를 해학적인 것으로 만들어준다. 예오성의 외면에 대한 묘사는 풍자 일변도이지만, 내면 묘사는 풍자와 해학을 적절히 배합하고 있다. 풍자가 대상에 대한 부정적 태도로부터 비롯되는 데 반해 해학은 일정한 정도로 긍정적 태도를 함축한다. 가령, 유년이 휴식과 위안의 상징으로 떠오르는 다음과 같은 예오성의 내면 풍경의 묘사는 해학으로부터, 그리고 그러한 해학을 가능케 하는 화해와 사랑으로부터 비롯되는 것이다.

잠깐 자는 동안, 그는 자기 고향을 꿈꾸었고, 뒤뜰의 배나무를 꿈꾸었다. 그가 나무를 아주 높이 기어올랐다. 〔……〕 저게 누구지? 나무 끝에 한 사람

---

26) 앞의 책, p. 327.
27) 앞의 책, p. 329.

이 앉아 있는 것 같았다. 나무 끝인가? 구름 끝이 아닐까? 하늘 위의 자리인지도 몰라. 눈을 내리감고 관세음보살 같은 모습에 큰 키. 어머니 어머니! 그것은 사랑하는 어머니였다. 어머니, 배 잡수세요, 싱싱한 배를 드릴게요, 이건 돌배예요, 땅에 떨어지면 산산조각이 날 거예요. 난 안 먹는다라고 어머니가 말했다. 왜 안 잡숴요? 이게 뭐지, 아야! 나무에 올라가지 말라면 올라가지 말아야지, 넌 어째서 그렇게 말을 안 듣니? 봐라, 가시에 찔렸지, 이건 쐐기란다, 엄마가 호 불어주마. 〔……〕 깨어났을 때 그의 눈꼬리에는 눈물이 그렁그렁했다. [28]

반성하고 서술하는 자아의 화해와 사랑은 물론 단순히 휴머니즘적 관념으로부터만 나오는 것이 아니다. 그것은 예오성과 그의 삶을 더 큰 틀 속에 넣고 보는 데서 나온다. 봉건과 근대의 착종이라는 20세기 중국의 역사적 현실 속에 넣고 볼 때 그 착종의 한 개체적 발현인 예오성은 더 이상 증오의 대상이기보다는 연민의 대상으로 변하는 것이다.

그러나, 예조의 증오 또한 그렇게 단순한 감정인 것만은 아니다. 이 대목을 좀더 세심하게 살펴볼 필요가 있겠다. 1942년의 예조는 아직 아버지에 대한 감정 판단 및 가치 판단으로 나아가기 이전의 상태에 있다. 어린 예조에게 세상은, 그 지옥 같은 가정 내적 세계까지 포함해서, 온통 신비의 대상일 뿐이다. "어떤 상황에서도, 예조는 언제나 말로 표현하기 힘든 아름다움과 부드러움을 느끼"는 것이다. [29] 그런 예조가 1942, 43년에 걸친 사건을 겪으며 점차 아버지에 대한 반감을 키워가기 시작한다. "사랑도 있었고 미움도 있었고 희망과 실망도 있었고 의문도 있었지만, 아버지가 나쁘다고는 결코 생각하지 않았"던[30] 예조가 풀(밀가루 죽) 사건으로 "아버지는 밉고, 거만하고, 자기만을

---

28) 앞의 책, pp. 77~78.
29) 앞의 책, p. 79.
30) 앞의 책, p. 88.

믿고, 주위 사람의 흥과 믿음을 깨기만 한다"는 생각을 하게 된다.[31] 엄마는 생전 그를 나무라거나 깎아내리지 않고 오직 그를 위하기만 하고 그에게 주기만 하고 그를 북돋우기만 하는 데 반해 아버지는 늘 그를 나무라고 그를 깎아내리기만 하는 것이다. 그리하여 아버지는 "같이 있을 때는 항상 미웠다."[32] 그는 "엄마가 아버지보다 천 배나 더 좋다는 느낌"[33]을 갖는다. 책 읽기에 반대하고 근대적 유희를 권장할 때의 아버지의 격동은 예조로 하여금 '분명하고 뼈저린 당혹'을 느끼게 하고 예조의 마음을 두 갈래로 찢어놓는다.[34] 정치 문제에 대한 아버지의 대답과 이유 없는 화내기는 예조에게 아버지의 무능과 궁태를 느끼게 하고 예조를 실망시키고 아버지 때문에 수치를 느끼게 한다.[35]

'어떠한 상황에서도 말로 표현하기 힘든 아름다움과 부드러움을 느끼는' 어린 예조는, 라캉식으로 말하면, 아직 '거울 단계'의 '상상적 세계' 속에 있다. 그가 배가 고픈 탓에 죽을 맛있게 먹은 것이지 죽을 좋아해서가 아닌 것이 사실이지만 어머니 등이 그더러 죽을 좋아한다고 하자 그는 죽을 좋아하는 아이가 된다. 어린 예조의 자아는 타자—어머니의 이마고에 따라 본을 뜬 상상적인 것에 지나지 않는다. 그 자아와 타자의 이자적 관계가 아버지에 의해 파괴된다. 아버지는 배가 고파서 죽을 맛있게 먹은 것이라는 사실을 제시하여 타자와 일체화된 상상적 자아를 파괴하는 것인데, 여기서 아버지 예오성은 상징적 아버지로서 어린 예조를 상징적 질서로 편입시켜 독립적 자아로 만들고자 하는 것이다. 어머니와의 상상적 통일이라는 천국을 파괴당하는 예조에게 그 상징적 아버지는 미운 것이 당연하다. 그런데 유희 에피

---

31) 앞의 책, p. 81.
32) 앞의 책, p. 133
33) 앞의 책, p. 132.
34) 앞의 책, p. 213.
35) 앞의 책, p. 278.

소드와 정치 문제 에피소드에서 드러나는 것은 상징적 아버지와 실재적 아버지의 상이함이다. 여기서 예오성은 상징적 아버지가 아니라 실재적 아버지이다. 실재적 아버지로서의 예오성은 "언제나 어떤 식으로든 충분치 않고 곁에 없는 것 같으며 나아가서 비하되어 있고 분열되어 있으며 또 진짜가 아닌 것처럼 여겨진다"[36]라는 라캉의 설명에 꼭 부합된다. 퇴락한 실재적 아버지인 예오성은 어린 예조를 상징적 질서로 편입시키기는커녕 당혹감, 실망, 수치감 같은 것만을 안겨주는 것이다. 성인 예조의 증오는 이 퇴락한 실재적 아버지로서의 예오성을 향하는 것이다.

조금 각도를 바꾸어보면 『변신하는 인형』에 나타나는 라캉적 구조에는 특이하게도 봉건과 근대가 뒤얽혀 있다. 그 뒤얽힘을 존중하면서 보면, 어린 예조의 어머니는 봉건적 어머니이고 아버지는 근대적 아버지이다. 예조는 봉건적 어머니로부터 분리되어 근대적 아버지의 인도에 의해 근대적 자아의 형성으로 나아가야 한다. 그러나 실재적 아버지 예오성의 근대는 속물적 근대일 뿐이어서 예조를 위해 상징적 아버지로서의 역할을 수행할 수가 없다. 말하자면 상징적 아버지의 부재라는 조건 속에 어린 예조의 주체 형성이 놓여 있는 것이다. 그 부재의 자리를 채우는 것은 볼셰비즘이다. 중학생 예조가 소년 볼셰비키가 되는 것은 볼셰비즘을 상징적 아버지로 삼음으로써 이루어진다. 이렇게 형성된 주체는, 즉 소년 볼셰비키 예조는 어머니 · 이모 · 외할머니 · 아버지, 그리고 그들의 봉건과 속물적 근대를 용서하지 않고 심판하며 처단한다. 예조가 "그들을 이해하고, 그들을 위해 눈물을 흘리고, 그들에 대한 영원하고 보편적인 사면을 선포"[37]할 수 있을 계기를 갖게 되는 것은 그 자신이 봉건적 볼셰비즘에 의해 배반당하

---

36) Lacan, Jacques, *Schriften* Ⅲ, Olten und Freiburg i. Br., 1980, p. 77; Klaus-Michael Bogdal(Hrsg.), 문학이론연구회 역, 『새로운 문학 이론의 흐름』, 문학과지성사, 1994, p. 74에서 재인용.
37) 왕몽, 앞의 책, p. 249.

면서이다. 이제 예조에게는 스스로 근대적 아버지를 세워야 한다는
과제가 주어진다. 그 과제는 지난하다. 그 근대적 아버지를 '혁명'이
라고 부르며 예조는 다음과 같이 독백한다.

> 혁명은 결코 신화 속의 생명수가 아니고, 일거에 모든 것을 바꿀 수는 결
> 코 없으며, 일거에 인형의 활동을 새롭게 배열할 수는 없는 것이었다. 혁명
> 이 위대하지가 못해서가 아니라, 혁명의 길은 그토록 실재적이고 곡절이 많
> 고 기나긴 것이기 때문이다. 사람들이 희망하는 것처럼, 사람들이 응낙하는
> 것처럼 그렇게, 혁명이란 그렇게 이상적일 수 없다고 비판한다 해서, 혁명
> 을 하지 않아도 된다는 말은 아닐 터였다. [38]

이렇게 보면, 『변신하는 인형』은 봉건과 근대가 착종되어 있는 20
세기 중국에서의, 상징적 아버지의 부재 속에서의 주체 형성에 대한
이야기라고도 할 수 있다.

5

『변신하는 인형』은 봉건과 근대의 착종을 그 주제로 하고 있다. 그
러나 그 주제는 단선적이거나 단층적으로 펼쳐지지 않고, 복합적 중
층적으로 펼쳐진다. 봉건과 자본주의적 근대의 착종이 있고, 그것을
봉건적 사회주의와 사회주의적 근대의 착종이 감싸고 있으며, 다시
그것들을 반성하고 서술하는 자아와 반성되고 서술되는 자아의 분열
이 가로지르고 있고, 다시 그것들 속에 상징적 아버지의 부재 속에서
의 주체 형성의 이야기가 숨어 있는 것이다. 두번째 북경 시기의 왕몽
소설을 포괄할 뿐만 아니라 첫번째 북경 시기와 신강 시기까지도 포

---

38) 앞의 책, p. 333.

괄할 수 있을 것으로 보이는 이 장편소설의 복합적 독해를 새로운 입
각점으로 하여 왕몽 다시 읽기를 수행할 때 우리는 아마도 왕몽 문학
에 대한 이해의 지평을 훨씬 넓혀갈 수 있을 것이다.   〔1995년 6월〕

혁명 문학과 리얼리즘의 사이
—— 모순의 『한밤중』에 대하여

1. 모순의 문학적 생애

모순(茅盾)의 본명은 심덕홍(沈德鴻)이다. 당시 중국의 많은 문학인
들이 그랬듯이 그도 무수히 많은 필명을 사용했는데 그중 가장 유명하
며 대표적인 것이 모순이다.[1] 모순이라는 필명은 그의 첫 소설 작품인
중편 「환멸(幻滅)」(1927)의 발표와 더불어 사용되기 시작했다.[2]

모순은 1896년 절강성(浙江省) 동향현(桐鄕縣) 오진(烏鎭)의 한 몰
락해가는 상공업자의 집안에서 태어났는데, 정치적으로 강유위(康有
爲)·양계초(梁啓超)의 유신 운동(維新運動)을 지지했으며 상당한 정
도의 개화 사상을 지녔던 부친이 타계한 1905년 이후 그는 부친으로
부터 많은 영향을 받았던 모친의 세심한 보살핌 아래 비교적 평온한
성장기를 보냈다. 1911년 신해 혁명 때 중학 재학중이었던 그는 이른
바 혁명 민주주의 사상의 세례를 듬뿍 받았고, 혁명의 성공 직후부터
다시 대두된 보수·반동의 풍조 속에서 학생 운동 관계로 제적당하여

---

1) 모순의 필명은 100여 개나 되는 것으로 알려져 있다. 모순 이외에 비교적 많이 사용된
   것으로는 雁氷(안빙은 그의 字이다. 여기에 姓을 붙여서 沈雁氷으로 쓰기도 했다), 玄
   珠, 方璧, MD, 形天, 蒲牢, 止敬 등이 있다. 한 사람이 이처럼 많은 필명을 사용하게
   된 것은 주로, 국민당 정부와 일본군의 이목을 피하려 한 데서 기인한다.
2) 「왜 나는 '茅盾'이라는 두 글자로 이름을 삼았는가?」라는 글에 의하면, 그가 원래 서명
   하기로는 '矛盾'이라 했었는데 「환멸」을 게재한 잡지 『소설 월보』의 편집자 葉紹鈞이
   오해가 생길까 염려하여 '茅盾'으로 고쳤다.

학교를 옮겨 중학 과정을 마치고 1913년 북경대학 예과에 입학했다. 1916년 예과를 수료한 그는, 가정의 경제적 핍박으로 인해 본과에 진학하지 못하고 대신 상해의 상무인서관(商務印書館)에 취직한다.

이때부터 1926년 사직하기까지 모순은 이 출판사에 재직하며 다방면으로 활동을 전개한다. 출판사와 관련하여 그는, 첫째 외국 문학을 번역 소개하고, 둘째 1920년 1월 「오늘날 문학가의 책임은 무엇인가?」라는 글을 발표하면서부터 본격적인 비평 활동을 전개했으며, 셋째 1921년 '문학연구회'의 결성에 그 발기인으로 참가하고 1910년 이래 상무인서관에서 발행해온 잡지 『소설 월보(小說月報)』가 문학연구회의 기관지로 채택됨에 따라 그 잡지의 편집 일을 담당했다. 모순은 주로 『소설 월보』를 통해, 외국 문화를 소개하는 글과 문학비평을 놀라운 열정으로 써나갔는데, 이 무렵의 모순의 문학 활동은 다음과 같이 요약될 수 있을 것이다.

전체적으로 규정한다면, 모순의 활동은 이른바 구문학(舊文學)을 고수하며 신문학(新文學)을 비방하는 문학적 보수주의와 그 봉건 복고의 정치적 반동성에 대한 투쟁이라 할 수 있다. 그는 구소설의 폐해를 날카롭게 지적하고 새로운 형태의 '팔고(八股)' 및 이른바 원앙호접파(鴛鴦蝴蝶派)의 감상성·퇴폐성을 힘있게 비판했으며, 직접적으로 "연합 전선을 형성하여 이러한 반동의 추악한 풍조에 저항하여야 한다" "흉악한 반동적 조류의 앞에 서서 힘을 다해 저항해야 한다"라고[3] 부르짖기도 했다.

그러나 비평가로서의 모순의 신문학 이론은 아직 체계성·방향성을 획득한 것이 못 되었다. "치우치지 않고 보편적으로 서양 문학을 소개"하여[4] 중국 문학과 결합시키겠다는 의도 아래 모순은 상징주의·사실주의·자연주의·신낭만주의 등 각종의 서구 문예 사조 내지 창작 방법을 소개하면서, 특히 사실주의와 자연주의 쪽으로 경사

---

3) 雁氷, 「文學界的反動運動」(『茅盾文藝雜論集』 所收).
4) 記者(茅盾), 「一年來的感想與明年的計劃」(같은 책 所收).

하였는데, 대체로 피상적 수준에서의 문예 사조적 인식에 머물러 사실주의와 자연주의간의 차별과 연관을 인식하지 못하고 논의에 혼란을 일으키고 있고 총체성 개념의 깊이가 결여되어 리얼리즘론에 아직 큰 격차로 미달하고 있는 것이다. 그러므로 그가, 사회 생활을 묘사 대상으로 삼아야 하며 "사실을 있는 그대로 관찰"해야[5] 한다는 막연한 주장에 그치고 있음은 어쩌면 당연한 일이라 할 것이다. 그렇기는 하나, 모순이 나름대로 이론적 정립을 해가며 이룬 실제 비평의 성과——예컨대 사빙심(謝氷心)론이나 노신(魯迅)론 같은[6]——는 귀중한 것으로 남는다. 아울러 지적되어야 할 것은 그가 진력한 외국 문학 작품의 번역·소개의 계몽적 성과이다. 그는 체계적 소개, 중국 사회에의 적합성, 휴머니즘 등의 기준을 세우고 외국 문학을 고루 번역·소개했는데 특히 러시아(톨스토이, 투르게네프, 체호프, 고리키, 도스토예프스키 등) 쪽에 역점을 두었다.

이러한 문학 활동 이외에, 모순은 일찌감치부터 공산주의 운동에 관여했다. 주지되듯, 1920년 9월 상해에서 진독수(陳獨秀)를 중심으로 중국 공산당 창립 발기인회가 개최되었고 북경에서는 이대조(李大釗)를 중심으로 마르크스주의 연구회가 이루어져 그것들을 바탕으로 1921년 7월 중국 공산당은 창립되었다. 모순은 바로 상해 공산당 그룹에 1920년 10월 참가, 그 기관지『공산당』에「공산주의란 무슨 뜻인가——미국 공산당 중앙집행위원회 선언」「미국 공산당 강령」「코민테른의 미국 IWW에 대한 간청」「미국 공산당 선언」등을 번역 게재했고, 1921년에는 레닌의『국가와 혁명』중의 일부와「공산당의 출발점」등의 글을 번역 게재했다.[7] 또 조직 운영비를 위해 상무인서관에서 받은 자신의 봉급의 일부를 내놓았고, 당중앙의 비밀 연락원,

---

5) 沈雁氷,「自然主義與中國現代小說」(같은 책 所收).
6)「評氷心女士底三篇小說」이 佩薇라는 필명으로『小說月報』13-8에,「讀吶喊」이 雁氷이라는 필명으로『文學週報』91에 발표되었다.
7) 馮光廉 외 編,『中國現代文學史教程』(山東敎育出版社, 1984) 上冊, p. 397 참조.

기층 조직 책임자, 중국 공산당 상해 지구 집행위원 등의 직무를 맡았다. 이렇게 문학 활동과 정치 활동이 병행되고 있었으나, 그러나 이 무렵의 모순에게 공산주의 이념이 배타적 정당성 위에 정립되어 있었던 것으로 보이지는 않는다. 그는 또한 각종의 서구 사상을 계속적으로 번역·소개하고 있었고, 특히 톨스토이의 휴머니즘, 니체의 철학, 사회 진화론, 바쿠닌의 아나키즘 등에 각별히 심취하고 있었던 것이다. 뒤에 그 자신이 "모색하면서 벽에 부딪히고 넘어졌다가 다시 기어오르고 우회하여 다시 전진했다"고[8] 회고하듯, 이 시기는 그에게 있어 사상적 모색기였던 것이다. 모색기라는 점에서는 그의 문학적 탐구 역시 마찬가지였다. 이 모색기의 모순을 한마디로 요약한다면 계몽주의적 열정이라고 표현할 수 있을 것이다.

1923년 『소설 월보』의 편집을 정진탁에게 넘긴 모순은 평민여자학교(平民女子學校)와 상해대학에서 강의를 하기도 했고, 1924년 제1차 국공합작의 성립 이후에는 본격적으로 혁명 운동에 참가하기 시작했다. 1925년 5월 30일 반제(反帝) 투쟁에 참가하고, 1926년 1월 광동에서 개최된 국민당 제2차 전국대표대회에 강절(江浙) 지구 대표로 참가했으며, 그해 봄 상무인서관을 사직하고 광동에서 국민당 중앙집행위원회 선전부 비서 겸 부부장 대리 직무를 맡았다. 그러나 그해 3월 중산함(中山艦) 사건이 발생하여 장개석이 공산당원을 대거 체포하게 되자, 모순은 광동을 떠나 상해로 돌아와 한동안 중국 신화 연구에 몰두, 『중국 신화 연구 ABC』를 집필했다. 그런 중에 장개석은 7월부터 북벌을 시작했고 9월 국민군이 한구(漢口)에 입성, 12월에 광동 국민 정부가 무한(武漢)으로 옮겨왔다. 그런데 1927년 1월 무한 정부가 한구의 영국 조계를 접수하면서 국민 혁명 내부에 미묘한 기운이 고조되기 시작한다. 조계 접수는 드디어 국민 혁명 세력과 제국주의 세력간의 충돌이 시작되었음을 뜻하는 것인데, 이는 실로 국민 혁명

---

8) 茅盾, 「回顧」(『新華日報』, 1945. 6. 24); 馮光廉 외, 앞의 책, p. 397에서 재인용.

이 반(反)봉건·반(反)군벌과 더 나아가서 반(反)제국주의 투쟁을 완수해낼 역량을 갖추었는지 여부에 직결되는 사건이었다. 그 동안의 북벌의 순조로운 진행에는 광범한 민중의 투쟁이 크게 작용했었는데, 바로 이런 상황 속에서 모순은 상해를 떠나 무한으로 가 민국일보(民國日報)의 주간직을 맡고 중앙군사정치학교 무한 분교의 교관을 역임했다. 당시 장개석 군대는 남창(南昌)에 진출해 있었고 곧 상해로 진격할 태세를 갖추고 있었으므로, 좌파는 무한에 우파는 남창에 각각 집결하고 있었던 것이다.

드디어는 4·12 반공 쿠데타가 터지고 만다. 1927년 2월 북벌군이 항주(杭州)를 점령하자 공산당 지도하에 상해총공회(上海總工會)는 19일 총파업령을 내렸고 35만 이상의 노동자가 가두로 진출하여 봉기가 시작되는데, 이 노동자 봉기는 참혹한 탄압으로 말로 표현할 수 없는 엄청난 피의 희생을 치르고서 마침내 3월 23일 군벌 손전방(孫傳芳)의 군대를 축출, 24일 노동자들에 의한 임시 정부를 수립한다. 그 이틀 뒤인 26일 상해에 도착한 장개석은 제국주의와 부르주아지의 타협 속에서 4·12 쿠데타를 감행, 노동자 임시 정부를 궤멸시켰고, 이로부터 반공(反共)의 바람이 대륙을 휩쓸게 된다. 이로 말미암아 용공 좌파의 무한 정부와 장개석의 남경 정부로 국민당은 양극 분해되어버린다. 그리고 무한 정부는 급거 와해의 길을 걸어 7월 13일 공산당이 무한 정부를 떠나고 7월 15일 무한의 국민당 좌파는 반공을 선언한다. 이때 내린 체포령의 명단 속에는 모순도 포함되어 있었다. 모순은 가까스로 고령(牯嶺)으로 피신했다가 8월에 상해로 잠입한다.

혁명 운동에 적극적으로 참가하고서 필경은 이른바 '대혁명'의 참혹한 실패를 온몸으로 체험한 모순은 깊은 좌절에 빠져든다. 다시 앞으로 돌아가보면, 혁명 운동에의 참가가 조금씩 깊어지면서 그의 문학 이론은 차츰 피상적 수준에서의 문예 사조적 인식을 벗어나 문학과 정치의 적극적 관계 맺음에로 옮겨갔다. 「졸라주의의 위험성」「문학과 정치 사회」(1923), 「'대전환 시기'는 언제 오는가」(1924) 등이 그런 맥락에서 낳아진 글들이다. 그리고는 1925년에 들어 「프롤레타리아트 예술을 논함」「뜻있는 문학 연구가에게 고함」「문학가의 새로운 사명」등을 잇달아 발표하는데, 이들은 모순이 프로 문학의 범주로 들어서고 있음을 말해준다. 그러나 그뒤 2년 간의 참담한 체험 이후 모순의 이론적 추구는 거기서 중단되고 만다. 어쩌면 그 중단은 작가 모순을 위해서는 퍽 다행스러운 일인지도 모른다. 그 중단이 모순에게 작가로서의 길을 열어주었기 때문이다.

1927년 8월 상해로 돌아온 모순은 극도의 좌절 속에서 방황한다. 당조직과의 연계는 단절되었고 그는 집 안에 숨어 1년 간의 시간을 보내야 했다. 여기서 모순은 첫 소설 작품인 중편 「환멸」을 쓰기 시작, 4주 만에 완성하여 『소설 월보』(1928. 1~3)를 통해 발표하며, 4월에 첫 단편 「창조」를 발표한 뒤 다시 중편 「추구(追求)」(1928. 6~9)를 발표한다. 이 세 편의 중편 「환멸」「동요」「추구」를 한데 묶은 것이 삼부작 『식(蝕)』이다. 그것들은 각각 1927년의 상해와 무한, 1927년의 무한, 1928년의 상해를 배경으로 하여 대혁명의 실패에서 비롯된 비관과 좌절을 우울하게 그리고 있다. 「동요」가 발표되고 있을 때, 유명한 혁명 문학 논쟁이 시작되었다. 일본 유학 출신의 젊은 마르크시스트 비평가들이 혁명 문학―프로 문학을 주창하면서 노신과 모순을 부르주아 문학가이며 혁명 문학―프로 문학의 적이라고 매도한 데 대해 노신이 홀로 맞서 싸운 것이 그것이다.[9] 모순은 「추구」를 발표하고서 곧장 도일하여 동경에서 자기 입장을 밝힌 글 「고령에서 동경까지」를 써 『소설 월보』 10월호에 발표한다. 이 글은 상대방에 대한 비판과 함께 자기 반성도 포함하고 있는데, 상세한 검토는 다음 절로 미루기로 한다.

모순은 상해에서의 1년 간의 칩거와 그뒤 2년 간의 일본 체류로 당조직과의 연계가 완전히 단절되었고 그로 인해 당적을 상실한다. 그

---

9) 혁명 문학 논쟁의 구체적 경과에 대해서는 金時俊, 「現代中國文藝理論硏究」, 『現代中國의 語文硏究 Ⅲ』(서울대 동아문화연구소, 1981), pp. 36~41 참조.

러나 일본에 체류하며 어느 정도 좌절감에서 벗어나기 시작한 모순은 1929년 새로이 장편소설 『무지개(虹)』를 쓰기 시작한다. 작가의 원래 계획에 비하면 3분의 1 정도에서 중단되고 만 미완성이지만, 5·4 운동에서부터 5·30 운동에 이르기까지 6년 남짓 동안 한 지식인 여성의 의식과 실천적 삶의 각성·진전을 그려냄으로써 『식』의 비관적 세계와는 퍽 대조적인 세계를 이루고 있다.

1930년 4월 상해로 돌아온 모순은 곧 좌익작가연맹에 가입, 행정 서기직을 맡는다. 그러나 그의 건강은 신경쇠약·위장병·안질 등이 겹쳐 극도로 나쁜 상태였고 그래서 1년 남짓 그는 휴양에 힘쓴다. 이 때가 바로 그의 대표작 장편 『한밤중(子夜)』이 배태된 기간이었다. 1931년 10월에 쓰기 시작한 이 작품은 1932년 12월 완성되어 1933년 1월에 출판되었다. 1930년 5월부터 7월까지를 시간적 배경으로 하여 당시의 중국 사회를 총체적으로 조망하며 중국 혁명의 전망을 드러내고 있는 이 작품이야말로 모순을 탁월한 리얼리스트로 부각시킨, 중국 문학에 있어서 리얼리즘의 귀중한 성과이다.

『한밤중』이외에도, 1937년 중·일 전쟁이 발발하기까지 모순은 수많은 작품을 써낸다. 그의 대표적 단편인 「임씨네 가게(林家鋪子)」(1932)와 '농촌 삼부작'이라 불리는 「봄누에(春蠶)」(1932), 「추수(秋收)」 「잔동(殘冬)」(1933), 중편으로 「삼인행(三人行)」 「길(路)」(1931), 「다각 관계(多角關係)」 「연운(烟雲)」(1936), 장편 『소년 인쇄공(少年印刷工)』(1936) 등이 모두 이 시기의 작품이다. 그 밖에도 많은 수필과 르포르타주, 비평을 발표했다.

중·일 전쟁의 확전 이후 상해가 함락되자 모순은 홍콩·광주(廣州)·장사(長沙)·무한 등지를 전전하며 문학 활동을 전개했다. 1938년에는 전국문예계항적협회(全國文藝界抗敵協會, 약칭 文協)의 이사로 광주에서 『문예 진지(文藝陣地)』를 편집하고 홍콩에서 일간지 『입보(立報)』의 부간(副刊) 『언림(言林)』을 편집했으며, 1939년에는 신강학원(新疆學院) 원장으로 부임하여 우루무치로 갔다. 1940년 신강성에 반공 정책이 시행되자 그는 우루무치를 떠나 연안(延安)으로 간다. 연안에서 다시 중경(重慶)으로 옮겨가지만, 곧 ‘환남사변(皖南事變)’의 발발로 다시 홍콩으로 옮겨간다. 1941년 12월 태평양 전쟁이 시작되고 홍콩이 일본군에 함락되자 그는 유격대의 도움으로 계림(桂林)으로 피신했다가 1943년 다시 중경으로 옮긴다.

이 기간 동안의 작품으로는, 상해의 함락 과정에서의 여러 계층의 삶을 그린 장편 『첫 단계의 이야기(第一段階的故事)』(1938), 1940년에서 41년까지의 중경을 배경으로 국민당 정부의 정보 기관의 인간적 부패상을 여성 정보원을 일인칭 화자로 하여 묘파한 장편 『부식(腐蝕)』(1941), 신해 혁명부터 5·4 운동까지의 중국 사회의 변천을 다룬 장편 『서리 내린 잎은 이월의 꽃만큼 붉다(霜葉紅似二月花)』(1942), 그리고 그 밖에 몇 편의 단편이 있다.

1945년 종전 후 상해로 돌아온 모순은 1946년 12월부터 4개월 간 소련을 방문하고 기행문을 발표했고, 막바지에 이른 국공(國共)간의 전면전을 피해 홍콩에 머물면서 1948년 『문회보(文滙報)』에 장편 『단련(鍛鍊)』을 연재하다가 국민당 정부에 의해 신문이 정간됨에 중단하고 말았다.

1940년대의 모순은, 흔히 이론 비평가로서의 성과가 높이 평가된다. 그것은 두 가지 점에서 그러한데, 하나는 사회주의 리얼리즘 이론의 추구이고 다른 하나는 이른바 문예 운동·문예 공작의 경험을 교훈적으로 정리한 작업이다. 여기서 주목되는 것은 전자인데, 예컨대 「노신의 소설을 논함」(1948) 같은 글이 대표적인 예로, 노신 소설을 서구의 비판적 리얼리즘과 동일시해서는 안 되며 오히려 사회주의 리얼리즘의 선구로 보아야 한다고 주장하고 있고, 「고리키와 리얼리즘」(1946)은 고리키의 사회주의 리얼리즘의 유래를 해명하고 있다.

1949년 이후의 모순은 문예 정책가의 모습으로 특징지어진다. 중화전국문학예술공작자대표대회(中華全國文學藝術工作者代表大會)에 남방 대표로 참가한 모순은 중화전국문학예술계연합회(약칭 全國文

聯)의 부주석, 중화전국문학공작자협회(약칭 全國文協, 뒤에 중국작가
협회로 개칭됨)의 주석으로 피선되었다. 뿐만 아니라 1949년 10월 1일
'중화인민공화국'의 성립과 함께 중앙인민정부위원회 위원 및 중앙
인민 정부 문화부장으로 임명되었으며, 이로부터 1965년 1월 해임되
기까지 16년 간 문화부장으로 중국의 문화 행정을 이끌었다. 1949년
이후 모순은 창작에 전혀 손대지 않았고 다만 잡지 편집에 관여하고,
논문·평론을 약간씩 발표했을 따름인데, 그 중 주목되는 것은 1958
년『문회보』에 연재한 장편의 평론「야독우기(夜讀偶記)」이다. 이 글
에서 모순은 사회주의 리얼리즘 창작 방법에 대한 국내의 여러 견해들
에 대해 자기 나름의 견해를 세워『시경(詩經)』이래의 중국 문학을 총
괄하여 리얼리즘·반(反)리얼리즘의 대립 개념으로 파악하고 있다.[10]

　1965년 1월 문화부장직에서 해임되고 같은 해 5월 그의 단편을 영
화화한「임씨네 가게」(1959)가 부르주아를 미화한 작품이라고 비판받
고서부터 1976년 이른바 사인방의 축출까지 모순의 행적은 확인되지
않는다. 아마도 하방(下放)되었던 것일 터인데, 사인방 축출 이후 문
단에 복귀하여 약간의 논문·평론을 발표하다가 1981년 향년 86세로
모순은 흙으로 돌아갔다.

2. 혁명 문학과 리얼리즘

　모순의 문학적 생애는 소설 창작을 비롯하여 외국 문학 소개, 이론
비평, 실제 비평, 문예 운동 내지 이른바 문예 공작(文藝工作), 문예
정책 등 여러 방면에 두루 걸쳐 있다. 그것을 총괄하여 체계적으로 파
악하고자 할 때 우리는 혁명 문학과 리얼리즘이라는 문제와 만나게
된다.

---

10) 이 글은 加藤平八에 의해『東洋 のりアリズム』(新讀書社出版部, 1959)로 일역·출판
　　되었다.

앞절에서 얘기되었듯, 초기의 모순은 중국 공산당의 창립 멤버였음에도 불구하고 배타적 정당성 위에 공산주의 이념을 정립하고 있었던 것이 아니었으며, 그 미정형(未定型)의 상태는 그의 사상적 모색에서와 마찬가지로 문학적 탐구에도 유사하게 나타난다. 사실주의·자연주의에의 경사를 어느 정도 보이는 가운데 각종 서구 문예 사조를 두루 섭렵하던 그가 당대 중국의 사회·역사를 기반으로 주체적이고 독자적인 문제 제기에 접근하기 시작한 것은, 1923~25년 무렵 차츰 혁명 운동에 깊이 관여해가면서의 일이다. 그 문제 제기는 문학과 정치의 관계 맺음에 초점이 맞춰진다. 식민지 반(半)봉건 사회에서의 반(反)봉건·반(反)제국주의 민족 혁명의 전망에 대한 막연한 낙관이 그 밑에 깔려 있다. 「졸라주의의 위험성」(1923)에서 그는 자연주의의 해독(害毒)을 비판했고 「문학과 정치사회」(1923)에서는 피압박 민족의 문학에 보편적으로 정치색이 짙게 나타남을 지적, 문학과 정치의 적극적 관계를 긍정하는 시각을 제시했다. 1925년 들어 모순은 「프롤레타리아트 예술을 논함」「뜻있는 문학 연구가에게 고함」「문학가의 새로운 사명」 등의 글을 잇달아 발표하면서 프로 문학론을 펼쳤다. 이는 모순이 5·30 운동 등 혁명 투쟁에의 관여를 심화하면서 민족 혁명의 주체를 구체적으로 프롤레타리아트에게서 발견한 데서, 혹은 발견했다고 믿은 데서 비롯된 것이다.

모순의 이러한 변모는 물론 그 혼자만의 것은 아니었다. 1922년 사회주의 청년단 제1차 전국대회의 결의에서 "문학을 프롤레타리아트화(化)"해야[11] 한다는 구호가 제출되었고, 1923년 곽말약(郭沫若)의 「우리의 새로운 문학 운동」, 1924년 운대영(惲代英)의 「문학과 혁명」, 심택민(沈澤民)[12]의 「문학과 혁명의 문학」, 1925년 장광자(蔣光慈)의 「현대 중국 사회와 혁명 문학」, 1926년 곽말약의 「혁명과 문학」, 성방

---

11) 『先驅』 第8期(1922. 5); 朱德發 외, 『茅盾前期文學思想散論』(山東人民出版社, 1983), p. 41에서 재인용.
12) 沈澤民은 茅盾의 實弟이다.

오(成仿吾)의 「혁명 문학과 그 영원성」 등이 잇달아 나오게 되었던 것이다.

이 논의의 전개 과정은, 문학은 혁명을 위한 유용한 도구가 되어야하며 그런 의미에서의 혁명 문학을 이루려면 "혁명 사업에 투신하여 혁명 감정을 배양해야 한다"는[13] 논지로부터, 혁명의 주체는 구체적으로 프롤레타리아트이며 따라서 혁명 문학은 곧 프로 문학이고 그것을 이루려면 노동 운동에 깊이 참여하고 "프롤레타리아트의 잠재적 정서"를[14] 이해해야 한다는 논지로의 옮겨감이라고 대체적으로 요약될 수 있다. 모순의 변모는 명백히 그 옮겨감과 일치한다. 뒤에 밝혀지겠지만, 그 옮겨감은 바꿔 말하면, 고전적 마르크스주의와 레닌주의에 대한 이해의 심화이다.

1926년 '중산함 사건'으로 광동에서 상해로 피신하고, 1927년 4·12 쿠데타를 거쳐 7월에 국공 합작이 결렬되면서 무한에서 고령으로, 상해로 피신한 모순은, 이른바 대혁명의 참담한 실패로 인해 깊은 좌절에 빠진다. 그 좌절은, 혁명 주체로서의 프롤레타리아트의 역량에 대한 신뢰 내지 기대의 상실을 한 측면으로 하고 고전적 마르크스주의와 레닌주의가 그에게 부여해준 현실 인식과 미래 전망의 공식적 해답에 대한 회의 및 그것의 포기를 다른 한 측면으로 한다. 그 좌절로부터 그의 첫 소설 창작인 중편 3부작 『식』이 낳아진다.

그러나 모두가 다 모순이 빠져든 그 좌절에 함몰된 것은 아니었다. 좌절에 빠져들지 않은 대신, 혁명 문학—프로 문학론을 계속 밀고 나간 그들은 이왕의 마르크스—레닌주의에 대한 이해와 그것에의 신뢰를 회의라든지 반성·비판의 회로에 결코 올려놓지 않았다. 기실 이는, 즉 좌절/매달림은 1927년 진독수의 실각 이후 1932~33년 모택동·주덕(朱德) 지도 체제의 승리에 이르기까지 중국 공산주의 운동사에 있어서 가장 참담했던 시절의 양측면이다. 중국 공산당 지도부

---

13) 惲代英, 「文學與革命」, 『中國靑年』 週刊 第5期(1923. 11).
14) 沈澤民, 「文學與革命的文學」, 『國民日報』 副刊 『覺悟』(1924. 11).

는 코민테른의 지시와 중국 현실의 특수성 사이에서 실패를 거듭했고 그에 따라 지도 체제는 진독수-구추백(瞿秋白)-이입삼(李立三)-왕명 (王明)으로 바뀌어간다. 1927년 노동 운동의 혁명적 고조가 무참히 좌절될 때 코민테른의 지시에 따라 국공합작에 집착하고 있던 공산당 은, 그 이후 도시 기반의 실제가 거의 상실된 상황에서 도시 프롤레타 리아트 헤게모니 이론에 매달려 소비에트 운동을 견제하는 한편 급진 적 정치 투쟁을 전개, 그나마의 도시 기반마저 상실해간다.[15] 1927년 이후 몇 년 간의 혁명 문학―프로 문학론의 전개는 그런 전반적 맥락 속에 놓여 있는 것이다.

1928년 성방오의 「문학 혁명으로부터 혁명 문학으로」를 필두로 이 초리(李初梨)·풍내초(馮乃超)·전행촌(錢杏邨) 등이 연이어 글을 발 표하여 한편으로 혁명 문학―프로 문학의 당위성을 강력히 주장하면 서 노신과 모순을 경멸적 어조로 비판했다. 특히 전행촌은 「모순(茅 盾)과 현실」에서 모순의 『식』 3부작을 "주인공들의 퇴영적 행위만을 묘사하고 현실의 부정적인 면만을 그린 반(反)사회적 작품"이라고[16] 비난하고, 그에 대한 반박으로 모순이 동경에서 쓴 「고령에서 동경까 지」가 발표되자, 다시 「중국 문학에 있어서의 약간의 문제」라는 공격 적인 글을 썼다. 이 논전은 모순에게 변모의 중요한 계기가 되었는 데, 이때 씌어진 「고령에서 동경까지」는 그 변모의 싹으로 중요시되 는 글이다.

이 글에서 모순은 『식』 3부작의 집필 동기를,

나는 진실하게 살아왔으며, 동란 속의 중국의 가장 복잡한 인생의 일막을 경험했고, 마침내 환멸의 비애와 인생의 모순을 느끼게 되었다. 맥빠진 심

---

15) 이에 대한, 그리고 중국 공산주의 운동사에 비교적 객관적인 접근을 보여주는 저서로 는 B. Schwartz, Chinese Communism and the Rise of Mao(Havard University Press, 1968)가 서술의 묘를 얻고 있다.
16) 錢杏邨, 『現代中國文學作家』 第2卷 所收

정과 외롭고 쓸쓸한 생활 속에서, 또 생활의 핍박을 받으면서 나의 타다 남
은 생명력으로 다른 측면에서 이 어지럽고 회색적인 인생에 가느다란 한 가
닥 빛이나마 비추고자 나는 창작에 손을 대기 시작했다.[17]

라고 밝히고, 스스로 작품 분석을 하면서 특히 「추구」의 비관적 세계
에 대해 "내가 정녕 이와 같이 퇴폐적인 소설을 쓰다니, 정말 말도 안
되는 일을 했다"[18]고 말하고 "앞으로 더욱 분발하여 다시는 퇴폐적인
경향에 빠지지 않기를 바라며, 내가 반드시 그럴 수 있을 것으로 믿
는다"[19]고 다짐하는데, 이런 자기 반성에 이어 그는 젊은 혁명 문학
론자들을 비판한다. 그가 보기에 그들의 혁명 문학이란 슬로건 문학
에 다름아니다. 그 슬로건 문학에 반대하면서, 프티 부르주아 계급에
속하는 그 자신의 혁명성의 문제를 제기하고, 프티 부르주아 지식인
층, 소상인, 중농·소농 들의 분만(憤懣)의 정(情)을 펼쳐야 한다고
주장하는데, 이 주장은 주목에 값한다. 그에게 있어 혁명 문학의 문
제는 주체적인 문제이지 자신의 고통과는 별개의, 단순한 이론상의
문제가 아니다. 이로부터 그는, 소상인·중농·소농을 주인공으로
하는 작품을 써서 그것에 의해 독자층을 확대하며 작품의 공감 작용
을 매개로 그들을 혁명 진영으로 끌어들여야 한다고 주장한다. 그 결
론은 이렇다.

우리의 신문학을 프티 부르 계급의 대오 속으로 파고들게 하기 위해, 우
리의 묘사 기술은 어느 정도 개조되지 않으면 안 되며, '신사실주의로의
길' 이든 아니든 다방면으로 시험해야 한다. 나 자신의 견해를 말하자면, 우
리 문학의 기술은 먼저 적어도 몇 가지 소극적 조건을 해결해야 할 것 같다.
지나치게 서구화되어서는 안 되고, 새로운 용어를 너무 많이 써서는 안 되

---

17) 茅盾, 「從牯嶺到東京」, 『茅盾論創作』(上海文藝, 1980) 所收

18) 위와 같음.

19) 위와 같음.

고, 지나치게 상징적 색채를 띠어서는 안 되며, 정면으로 설교하듯 새로운
사상을 선전해서는 안 된다. 이렇게 믿기는 하지만, 나 자신의 이전의 작품
도 그런 결함을 범했다. 내 작품은 말할 것도 없이 단지 지식인들만이 보았
던 것이다.[20]

　이 글은 두 가지 문제를 구분 없이 뒤섞고 있다. 그 하나는 비판적
리얼리즘의 문제이고, 다른 하나는 이른바 '대중화'의 문제이다. 그
것을 보다 넓히면 리얼리즘과 혁명 문학 문제가 된다. 이 문제는 모순
에게뿐 아니라 1930년대 중국 문학 전반에 걸리는 문제이다. 당겨 말
하면, 모순은 이론상으로는 양자의 차별과 연관에 대한 인식을 얻지
못하고 혼란에 붙잡혀 있었으나, 소설 창작에 있어서는 객관적으로
리얼리즘을 실현하고 있었다.
　1927년 이후 몇 년 간의 참담한 기간중에 1930년 이른바 좌익작가
연맹이 결성되고 1931년 만주 사변이 발발하고 1932년 공산주의 운동
에 있어서의 헤게모니가 상해에서 강서(江西) 소비에트로 넘겨지는
데, 이 과정에서 교조주의, 도시 프롤레타리아트 헤게모니 이론은 붕
괴되며, 문학 부문에서는 젊은 이론가들의 관념적인 혁명 문학—프로
문학론이 퇴조하고 대중화론이 쟁점으로 부상한다.
　대중화론이란 무엇인가. 그것은 대중 획득의 문제이다. 문예 대중
화라는 것은, 그것에 의해 대중의 정치적 획득을 이루는 데 목적을 두
는 문예를 어떻게 창조할 것인가 하는 문제인 것이다. 이를 명료하게
인식할 때, 구추백식으로 "현재적 문제는 단순히 모호한 문예 대중화
의 문제가 아니라 혁명적 대중 문예 창조의 문제이다"라든지 "프로
대중 문예는 사상·의식·정서 및 문화 일반 등에 있어서 프롤레타리
아와 노동 민중(수공업자·도시 빈민·농민 대중)을 무장(武裝)해야
한다"라는 언명이 가능해진다.[21] 그러므로 실제로는 문예 대중화라는

<hr>

20) 위의 같음.

표현보다는 프로 대중 문예 내지 혁명적 대중 문예의 창조라는 표현
이 더욱 적합하다.

　대중화에 대한 논의는 1930년에 한차례, 그리고 1932년에 다시 본
격적으로 이뤄지고 그뒤로 1938~40년의 민족 형식 논쟁에 이르기까
지 지속적인 주제로 탐구된다. 1930년대의 중국 혁명 문학은, 그리하
여 바로 프로 대중 문예 혹은 혁명적 대중 문예 이외의 다른 것이 아
니게 된다. 그런데 프로 대중 문예 혹은 혁명적 대중 문예라는 것은
엄격히 말하면 다름아닌 아지·프로의 범주에 든다. "사상·의식·
정서 및 문화 일반 등에 있어서" 대중을 혁명적 이데올로기로 무장시
킨다는 것은 다름아닌 아지·프로인 것이다. 구추백의 경우 그 점을
명료히 인식하고 있다. 그러나 다른 많은 논자들은 그 점에서 모호하
다. 그들이 프로 대중 문예 혹은 혁명적 대중 문예라는 용어의 제안을
받아들이지 않고 문예 대중화라는 말을 계속 쓴 것은 그 때문이다.
즉, 그들은 문학과 아지·프로가 하나일 수 있다고 생각했거나, 혹은
그 양자를 구분할 필요가 있다는 생각을 미처 하고 있지 못한 것이다.
그만큼 현실 상황과 중국 혁명의 도정이 절박했기 때문이겠지만, 이
는 분명히 오류다.[22]

　문예 대중화의 문제는 동시대의 소련·일본·한국에서도 현안의
문제였다. 중국의 상황은 한국의 상황과 비슷하다. 라프의 경우는 말
할 것도 없고, 나프에서도 장원유인(藏原惟人) 같은 이론가는 문예 대
중화의 문제를 1) 프로 문예 확립의 운동, 2) 아지·프로의 운동, 3)
프로 문예 그 자체의 대중화의 세 측면으로 파악했다.[23] 이렇게 파악
하고 보면 가장 어렵고도 중대한 과제는 1)이 아닐 수 없다. 2)는 1)
의 모색 과정에서 파생되어야 하며, 3)은 1)이 이뤄진 뒤의 일이기 때

---

21) 瞿秋白, 「普洛大衆文藝的現實問題」; 北京師大中文系編, 『中國現代文學史參考資料』
　　(高等敎育出版社, 1959) 所收
22) 문예 대중화론에 대한 개략적 서술은 졸고, 「民族形式論爭에 대한 批判的 硏究」(『中國
　　語文學』 第9輯, 1985) 참조.
23) 金允植, 『韓國近代文學思想史』(한길사, 1984), pp. 148~52 참조.

문이다. 그러나 그런 파악에 이르지 못하고 2)를 가장 급박하며 가장 본질적인 것으로 볼 때, 1)은 3)과 함께 2)의 실천 과정에서 도달될 수 있는 것으로 생각되거나 아니면 1)이 별개의 범주로 존재한다는 것 자체가 간과 혹은 부정되게 된다. 중국의 상황이 바로 그랬다. 결국 1930년대의 중국의 혁명 문학이라는 개념은 아지·프로를 아지·프로일 뿐 아니라 동시에 문학인 것으로 자기 주장했던 셈이다. 문학과 아지·프로의 결정적 차이는 무엇인가. 아지·프로가 이데올로기적 내용을 의식적으로 전제하고 있는 것인 데 반해, 문학은 이데올로기적 내용의 전제로부터 상대적으로 자유롭다. 그 또한 식민지 반봉건 사회의 질곡에 근본적 원인을 두는 것일 터이고 그런 까닭에 손쉽게 비난해버릴 수만은 없는 문제이겠으나, 중국의 혁명 문학 개념이 올바르게 반성되는 것은 1938~40년의 민족 형식 논쟁에 이르러서이다. 그 반성은 곽말약에 의해 이뤄지는데, 곽말약의 "민족 형식의 중심 원천은 두말할 것 없이 현실 생활이다. 오늘의 민족 현실을 반영하면 자연히 오늘의 민족 형식이 된다"라는,[24] 얼핏 상식적으로 보이는 명쾌한 진술이 그것이다. 현실을 내용으로 하여 그것을 미학적으로 침전시킨 것, 혹은 객관적 현실을 미학적으로 반영한 것이 문학이라는 것이다. 이제야 이론적 수준에서 리얼리즘의 개념이 아지·프로와 구분되어 인식되기 시작한 것이다.[25]

1927년 이후의 모순은 이론적으로는 중국의 혁명 문학론의 혼란성·모호성을 빠져나오지 못했으나 소설 창작에 있어서는 리얼리즘을 실천하고 있었다. 어떻게 그럴 수 있었을까. 그가 좋은 소설가였기 때문일 것임은 말할 나위도 없다. 그러나 무엇보다도 주목되는 것은 그가 이데올로지스트가 아니었다는 점이다. 1926~27년의 그의 아픈 경험, 고전적 마르크스주의와 레닌주의가 그에게 부여해준 현실 인식과 미래 전망의 공식적 해답을 고통과 좌절 속에서 회의 포기했

---

24) 郭沫若,「民族形式商兌」(北京師大中文系編, 앞의 책 所收).

25) 이에 대해서는 졸고,「민족 형식 논쟁에 대한 비판적 연구」참조.

던 경험에서부터 그것은 시작되었다. 공식적 해답을 포기한 때부터 그 해답의 자리에 새삼스럽게 대두된 것은 중국 사회의 현실, 그가 작가로서 탐구해나가야 할 물음들이었던 것이다. 그는 그때부터 이데올로지스트가 아니라 리얼리스트였다.

1945년 종전 이후 그는 소설가로서 약간의 단편과 미완성 장편 1편을 남겼을 뿐이다. 대신 그는 사회주의 리얼리즘 이론을 추구하기 시작했고, 1949년 이후로는 문예 정책가로 활동하면서 더 이상의 창작을 안 했거나 못 했다. 15년 남짓한 리얼리스트로서의 그의 작업은 3부작『식』『무지개』(미완성, 1929), 『한밤중』(1931~32), 『소년 인쇄공』『첫 단계의 이야기』『부식』『서리 내린 잎은 이월의 꽃처럼 붉다』등의 성과를 낳았다. 그중 가장 탁월한 리얼리즘적 성과로 평가받는 것은, 역시『한밤중』이다. 다음 절에서는 이 작품을 분석, 모순의 리얼리즘을 검토해보기로 한다.

3.『한밤중』혹은 중국 혁명의 전망

『한밤중』은 1930년 5월부터 7월까지의 상해를 배경으로, 산업 자본가 오손보(吳蓀甫)를 중심 인물로 하고, 그가 매판 금융 자본과의 대결에서 패배, 급격히 몰락하는 과정을 중심적 사건으로 놓고 그 주변에 각양각색의 인물들과 사건들을 펼쳐 보여준다.

이 시기에는 이른바 남북 대전(南北大戰)이 벌어지고 있었다. 1928년 북벌을 완수한 국민당은, 군대를 정리하고 중앙군을 재편성하여 국민 혁명군에 포함된 군벌들을 명실상부하게 장악하기 위해 이른바 편견회의(編遣會議)를 소집하는데, 그로부터 1개월 후인 1929년 2월부터 군벌들의 반발로 내전이 시작된다. 1930년 들어 광서파(廣西派)·서북파(西北派)·산서파(山西派)가 반장(反蔣) 연합군을 결성, 5월부터 시작된 남북 대전은 9월 봉천파(奉天派)의 장학량(張學良)이 장개석에 가세함으로써 장개석의 승리로 돌아갔다. 이 승리는 장개석에게 실질적인 중앙 집권적 군사력의 장악을 가능케 했는데, 그 배후에 절강(浙江) 재벌이 자리하고 있었음은 주지되는 사실이다(상해의 매판 자본가·금융 자본가·민족 자본가 들의 집단이 절강 재벌이다). 광동 재벌을 배경으로 한 왕조명이, 이 남북 대전의 와중에 반장 연합군에 가담, 이른바 북방확대회의의 개최를 제창한 데서 보듯, 남북 대전은 절강 재벌과 광동 재벌의 대결이라는 양상도 띠고 있었다.

이 전쟁은 중국 민중에게 혹심한 피해를 주었고 민족 자본의 성격을 띤 산업 자본을 궁지로 몰아넣었다. 제국주의의 경제적 침탈, 특히 일본의 야욕이 표면화되는 가운데 매판적 관료 독점 자본이 성장하고 민족적 산업 자본은 급격히 몰락해가는데, 그 몰락의 추세가 내전으로 인한 시장의 축소로 가속화된 것이다. 오손보는 그 민족 자본가를 대표한다. 그는 사면초가의 상태에 놓여 있다. 농민 봉기로 인해 고향에 남겨둔 봉건적 기반을 상실하고, 노동 운동의 확산으로 인해 그러지 않아도 위기에 처한 공장 경영(공원이 천 명이 넘는 제사 공장)은 더욱 압박을 받고, 매판 금융 자본에 의한 금융 압박은 갈수록 가중된다. 민족 자본가로서의 오손보는 나름대로의 신념——중국 산업의 진흥을 위해 헌신하겠다는——을 가지고 있으며 동시에 자본의 논리에 부응하는 철저한 자본가의 기질과 능력을 가지고 있다. 그래서 그는 어려운 상황을 감당해가며 한편으로 부실 기업 및 중소기업을 병합하고, 노동 운동을 가혹하게 탄압하며, 산업 자본가끼리 모여 금융 기관을 설립, 매판 금융 자본에 맞선다. 그러나 끝내 자금난을 이겨내지 못하고 필경은 공채 시장(식민지 반봉건 사회에서 자본은 정상적인 성장·발전의 길을 걷지 못하고 공채 시장으로 몰려드는데, 이 공채 시장이야말로 매판 금융 자본의 손에 장악되어 있다)에 뛰어들어 매판 금융 자본과 대결을 벌이다가 패배, 완전히 몰락하고 만다.

오손보와의 관련하에, 『한밤중』의 서술 내용에는 중요한 두 부분의 움직임이 포함되어 있다. 하나는 2장에 직접적으로 묘사되고 있는 농촌 현실이다. 오손보의 고향인 인구 10만 가량의 소도시 쌍교진(雙橋鎭)에서 발생하는 농민 봉기가 그것인데, 이는 중국 각지에서 발생하고 있던 농민 봉기의 구체적 예로 제시되면서 농민의 혁명적 역량을 드러낸다. 다른 하나는 거의 3장의 분량에 걸쳐 묘사되는 노동 운동의 구체이다. 오손보의 공장에서 사용자측의 온갖 와해 공작과 탄압, 그리고 사용자의 편에 선 공권력의 물리적 개입에도 불구하고 파업을 전개해나가는 노동자들과 노동 운동의 지도자들, 배후에서 운동을 지도하는 공산당원들의 투쟁이 그것인데, 이는 당시 노동 운동의 구체적 예로 제시되면서 노동자의 혁명적 역량을 드러낸다.

그 밖에도 오손보의 주변 인물들로 부르주아 계급의 여성들, 룸펜 부르주아지의 성격을 띤 퇴폐적이고 감상적인 지식인들, 관념적 급진주의와 현실적 보수주의 사이에 서 있는 중산층 젊은이들, 대학 교수·고급 장교·정객·변호사·의사 등 많은 유형이 등장한다.

모두 90여 명에 달하는 많은 인물들이 등장하는데, 그 다양한 유형의 인물들이 플롯의 진전과 유기적으로 맺어지면서 나타나고 행동하며, 저마다 뚜렷한 성격을 지니고 있는 것은 당대 중국 소설에서 보기 드문 점이다. 이를 두고 하지청(夏志淸) 같은 소설사가는 "마르크스주의적 비방(誹謗)의 스테레오 타입에 맞도록만 인물들이 그려지고 있다"고[26] 말하기도 하지만, 풍설봉(馮雪峯) 같은 비평가가 "『한밤중』에서의 인물 형상의 성공적 묘사는 문학에 대한 하나의 공헌이며 새로운 경지의 개척"이라고[27] 찬양하듯 대체로 그것은 긍정적으로 평가된다. 그 많은 인물들이 민족 자본가 오손보를 중심으로 하여 빚어내는 복잡한 플롯은 곧 당대 중국 사회의 한 축도에 다름아니다.

그렇다면 『한밤중』은 어떤 총체적 전망을 현시하고 있는가. 이 물

---

26) C. T. Hsia, *A History of Modern Chinese Fiction* (Yale University Press, 1971), p. 160. 夏志淸은 『한밤중』보다 『무지개』를 더 높이 평가한다. 앞의 책, p. 148 참조.

27) 馮雪峯, 「中國文學中從古典現實主義到無産階級現實主義的發展的一個輪郭」(『文藝報』 第17號, 1952): 李炳漢, 「轉換期의 中國現代小說」, 『現代中國의 語文硏究 Ⅱ』(1980), p. 28에서 재인용.

음을 검토하려면 먼저 모순 자신이 밝히고 있는 작품 창작의 의도를
살펴보아야 한다. 그는 네 차례에 걸쳐 자신의 의도를 밝히고 있는데,
1932년 12월(『한밤중』 초판본의 후기), 1939년 6월(「『한밤중』은 어떻게
씌어졌는가」), 1952년(『모순 선집』의 서문), 1977년(『한밤중』 신판에 덧
붙인 「다시 몇마디 보충함」)에 씌어졌거나 발표된 그 글들은 그때그때
의 정황과 관련된 미묘한 굴절을 포함하고 있는 까닭에 조심스럽게 읽
혀야 한다. 탈고 직후에 쓴 글에서 모순은 다음과 같이 말하고 있다.

나의 원래 계획은 지금 쓴 것보다 훨씬 더 광범위한 것이었다. 예를 들면,
농촌의 경제 상황, 소도시 주민의 의식 형태(이는 일반적으로 생각하듯 그
렇게 단순한 것이 결코 아니다), 그리고 1930년대의 신유림외사(新儒林外
史)까지를 포함시킬 생각이었다. 또 이 책에 묘사된 몇몇 작은 플롯들은 본
래 더욱 발전시키려 했던 것이다. 그러나 올 여름의 혹서로 건강을 해쳐 대
강 마무리지어버리고 이런 모습으로 책을 내게 되었다——도시 생활의 묘
사에 편중한 채로. (1932. 12)[28]

여기서의 "도시 생활의 묘사"라는 막연한 표현은, 1939년의 글에
이르러 "민족 자본가 계급의 출로(出路)"란[29] 명료한 표현으로 바뀐
다. 아마도 1938년 광동 재벌의 민족 자본을 배경으로 한 왕조명이
일본에 투항한 사건과 관련하여 오손보의 양면성(긍정적 측면, 부정적
측면)이 불러일으킬 수도 있을 오해를 의식한 까닭일 터인데, 여기서
모순은 1931~33년 당시의 중국 사회 성질 논쟁에 대해 언급하고, 그
가 의도한 것은 주로 트로츠키주의자에 반대하여 "중국이 자본주의
발전의 길을 걸어오지 않았으며 제국주의의 압박 아래 더욱 식민지화
하고 있"음[30]을 드러내고 민족 자본가 계급의 역사적 운명이란 제국

---

28) 『茅盾論創作』 p. 56.
29) 앞의 책, p. 60.
30) 앞의 책, p. 59.

주의에의 투항이거나 봉건 세력과의 타협(이도저도 아니라면 오손보처
럼 파멸할 수밖에 없다)일 뿐임을 보여주려 한 것이라고 쓰고 있다. 그
리고는, 나중에 주어지는 풍설봉·오분성(吳奔星)의 비판(1953~
54),[31] 요약하면 1) 장편소설로서의 플롯상의 불균형, 2) 당시의 전체
적 혁명정세의 반영이 불충분함, 3) 혁명 운동가와 노동자 대중의 인
물 묘사가 관념적이고 기계적임, 4) 성적 자극이 인물 묘사에 지나친
비중을 차지함 등에 대한 지적 중 2), 3)에 대해 다음과 같이 변명하
고 있다.

원래의 계획을 반으로 축소시켜 도시만 묘사하고 농촌은 묘사하지 않았
다. 도시 방면은, 1) 투기 시장의 상황, 2) 민족 자본가의 상황, 3) 노동자
계급의 상황 등 세 가지 면으로 교착시켜 묘사했다. 당시는 검열이 상당히
엄했기 때문에 만약 혁명가의 활동을 상세하게 묘사했거나 강조했다면 출판
될 수가 없었다. 이 책을 널리 여러 사람에게 공개하기 위하여서는 몇몇 곳
에 암시적으로 측면적 복선을 이용하지 않을 수 없었다. 그러나 독자는 문장
중에서 혁명가의 활동을 볼 수 있을 것이다. (1939. 6)[32]

이 변명이 1952년과 1977년의 글에서는 명백한 자기 비판으로 바
뀐다. 즉, 앞에 예거한 네 가지 비판 항목 중 3)에 대해 매판 금융 자
본가·반동 공업 자본가의 묘사가 직접적 관찰에 근거한 데 반해 노
동자 대중의 묘사는 2차 자료에 의거했기 때문에 그런 결함이 낳아졌
다는 것이다.
또 2)와 1)에 대해(1)은 주로 4장이 전체 플롯에서 유리되어 있음을
지적하는 것이다),

---

31) 朴雲錫, 「茅盾硏究: 장편소설 『子夜』를 중심으로」(서울대 대학원, 1982), pp. 55~56.
32) 『茅盾論創作』, p. 60.

　　원래의 계획은, 농촌(그곳은 혁명의 힘이 왕성하게 발전하고 있었다)과
도시(그곳은 적의 힘이 비교적 집중되었고 그런 까닭에 비교적 강했다) 양
자의 정황의 대비를 통해 당시 중국 혁명의 총체적 면모를 반영하고 혁명적
낙관주의를 강화하고자 했었다. (1952)[33]

라고 써서 의도의 정당성을 전제한 뒤,

　　그 때문에 이 소설의 제4장은 농촌의 혁명 세력이 하나의 소도시를 포위
하고 점령했다는 것을 묘사하여 복선을 깔았으나, 이와 같은 대계획은 당시
나의 능력으로는 당할 수가 없는 것이었고, 후반에 가서는 포기할 수밖에 없
었다. 그렇지만 또한 그 제4장을 빼버리는 것도 차마 할 수가 없어서 그것은
전체에서 유리된 부분이 되었기 때문에 전체의 유기적 구성을 파괴하였다.
이것은 그래도 작은 일이나 전체의 혁명 정세를 표현하지 못한 것은 중대한
결함이었다. (1952)[34]

라고 결과적으로 나타난 결함은 자신의 능력 부족 탓이라고 말하고
있다.
　　이상 살펴본, 모순의 미묘한 어조의 변화는 흥미로운 문제를 제기
한다.[35] 작품이야 이미 1932년에 완결된 것이므로 변화할 리 없는 것
이고, 그에 대한 모순의 자기 논평을 표면상 그대로 따라가면, 얼핏
모순의 자기 인식이 점차 깊어져가는 것처럼 보인다. 그러나 그것을
한번 뒤집어 생각하면, 이는 사후적 관점을 기준으로 이전의 작품의
미흡한 점을 지적하는 것에 다름아니다. 즉 1932~33년 모택동 노선
이 대두되기 시작하고 중·일 전쟁의 발발 이후 항일전의 수행 과정
에서 농촌의 혁명 세력이 중국 혁명의 주체임이 현실적으로 입증된

---

33) 앞의 책, p. 21.
34) 위와 같음.
35) 이 어조의 변화에 대한 보다 상세한 서술은 朴雲錫, 위의 논문 참조.

뒤의 관점에서, 아직도 도시 프롤레타리아 헤게모니 이론이 신봉되던 때의 작품을 놓고 그뒤의 관점이 명료하고 충분하게 나타나지 않았다고 비판하는 것이기 때문이다. 또 모순 자신이 1940년대 후반부터 사회주의 리얼리즘 이론을 추구하기 시작한 데서 나온 발언이겠으나, 『한밤중』의 창착 의도가 혁명적 낙관주의의 강화에 있었다는 것도 마찬가지 이유로 의심스럽다. 『한밤중』의 영문 번역 제목은 Twilight와 Midnight가 혼용되고 있는데, 여명으로서의 Twilight를 원제 자야(子夜)의 내포적 의미로 강조하는 입장은 곧 이 작품을 혁명적 낙관주의의 맥락에서 보겠다는 것과 다르지 않다. 본래 모순이 생각했던 제목은 '석양(夕陽)'이었고(석양을 영문으로 표현할 때도 Twilight라 할 수 있다), 단행본으로 출간하면서 '한밤중'이라 제목을 붙이고 거기에 Twilight라고 영문 부제를 달았던 것인데, 이로 볼 때 작품을 써나가면서, 혹은 거의 다 쓴 뒤에 '한밤중'과 '여명'의 관계를 의식하게 된 것임이 분명해 보인다. 그렇다면 그것은 결코 창작 동기 내지 의도가 아니다. 그가 한 신문에서, "날이 밝기 전에는 아주 짧은 한 시간의 암흑이 있다. 난잡과 혼란은 역사가 시작하기 전에 있는 피할 수 없는 단계이고 유치함과 조잡함은 장래의 아름다운 것의 전주곡 *the beautiful agony of birth* 이다"라고[36] 썼던 때가 『한밤중』을 쓰기 시작하고서 13개월 뒤며 탈고 7일 전인 1932년 11월 28일인 것이다.

1940년대 후반 이후의 모순을 비롯한 중국의 사회주의 리얼리즘 이론가들이 생각했듯이 사회주의 리얼리즘이 혁명적 낙관주의로 규정지어진다면(1957년의 글 「야독우기(夜讀偶記)」에서 모순은 "리얼리즘 문학은 반드시 낙관주의 정신이 충만해 있고 불굴불요의 구생〔求生〕의 의지가 가득한 것이다"라고[37] 쓰고 있다), '사회주의'라는 한정어를 떼낸 리얼리즘은 혁명적 낙관주의도 혁명적 비관주의도 아닌 것으로 규정될 수 있다. 그런 의미에서 『한밤중』은 리얼리즘 문학이다.

---

36) 茅盾, 「我們這文壇」(『東方雜誌』 30-1): 『茅盾散文速寫集』(人民文學出版社, 1980) 所收

『한밤중』은 당시의 중국 사회 구성체의 특수성으로부터 출발하여 중국 사회의 총체적 면모를 그려내고 있다. 그때 민족 자본의 역할과 기능, 그리고 역사적 운명은 대단히 중요한 문제가 된다. 오손보의 몰락은 곧 중국 사회가 식민지 반봉건 사회임을 체현하는 것이다. 그렇다면 식민지 반봉건 사회에서 민족 혁명의 주체는 누구이며, 혁명의 전망은 어떻게 되는가.

민족 자본의 역사적 운명을 묘파하려 했기 때문에『한밤중』의 서술의 시점은 일관하여 민족 자본가와 그 주변 인물들을 선택하고 있다. 예컨대 2장에서 농민 봉기를 다룰 때 오손보의 외삼촌 증창해(曾滄海)가 시점이 되고 있으며, 노동 운동의 진행을 다룰 때 오손보의 심복으로 와해 공작의 책임자인 도유악(屠維岳)이 시점이 되고 있는 것이다. 유일한 예외는 13장에서 여공 진월아(陳月娥)가 보는 앞에서 노동 운동가 채진(蔡眞)·마금(馬金)·소윤(蘇倫) 들과 노동 운동을 지도하는 공산당원 극좌보(克佐甫)가 논쟁하는 장면이다.

그런데 그런 시점의 선택에 의해 노동자와 농민의 주체로서의 잠재적 혁명 역량이 객관적으로 드러나고 있다는 점을 간과해서는 안 된다. 이들의 묘사가 관념적 기계적이라는 지적은 기실은 시점의 선택에 대한 지적으로 바뀌어야 한다.

예컨대 13장에서 마금과 극좌보가 견해차로 논쟁을 벌이는 대목을 보자.

"유화제사공장의 기본 조직이 거의 손실되어버렸어요. 대부분은 엄중한 감시하에 있고요. 다시 정비하지 않으면 모험을 할 수가 없어요."

"뭐라고 다시 정비를 해야 한다고? 지금 총파업이 승패의 기로에 섰는데, 정비할 시간이 없어. 오늘밤 곧바로 정비하고 새로운 조직원을 동원하여 또 다른 공세를 전개하는 거야."

---

37) 朴雲錫, 앞의 논문, p. 46에서 재인용.

　"하루 저녁 사이에는 절대 안 돼요. 우리 조직이 완전히 파괴되어버렸고 적의 감시가 너무 엄해요. 그건 모험이에요. 설사 강하게 행동한다 해도 곧 탄압을 받게 될 거예요. 그건 지금 남아 있는 약간의 기본 조직마저도 모두 소멸시켜버리는 일이에요."

　　〔………〕

　"만약 좋은 방법이 있다면, 우리 공장도 시도하겠어. 그러나 우리 편의 수가 이미 적어졌고 노동자들은 저쪽의 탄압을 두려워해. 만약 예전처럼 낡은 방법을 가지고 움직인다면 시작할 수가 없어. 정말 새로운 묘안이 필요해."

　진월아가 마금을 바라보며 끼여들었다. 그녀는 힘을 다해 그녀의 의사를 이런 형식으로 표현했다. 그러나 극좌보와 채진은 그녀의 말에 주의를 기울이지 않았다. [38]

극좌보의 견해는 다름아닌 좌익 모험주의의 이입삼 노선에 비롯되는 것이다. 러시아 혁명을 모델로 한 도시 프롤레타리아트 헤게모니 이론이 좌익 모험주의에 기울어 4·12 쿠데타 이후 실상은 참담하기 짝이 없는 기간을 혁명 고조기로 파악, 구추백―이입삼―왕명으로 이어지는 몇 년 동안 노동자 조직의 정치 투쟁·무장 봉기가 계속 강행되고 실패한다. 그 과정에서 4·12 쿠데타 이후 대폭 축소된 도시 프롤레타리아트 기반이 그나마의 약간의 잔존마저 궤멸 상태로 빠져버린다. 그럼에도 상해의 공산당은 도식주의적 입장을 포기하지 않고, 그러기는커녕 계속 강요해간다. 마금은 그 도식주의적 입장을 비판하고 부정하는 것인데, 이론도 용어도 모르는 여공 진월아는 그 문제를 직관적으로 파악하고 '힘을 다해' 자기 느낌을 표현하는 것이다. 여기서 현시되는 노동자의 진정한 이론적·실천적 가능성의 잠재태는 충분히 주목되어야 한다. 그것은 파업 장면에서 도유악의 눈에 비치는 여공들의 모습에서도 강렬하게 느껴진다. 비록 전체 작품과

---

38) 인용문의 번역은 金河林의 우리말 번역(『子夜』, 도서출판 한울, 1986)을 따르되 약간의 수정을 가했음.

유리되어 있기는 하나, 제4장에서의 농민 봉기의 모습에서도 그들의 노도와 같은 힘은 강렬하게 부각되고 있다. 유리되어 있기 때문에 미학적으로 비난할 수도 있지만, 유리되는 것임에도 불구하고 포함된 것을 적극적으로 의미화할 수도 있을 것이다.

1930년의 중국 현실은 1939년의 그것과 같지 않다. 『한밤중』은 1930년의 중국 현실을 정당한 실천적 관심에 의거하여 정당하게 인식하고 있다. 그것을 1939년의 현실과 같이 그리지 않았다고 비난하는 것은 올바른 비난이 아니다. 그런 비난은, 한번 뒤집어보면, 하지청이 이 작품을 두고, "모순은 이 소설에서 개인적 비전을 정통 마르크스주의적 비판으로 대체했다"고[39] 비난한 것과 유사해진다. 당시 중국에 있어 정통 마르크스주의는 도시 프롤레타리아트 헤게모니 이론의 좌익 모험주의적 성향이었다. 하지청의 주장과는 반대로, 모순은 그것에 의식적으로 사로잡혀 그것을 형상화하려 하지 않고, 객관적 현실로부터 출발하고 있었기에 『한밤중』을 써낼 수 있었던 것이다. 그럼으로써 오히려 그는 '한밤중' 속에서 진정한 '여명'을 엿볼 수 있었다. 이것이 1930년대의 리얼리스트 모순의 성과이다.

1940년대 후반부터 1981년 타계하기까지 모순은 객관적 현실을 향해 눈감았던 것처럼 보이다. 중국 사회의 현실, 그가 작가로서 탐구해나가야 할 물음들이 그의 시야 밖으로 사라져갔고, 그는 더 이상 리얼리스트일 수가 없게 되었던 것처럼 보이는 것이다. 대신 그는 사회주의 리얼리즘 이론가가 되었고 문화적 관료주의의 책임자가 되었다. 약 11년 간의 고통스러웠을 기간이 포함된 그의 생애 마지막 30여 년이 안타깝게 느껴지는 것은, 그 이전의 그의 리얼리즘이 귀중한 그만큼 더욱 그러하다.　　　　　　　　　　　　　　　　　　　[1987년 6월]

---

39) C. T. Hsia, 앞의 책, p. 160.

노신 소설과 5·4 운동

1. 머리말

근대 이후 중국 문학사에 있어서 홀로 우뚝 솟아 있는 존재가 바로
노신(魯迅)(1881~1936)이다. 그가 우뚝 솟은 존재인 바로 그만큼,
그에 관한 숱한 신화가 널리 유포되어 있다. 아래 인용한 문장은 모택
동의 노신에 대한 찬사인데, 역시 신화 구성의 한 부분이 된다.

노신은 중국 문화 혁명의 주장(主將)이다. 그는 위대한 문학가일 뿐 아니
라 또한 위대한 사상가이자 위대한 혁명가이기도 하다. 노신은 절개를 굽히
지 않는 경골(硬骨)이었으며 그에게는 노예적인 모습이나 미태(媚態)가 조
금도 없었다. 이는 식민지·반(半)식민지 민중에게 가장 귀중한 성격이었
다. 문화전선에 있어서 노신은 전민족의 대다수를 대표하여 적을 향해 맹렬
히 진격해간 정확하며 가장 용감하고 가장 굳세고 가장 충실하고 가장 열렬
한 공전의 민족 영웅이었다. 노신의 방향은 곧 중국 민족 신문화의 방향이
다.[1]

이러한 신화들은 노신 소설에 대한 일종의 선입견을 암묵리에 제공
해준다. 그러나 그런 선입견은 대체로 진실과 거리가 멀기 일쑤이다.

---

1) 毛澤東, 「新民主主義論」; 林志浩 主編, 『中國現代文學史』 上冊(人民文學出版社,
   1979), p. 59에서 재인용.

우리에게 필요한 것은, 선입견에 얽매어 그 선입견에 노신 소설을 뜯어맞춰버리는 일이 아니라 노신 소설에 대한 객관적 이해이며, 그러기 위해서는 그의 소설 작품을 구체적 대상으로 한 탐구 작업이 필수적인 것으로 대두된다. 따라서 이 글의 의도는, 5·4 운동 전후에 씌어져서 발표된 노신 소설의 실체를 가능한 한 선입견에서 벗어나 해명하고, 노신 소설과 중국 신민주주의 혁명의 시발이라고 평가되는 1919년의 5·4 운동의 관계에 대한 이해의 실마리를 찾고자 하는 데에 있다.

노신의 소설은 1918년부터 1925년 사이에 씌어졌다.[2] 그 중 1918년부터 1922년까지의 작품은 1923년에 『납함(吶喊)』[3]으로, 1924년부터 1925년까지의 작품은 1926년에 『방황(彷徨)』으로 묶여 간행되었다. 이 글에서는 『납함』에 수록된 작품들을 자세히 고찰해보려 한다.

이 작품들을 일견할 때 분명히 드러나는 것은, 이 작품들의 표면 어디에도 5·4 운동의 흔적이 보이지 않는다는 사실이다. 오히려 이 소설들의 주제는 대부분 1911년의 신해 혁명과 직접 관련된다. 더욱이 이 작품들은 한결같이 비관과 절망과 좌절로 이루어져 있어, 5·4 운동의 치열한 반봉건 반제국주의 투쟁과 조화되기는 커녕 오히려 위배되는 듯이 보인다. 그렇다면 5·4 운동과 노신 소설은 무관한 것인가. 물론 그렇지 않다. 이 글이 궁극적으로 탐색하려는 것은 바로, 노

---

2) 특이한 형태의 역사 소설집 『故事新編』(1936)에 실린 작품들은 여기서 제외했다. 『故事新編』에는 「補天」(1922), 「奔月」 「鑄劍」(1926), 「非攻」(1934), 「理水」 「采薇」 「出關」 「起死」(1935) 등 8편이 수록되었다.

3) 뒤에 「補天」으로 개제되어 『故事新編』에 수록된 「不周山」은 원래 『吶喊』에 수록되었던 것인데 『吶喊』 13판(1930)부터 삭제되었다. '吶喊'을 혹은 '납함'으로 읽는 이도 있고 (朴柄泰, 「魯迅小說論」, 『魯迅 선생님』, 春史, 1983; 강계철·윤화중 역, 『아큐정전 外』, 主友, 1983), 혹은 '눌함'으로 읽는 이도 있다(韓武熙 역, 丸山昇, 『魯迅評傳』, 일월서각, 1982). '吶'의 한국어 독음은 '납'과 '눌' 두 가지이지만 중국어로는 파음 현상 없이 [na]로 읽는다. '눌함'이라 읽으면 '서툰 고함'이란 뜻이 되고 '납함'이라 읽으면 그냥 '고함'이란 뜻이 되는데, 여기서는 『吶喊』의 「자서」의 취지에 따라 '납함'이라 읽기로 한다.

신 소설과 5·4 운동 사이의 감추어진 관계이다. 그리고 이는 노신 소설의 실체에 대한 해명을 통해서만 밝혀질 수 있을 것이며, 이 작업은 역으로, 노신 소설의 진정한 의미를 캐내는 데 기여하게 될 것이다. 아울러 이는 넓게는 문학과 현실의 관계에 대한, 그리고 문학의 존재 방식에 대한 우리의 이해에 적지 않은 시사점을 던져줄 것이다.

2. 소설 창작의 동기

노신의 첫번째 소설 작품이며[4] 중국 최초의 근대적 소설로 공인되고 있는 「광인 일기」는 노신의 나이 38세 되던 해인 1918년 4월에 씌어져서 같은 해 5월 『신청년(新靑年)』 4권 5호에 발표되었는데, 여기서 처음으로 노신이란 이름이 사용되었다.[5] 당시는 호적(胡適)의 「문학개량추의(文學改良芻議)」(1917. 1, 『신청년』 3권 1호)와 진독수(陳獨秀)의 「문학혁명론」(1917. 12, 『신청년』 3권 12호)으로 이른바 '문학 혁명'의 이론 및 주장이 강력히 제기되었고, '문학 혁명'과 '유교 비판'을 과제로 내세운 『신청년』의 계몽주의적 문화 운동이 활발히 전개되고 있었으나, 그들의 의욕적 활동은 소수의 젊은 독자들의 지지를 제외하면 찬·반 어느 쪽이든 별다른 반응을 얻지 못하고 있던 때였다. 이때 『신청년』의 중심 멤버 중의 하나였던 전현동(錢玄同)(필명 金心異)이 노신에게 『신청년』에 기고할 것을 제의하였고 이 제의를 받아들여 노신이 써낸 것이 「광인 일기」였다. 결과적으로 「광인 일

---

4) 노신은 「광인 일기」에 훨씬 앞서 신해 혁명 직후인 1911년 12월에 단편소설 「懷舊」를 쓴 바 있으나, 이 작품은 습작에 불과하다. 「회구」는 문어체로 씌어진 것으로, 周逴이란 필명으로 1913년 4월 『소설 월보』 4권 1호에 게재·발표되었는데, 신해 혁명의 피상성에 대한 회의를 그 주제로 하고 있다.

5) 노신의 본명은 周樹人이다. 아명을 豫山·樟壽라 했고, 字를 豫才라 했는데, 수인이란 이름은 1898년(18세)에 개명한 것이다. 필명인 노신의 魯는 모친의 성을 딴 것이며, 노신 이외에도 그는 周逴·唐俟·巴人 등의 필명을 사용하기도 했다.

기」는 '문학 혁명' 이론 및 주장의 최초의 창작적 실천이 된 셈이지만, 그렇다고 『신청년』의 계몽주의적 문화 운동의 이념에 대해 노신이 전적으로 동의하고 있었던 것은 아니다. 구어체(白話)로 씌어진 「광인 일기」에 문어체의 서문을 붙인 데서도 그 편린이 엿보이지만,[6] 노신 자신이 밝힌 바 「광인 일기」의 창작 경위나 「광인 일기」와 그 이후의 일련의 작품들에 그것은 선명히 나타나고 있다.

　1) 그때(북경 소흥회관에 거주할 때: 1918년초) 옛 친구 김심이가 종종 찾아오곤 했다. 〔……〕
　"자네 이런 걸 베껴서 무슨 소용이 있나?" 어느 날 밤, 그는 옛 비문의 사본을 뒤적거리며 궁금한 듯 이렇게 물었다.
　"아무 소용도 없어."
　"그럼 무슨 생각으로 베끼는 거야?"
　"아무 이유도 없네."
　"내 생각엔 말야, 자네 글이라도 좀 써서……"
　나는 그의 뜻을 알아차렸다. 그들은 잡지 『신청년』을 간행하고 있었는데, 그 무렵엔 특별히 찬성하는 사람도, 반대하는 사람도 없는 것 같았다. 나는 그들이 적막을 느끼고 있는 게 아닌가 하고 생각했지만, 이렇게 말해주었다.
　"이를테면 말이야, 창문도 없고 때려부술 수도 없는 철벽으로 둘러싸인 방이 있는데 그 안에 많은 사람들이 깊이 잠들어 있어서 오래지 않아 모두 질식사하게 되어 있다고 가정을 해보세. 그러나 그들은 혼수 상태 속에서 죽어가는 것이기 때문에 죽음의 비애도 느끼지 못하지. 이제, 자네가 큰 소리로 외쳐서 그 중 그래도 의식이 좀 있는 몇몇 사람을 깨운다고 할 때, 그것은 그 불행한 몇몇 사람으로 하여금 피할 수 없는 죽음의 고통을 겪게 하는 일이

---

6) 이는 '문학 혁명'이 문체상의 '백화 문학 운동' 쪽으로 경사되고 있었던 데 대한 간접적인 비판으로 해석될 수 있다. 이 점에서 노신은 '문학적 도구의 혁명'을 주장한 호적보다, '내용의 혁명'을 강조한 진독수 쪽에 가깝다.

될 텐데, 자넨 그들에게 미안하다는 생각이 들지 않는단 말인가?"

"그렇지만 깨어난 몇 사람이 그 철벽을 결코 부술 수 없으리라고 말할 수만은 없지 않은가?"

그렇다. 나는 내 나름의 확신이 있었지만, 그러나 그의 희망을 없앨 수 없었다. 희망은 미래에 관한 것이기 때문에, 희망이 전혀 있을 수 없음을 입증하여, 희망이 있을 수 있다는 그의 주장을 꺾을 수 없었던 것이다. 그래서 결국 나는 글을 쓰겠다고 응낙했고, 그래서 씌어진 것이 최초의 작품 「광인일기」였다.[7]

2) 그러나 그 당시 나는 '문학 혁명'에 대하여 결코 열정을 가지고 있지 않았다. 신해 혁명을 보고, 제2혁명을 보고, 원세개의 칭제와 장훈(張勳)의 복벽(復辟) 운동을 보는 등 여러 가지를 차례로 보면서 나는 심각한 회의에 빠져 있었으며 실망하여 극도로 낙담하고 있었다. 민족주의 문학가들은 올해 지상을 통해 "노신은 의심이 많다"고 했는데, 이는 틀린 말이 아니다. 나는 그들마저도 진정한 민족주의 문학가가 아닌 것이나 아닌지 의심하고 있다. 변화는 참으로 예측할 수 없는 것이다. 그러나 나는 나 자신의 실망에 대해서도 회의한다. 사람·사건 등 내가 본 것들이 매우 제한된 것이었기 때문이다. 이 생각이 내게 글쓸 힘을 주었다.

"절망의 허망함은 바로 희망과 같다."

'문학 혁명'에 대한 열정도 없이 왜 붓을 들었는가? 생각컨대, 그 이유의 절반 이상은 열정을 가진 사람들에 대한 공감이었다. 이 전사들은, 적막 속에 있지만, 그 생각은 틀린 것이 아니다. 그러니 나도 가세해주자. 첫째는 이 때문이었다.[8]

1)에서 우리는 당시 노신의 현실 인식의 핵심을 읽을 수 있다. 그가 보기에 현실은 "철벽으로 둘러싸인 방"과도 같아서 근본적 변혁의 희

---

7) 「自序」, 『吶喊』(전집 1, 人民文學出版社, 1956), pp. 6~7.
8) 「自序」, 『魯迅自選集(1933)』(전집 4, 人民文學出版社, 1956), p. 347.

망을 전혀 허락하지 않는다. 이것이 극단적이라 할 만큼 비관적인 것임은 두말할 나위도 없으나, 그러나 그 비관적 현실 인식의 내포는 그리 단순치 않다. 이 점을 이해하려면, 1918년에 이미 38세가 된 노신의 전기적 사실을 포섭해야 한다.

노신은 사대부 집안에서 태어났으나 "병들어가는 대가족의 이상 분위기 속의 몰락 과정에서 성장"[9]했으며, 13세 되던 해인 1893년 관직에 있던 조부가 과거 시험 부정 사건에 연루되어 투옥되고 1894년 겨울부터는 부친이 중병에 걸려 거의 2년 간 투병하다 사망함으로써 집안이 완전히 몰락해버림에 따라 훗날 "남부럽지 않은 생활을 해오다가 갑자기 궁핍한 생활을 하게 된 사람이라면 아마 틀림없이 그런 과정 속에서 세상 사람들의 참된 모습을 볼 수 있게 될 것이라고 생각된다"[10]고 진술케 한 뼈저린 경험을 가졌다. 이 경험은 소년 노신으로 하여금 봉건 사회에 있어서의 인간 관계의 본질을 직관적 수준에서 파악하게 해주었다는 점에서 대단히 중요하다.

또한, 노신이 서구 근대 사상을 접하면서 반제·반봉건 혁명 지향의 진보적 지식인으로 성장해가는 과정에서 겪은 심각한 갈등과 고뇌, 그리고 숱한 굴절의 현상들도 염두에 둘 필요가 있을 것이다. 그러나 이에 대한 상세한 고찰은 별도의 전기적 연구에서 행해질 일이고, 무엇보다도 중요한 것은 근 10여 년 간 내면화해온 혁명에의 열정이 신해 혁명과 그 좌절 과정을 거치면서 무참히 배반당했다는 사실이다. 신해 혁명과 그 좌절은, 노신에게뿐 아니라, 크게는 중국 근대 사상사에 깊은 상처를 남겼다. "혁명의 과실은 전부 원세개를 위시한 봉건 군벌에게 탈취당했으며 중국 민주주의 혁명의 과제는 해결되지 않은 채 완전히 다음 시대에 넘겨진 형편이었고 사회적으로도 사람이 사람을 먹는 봉건 예교의 구사회 구조에 아무런 변화도 가져오지 못했던 것이다."[11] 그리하여 당시의 용어를 빌리면 신해 혁명이 남겨놓

---

9) 丸山昇, 앞의 책, p. 18.
10) 「自序」, 『납함』(전집 1), p. 3.

은 것은 '광명'이 아니라 '암흑'이었던 것이다. 노신의 비관적 현실 인식은 일차적으로 이 '암흑'적 상황의 반영이라고 말할 수 있다. 그 위에 노신은 '암흑'의 근원적 측면을 보고 있었다. 즉 '암흑'을 완벽한 것으로 만드는, '암흑'에 대한 모든 저항이나 공격을 어렵지 않게 다시 '암흑' 속으로 흡수해버리는 '그 무엇'——이것을 노신은 역사·전통·국민성 등으로 불렀다. 앞에 말한 소년 시절의 체험이 여기서 중요한 역할을 한다——을 그는 직시하고 있었던 것이며,[12] 그렇기 때문에 그 '암흑'의 근원을 보지 못한 채 '암흑'에 맞부딪쳐가려는 소박한 태도와 그 소박한 태도에서 비롯되는 '희망'에 대해 그는 회의적일 수밖에 없었던 것이다. 그렇다면 그는 왜 전현동의 제의에 응하여 「광인 일기」를 썼던 것일까. 그 이유의 일부가 2)에 매우 굴절된 양태로 나타나고 있다.

2)에서 표면적으로 노신은, '전사들에 대한 가세'라고 자신의 집필에 의미를 부여하고 있지만——그리고 그것은 일면으로 사실이겠지만——그 이면에는 그 반대의 뜻도 담겨 있는 것이다. 즉, '전사들'의 출현이야말로 노신의 지향에 대한 가세이기도 한 것이다(丸山昇, p. 136). 다시 말하면 후자는, 현실과의 관련을 잃고 침잠해 있던 노신에게 현실과의 관련 가능성을 다시 부여해준 것으로 설명될 수 있고, 전자는, 근거 없는 낙관론에 기운 『신청년』 멤버들의 소박성에 '암흑'의 근원과의 대결이라는 장을 열어준 것으로 이해될 수 있다. 그러면 「광인 일기」를 필두로 한 노신의 소설들은 그 '암흑'의 근원적 측면과 어떻게 대결하고 있는가.

---

11) 丸山松幸, 김정화 역, 『5·4 運動의 思想史』(일월서각, 1983), p. 19.
12) 丸山昇, 앞의 책, p. 139 참조.

3. 「아Q정전」이전

「광인 일기」는 한 피해망상증 환자의 일기를 발췌·소개하는 형식으로 되어 있다. 문어체로 된 서문에서 작가는 이 일기를 입수·소개하게 된 경위를 밝히고 있는데(물론 허구이다), 의도적으로 문어체를 쓰고 있으며 일기 내용에 대해 반어적 태도를 취하고 있다. 발췌·소개되는 일기 내용은 모두 13개 절로 되어 있는데 구어체로 되어 있다. 이러한 특수한 형식은 그 자체로 어떠한 의미를 갖는 것일까라는 질문을 던질 때, 우리는 두 가지 답변을 마련할 수 있다. 하나는 지극히 소박한 것으로, 당시의 척박한 상황의 반영이라고 답하는 것이다. 즉, 메시지를 간접화함으로써, 있을 수 있는 혹종의 정치적 탄압을 피하고자 했다고 보는 것이다. 다른 하나는 이 작품이 일종의 관념 소설인 데서 주어진 개연성의 소산으로 보는 것이다. 아마도 후자 쪽이 보다 많은 타당성을 가질 것이다.

일기의 일인칭 화자 '나'는 피해망상증 환자이다. '나'는 주위 인물 모두가 사람을 먹으려 하며 언제나 '나'를 호시탐탐 노리고 있다는 망상에 사로잡혀 있다. 그 망상은 온갖 사상(事象)을 왜곡시킨다. 예컨대, 여자가 제 아이를 때리며 "이놈아! 네놈을 물어뜯어야 분이 풀리겠다!"고 소리지르는 것을 실제로 인육을 먹겠다는 뜻으로 받아들이며(3절), "쓸데없는 생각은 하지 마세요. 조용히 며칠 요양하면 좋아지게 됩니다"라는 의사의 진단을 요양해서 살이 찌면 잡아먹겠다는 뜻으로 받아들이는 것(4절) 따위가 그러한데, 이 대목들에서는 아직 '나'의 진술이 피해망상의 소치라 할 수 있다. 그러나, 『좌전(左傳)』『효자전(孝子傳)』『본초강목(本草綱目)』 등의 구절을 왜곡해서 혹은 그대로 인용하는 데 이르면 그것이 단순한 피해망상의 소치가 아니라 통렬한 풍자이리라는 추측이 가능해지며, 혁명가 서석린(徐錫麟)의 죽음이나 사람의 생혈을 폐병 약으로 먹는 행위 등에 대한 언급에 이르면 '사람을 잡아먹는다'는 진술의 내포가 분명해진다. 그것은 봉건 사회의 비인간적·반인간적 인간 관계를 뜻하는 것이다. '나'의 공포심은 그 비인간적·반인간적 인간 관계에 대한 공포심이다. 그런 데「광인 일기」의 의미를 이처럼 왜곡된 인간 관계에 대한 풍자 내지 비판으로 규정해버리는 데서 그쳐서는 안 된다. 그 밑에 깔려 있는 비관적 현실 인식을 읽어내야 한다.

주의할 것은, '나'가,

> 너희들은 고칠 수 있어, 진심으로 고치라구! 앞으로는 사람을 잡아먹는 사람은 세상에 살아갈 수 없게 된다는 걸 알아야지.
> 너희들이 고치지 않으면, 자기 자신도 다 잡아먹힐 거야. 아무리 많이 낳아도 진짜 사람들에게 멸망당할 거야![13]

라는 부르짖음에 이어,

> 나도 모르는 새 내 누이동생의 고기를 몇 점 먹었는지도 모른다.[14]

는 생각에 사로잡히게 된다는 사실이다. 이는 피해자가 동시에 가해자이며, 가해자 역시 피해자이기도 하다는 관계 인식의 표명이다. 이는 민중이 지배 체제의 피해자인 동시에 그 지배 체제의 보존·유지에 기여함으로써 또한 가해자이기도 하다는 논리와 일치하며, 궁극적으로는 비판·저항마저 흡수해버리는 체제의 거대한 힘의 존재를 암시하는 것이다. 그렇기 때문에 앞에 인용한 부르짖음이,

> 이제는 알겠다, 진짜 사람을 만나기가 어렵다는 것을![15]

---

13) 전집 1, p. 18.
14) 위의 책, p. 19.
15) 위의 책, p. 19.

이라는 진술로 대체되지 않을 수 없는 것이다. 이 진술은 결국, 혁명 내지 근원적 현실 변혁의 희망이 거의 없다는 것을 주장하고 있는 것에 다름아니다. 마지막 절에서 "아이들을 구하자"고 말하는 것은, 흔히 해석되는 것처럼 새로운 세대에게서 희망을 기대한다는[16] 뜻이 아니라, '아이들'이 성인이 되어 비인간적·반인간적 인간 관계 속으로 흡수되기 이전에 이 세계를 파괴해야 한다는——물론 희망은 거의 없지만——당위의 절망적 확인인 것이다.

「광인 일기」의 특수한 형식이나, 그 풍자의 내적 불합리성 및 당위의 절망적 확인으로의 귀결 등은, 필경 이 작품의 관념성·추상성에서 비롯되는 것일 것이다. 이 관념성·추상성은 뒤이은 중요한 두 편의 작품——「공을기(孔乙己)」와 「약(藥)」——에서 상당히 극복된다.

「공을기」는 1919년 3월에 씌어져서 1919년 4월 『신청년』 6권 4호에 발표되었다. 이 작품은 노신 자신의 소년 시절의 체험과 밀접히 관련된다. 이 작품의 이야기 주체인 공을기가, 맹(孟)씨 성을 가졌기 때문에 '맹부자(孟夫子)'라고 불렸던, 노신의 소년 시절 이웃의 몰락한 전통적 지식인을 모델로 하고 있으며, 공을기의 "책도둑은 도둑이라 할 수 없다"는 발언 같은 것이 실제 있었던 일이라는 점, 그리고 노신 집안의 적지 않았던 '인생 실패자' '성격 파탄자'들의 모습이 공을기에게 부여되고 있다는 점 등 소재적 측면에서도 그러하지만,[17] 더욱 중요하게는 노신이 소년 시절 거의 직관적으로 체득한, 봉건 사회에서의 인간 관계의 본질적 양상이 이 작품에서 탁월하게 형상화되고 있다는 점에서 그러하다.

이 작품의 시대적 배경은 신해 혁명 이전으로 설정되어 있다. 이야기 주체인 공을기는 "절반 수재(秀才)"[18]조차도 못한, 그러면서 사대

---

16) 林志浩, 앞의 책, pp. 61~62 참조.

17) 丸山昇, 앞의 책, p. 149 참조.

18) 淸의 과거에서는, 먼저 縣試·府試·院試 등의 3단계 시험에 합격하면 府縣學에의 입

134

부 계급으로서의 경제적 기반마저 완전히 상실한 몰락한 전통적 지식
인이다. 그는 유교 이데올로기에 침윤되어 이미 허구 내지 환상이 되
어버린 신분 관념——토지 소유와 관직 획득이라는 토대 위에서만 현
실성을 갖는——의 속박을 벗어나지 못하고 있다. 그는 생계를 위해
도둑질까지 하는 궁핍한 처지에 놓여 있으면서도 낡아빠진 장삼——
장삼은 독서 계급의 신분 표시이다——을 끝내 벗지 않는다. 그는 툭
하면 문자를——알쏭달쏭한 문어(文語)를——입에 올린다.

그러자 공을기는 얼굴이 시뻘개져서 이마에 푸른 힘줄을 세우며 항변했
다. "책을 훔치는 건 도둑질이라고 할 수 없지. ……책을 훔치는 건…… 선
비의 일인데, 어떻게 도둑질이라 할 수 있겠나?" 그리고는 "군자는 원래 궁
하니라"라느니 "……가 아니리오"라느니 하는 따위의 아리송한 문구들을
내뱉어서, 사람들은 모두 폭소를 터뜨리고 가게는 온통 즐거운 분위기로 가
득 차는 것이었다.[19]

환상(공을기의 신분 관념)과 현실(궁핍한 처지) 사이의 이율배반은
일종의 아이러니를 빚어내는데, 이를 봉건 독서인의 시대착오적 성격
파탄에 대한 풍자로 규정하는 것은 「광인 일기」를 봉건 예교에 대한
비판으로 규정하는 것과 마찬가지로 작품을 왜소하게 만드는 결과가
된다. 이 아이러니가 그러한 풍자 이상인 것은, 작품의 결미 부분에
서 명백히 드러난다.

어느 날 오후, 마침 손님도 없고 해서 나는 눈을 감은 채 앉아 있었다. 이

학이 허가되는데, 이를 生員 또는 秀才라 부른다. 아직 관리가 될 수는 없지만 사회적
명예는 충분하다. 수재는 다시 3년마다 省에서 시행하는 鄕試에 합격하면 擧人이 되
고, 거인은 북경에서 행하는 會試와 황제가 행하는 殿試에 합격하면 드디어 進士가 된
다. '절반 수재'라 하는 것은, 원시에서는 불합격되었으나 그 실력을 인정받아 다음번
시험에서 현시·부시를 면제받은 자를 말한다.

19) 전집 1, p. 21.

때 "술 한잔 데워줘" 하는 소리가 들렸다. 낮은 소리였지만 귀에 익은 음성이었다. 눈을 뜨고 보았지만 아무도 없었다. 일어서서 내다보니, 공을기가 스탠드 밑에서 문턱을 향해 앉아 있었다. 얼굴이 거멓게 탈 정도로 야위어 목불인견이었다. 너덜너덜한 겹옷을 입었으며, 새끼줄로 어깨에 가마니를 매달고 그 가마니를 깔고 앉아 책상다리를 하고 있었다. 그는 나를 보고 다시 말했다. "술 한잔 데워줘." 주인이 머리를 내밀며 말했다. "공을기인가? 자네 아직 외상이 19문(文)이나 있네!"

　　〔………〕

"공을기, 자네 또 도둑질했지!" 하지만 그는 이번에는 그다지 변명하려 하지 않고, 단지, "농담 마쇼!"라는 한마디만 했다. "농담이라구? 도둑질을 하지 않았는데 왜 다리가 부러져?" 공을기는 낮은 소리로 웅얼거렸다. "넘어졌소. 넘어져서, 넘어져서……" 그의 눈빛이, 주인에게 더 이상 말하지 말아달라고 애원하는 듯이 보였다. 이때쯤엔 이미 몇 사람인가가 모여들어 주인과 같이 웃고 있었다. 나는 술을 데워들고 나가 입구의 문턱 위에 내려놓았다. 그는 너덜너덜한 주머니 속에서 1문짜리 동전 네 개를 꺼내 내 손에 얹었다. 그의 손은 흙투성이였다. 손으로 땅을 짚고 기어온 것이었다. 잠시 후 술잔을 비우고서 그는, 사람들이 웃고 떠들어대는 가운데를 그 손으로 기어서 느릿느릿 돌아갔다.

　　그뒤로 그는 다시 모습을 나타내지 않았다.[20]

이 대목에서 우리는 진술 주체인 일인칭 화자 '나' —— '나'는 이 주점에서 점원 노릇을 하는 소년이다——의 공을기에 대한 은밀한 연민을 읽을 수 있다. 곧 작가의 연민에 다름아닌 이 연민을 중요한 요소로 인정한다면, 다음과 같은 결론을 내릴 수 있다. 첫째, 공을기에 대한 풍자는 일방적인 공격적 풍자가 아니다. 둘째, 오히려 공을기를 잔인하다 할 만큼 혹심하게 괴롭히고 희롱하는 술집 주인과 술

―――――――――――

20) 앞의 책, p. 24.

꾼들이 진술 주체에게 심정적 적대감의 대상이 되고 있다. 그렇다면 작가의 의도는 공을기의 희화화에 있는 것이 아니라, 공을기라는 인물의 창조를 통해 봉건 사회의 인간 파괴적 성격을 극명히 드러내고자 하는 데 있다고 보아야 할 것이다. 되풀이하면 「광인 일기」에서는 관념적으로만 취급되었던 것이 이 작품에서는 공을기라는 인물을 통해 구체적 형상으로 살아나게 된 것이다. 이 점에서 「공을기」는 「광인 일기」로부터의 일정한 진전이다.

1919년 4월에 씌어져서 같은 해 5월 『신청년』 6권 5호에 발표된 「약」은, 「공을기」에서 부수적 모티프로 채용되었던, 그러나 실은 노신에게 가장 중요한 것으로 인식되었던 문제를 직접적으로 다루고 있다. 그것은 바로 봉건 사회의 인간 파괴적 속성에 깊숙이 매몰됨으로써 이제는 오히려 그 인간 파괴적인 봉건 사회의 변혁 가능성을 스스로 저해하는, 그리하여 봉건 사회의 온존에 대들보 노릇을 하는 민중적 삶의 실상이다. 이것이야말로 처참한 아이러니인 것이다.

「약」의 시간적 배경도 신해 혁명 이전으로 설정되어 있다. 3인칭 서술로 되어 있는 이 작품은 네 개의 절로 이루어져 있는데 이를 간략히 요약하면 다음과 같다.

제1절 화노전(華老栓)이 처형된 혁명가 하유(夏瑜)의 피를 흠뻑 적신 만두를 망나니에게 산다.
제2절 그 피 묻은 만두를 폐병 걸린 아들 화소전(華少栓)에게 먹인다.
제3절 화노전의 가게(차를 파는)에서의 사람들의 대화.
제4절 하유의 어머니와 화소전의 어머니 화대마(華大媽)가, 우연히 같은 시간에, 각각 자기 아들의 무덤을 찾아온다.

이 간략한 요약에서 알 수 있듯이, 이 작품은 두 개의 줄기로 이루어져 있다. 하나는, 미신에 사로잡힌 무지몽매한 서민이 폐병에 걸린 아들을 인혈 만두로 치료하려다가 죽이고 마는 이야기이고, 다른 하나는 혁명적 지식인이 철저히 고립된 상태에서 비참하게 처형당한다는 이야기이다. 이 작품의 본질은 이 두 개의 큰 줄기가 '약—인혈 만두'를 매개로 하나로 연결 · 통합된다는 데에 있다. 이 점을 무시하고, 그 각각의 줄기를 따로 분리시켜 이 작품을 이해해서는 안 된다. 이 작품은 단순한 미신 규탄도 아니고 혁명가의 희생에 대한 단순한 애도도 아니다. 중요한 것은 화소전이 먹는 인혈 만두에 적신 피가 혁명가의 피라는 사실이다. 그리하여 이 작품의 의도가 선명히 드러나는 곳은 제3절이다. 제3절에서 사람들의 대화에 의해 간접적으로 알려지는 바에 의하면, 하유는 옥리에게 "이 대청(大淸)의 천하는 우리 모두의 것이다"라고 하며 '반란을 선동'하다가 뺨을 맞았는데, 뺨을 맞고서는 "불쌍하다, 불쌍해"라고 말했다는 것이다. "이 대청의 천하는 우리 모두의 것이다"라는 말이 사람들에게 전혀 이해되지 않는 상황이니, "불쌍쿠나, 불쌍해"라는 말은 전혀 터무니없는 소리로 들릴 게 뻔하다.

> "그 머저리 같은 놈은 맞아도 겁도 안 내고, 도리어 불쌍하다 불쌍해, 라고 했대."
>
> 흰 수염쟁이가 말했다. "그런 놈이야 맞아 싸지. 불쌍할 게 뭐 있어?"
>
> 강씨가 비웃는 표정으로 코웃음을 치며 말했다. "대체 애기를 어떻게 듣고 있는 거야? 그놈 말은, 아의(阿義: 옥리의 이름)가 불쌍하단 거야."
>
> 귀를 기울이고 있던 사람들의 눈빛이 갑자기 멍청해졌다. 말소리도 뚝 끊겼다.
>
> [·········]
>
> "아의가 불쌍하다니…… 미친 소리, 완전히 미쳤군." 흰 수염쟁이가 별안간 깨달았다는 듯이 말했다.
>
> "미쳤어." 스무 살 남짓한 젊은 사람도 알겠다는 듯이 말했다.[21]

---

21) 앞의 책, pp. 31~32.

혁명가와 민중 사이의 괴리가 이처럼 처참하게 묘파되는 경우는 참으로 보기 드물 것이다. 이 세계를 비인간적으로 만드는 그 무엇과의 싸움에 목숨을 바친 혁명가가, 비인간적인 삶의 조건에 허덕이는 민중에게 적대시되고, 조롱받고, 타매된다. 요컨대 앞에서 말했듯이 봉건 사회의 보존·유지에 객관적으로 봉사하는 민중적 삶의 부정적인 실상을 「약」은 극명히 형상화하고 있는 것이다. 이러한 현상은 혁명가와 민중의 사이에서뿐만 아니라, 민중들 자체내에서도 나타난다. 화노전 일가의 불행이 다른 사람들에게 심정적으로조차 공유되지 않고 사람들의 대화가 단지 속악한 관심으로만 이뤄지고 있는 데서 그것은 분명히 드러난다. 위에 인용한 대목 중 〔……〕으로 생략된 곳이, "소전은 이미 식사를 끝냈는데, 몸은 땀투성이였고 머리에선 김이 무럭무럭 피어올랐다"라는 구절이라는 것은 결코 우연한 일이 아니다.

「광인 일기」의 결미가 그러했듯이, 「약」의 제4절에서도 일종의 희망이 상징적으로 제시되고 있다.[22] 외롭게 죽은 하유의 무덤에 아마도 누군가가 가져다놓은 것임이 분명한 붉은색과 흰색이 뒤섞인 꽃으로 만든 화환이 놓여 있는 것이라든지, 하유의 어머니의 "만일 네가 정말 여기 있어서 저 소리가 들린다면——저 까마귀가 네 무덤 위로 나는 모습을 내게 보여다오"라는 기구에 대해,

두 사람이 미처 2, 30 걸음도 옮기기 전에 별안간 등뒤에서 "까악" 하는 큰 울음 소리가 들렸다. 두 사람이 흠칫 돌아보니, 그 까마귀가 두 날개를 펴고 한번 몸을 낮추었다가 곧바로 먼 하늘을 향해 쏜살같이 날아가 〔……〕[23]

---

22) 이 상징적 수법은 러시아 작가 안드레예프의 영향으로 인정되기도 한다. Douwe W. Fokkema, "Lu Xun: The Impact of Russian Literature," *Modern Chinese Literature in the May Fourth Era*(Harvard University Press, 1977), pp. 89~101 ; Milena Dolezelová Velingerová, "Lu Xun's Medicine," 같은 책, pp. 221~31 참조.

23) 전집 1, p. 34.

는 것들이 그것인데, 이러한 장면의 작위성은 한편으로 노신의 간절한 소망의 표현이면서, 또 한편으로는 암담한 현실적 절망감의 역설적 표현이라 할 수 있다.

이상에서 살펴본 것처럼 「광인 일기」 「공을기」 「약」 등 노신의 대표적 초기작을 관류하는 것은 '암흑'이다. 봉건 사회의 인간 파괴적 성격과, 그것의 소산이며 그것의 보존·유지에 봉사하는, 자신의 고통과 불행을 확대 재생산하는 데 스스로 기여하는 비극적 인간 관계——그 일종의 악무한이야말로 '암흑'의 정체인 것이다.

그 이유는 분명치 않으나 「광인 일기」 「공을기」 「약」 이후 1년 남짓한 기간 동안 노신은 작품을 쓰지 않는다. 이 기간은 바로 5·4 운동이 전개되던 때이다. 후속 작품은 5·4 운동이 퇴조기에 접어들 조짐을 보이기 시작한 1920년 6월에 이르러서야 씌어진 「내일」(『新潮』 2권 1호)이다.[24] 과부인 선사수자(單四嫂子)가 한의의 처방에 따르다가 아이를 죽이고 마는 이야기인 이 작품은 그 내용에 있어서 부분적으로 「약」의 반복이면서 전체적으로 「약」으로부터의 일보 후퇴이기도 하다. 이 작품을 "봉건적 한의의 기만과 사기성"에 대한 공격으로 해석하는 것은 그 부분적 반복 중에서도 일부분만을 주목한 결과이다. 이 작품을 「약」의 부분적 반복이라 한 것은 오히려 봉건 통치하에서의 냉막한 인간 관계를 명백히 드러내면서 비판하고 있다는 얘기이며 전체적 후퇴라 한 것은 「약」에서의 혁명가 및 혁명의 의미에 대한 냉철한 탐구가 「내일」에서는 사라져버린다는 얘기이다.

어쨌든 「내일」로 재개된 노신의 소설 쓰기는 「작은 사건」(『晨報』, 1920. 7), 「머리털 이야기」(『學燈』, 1920. 10), 「풍파」(『신청년』, 1920. 9), 「고향」(『신청년』, 1921. 5)으로 이어진다. 여기서 무엇보다

---

24) 『新潮』 2권 1호는 1919년 10월호이다. 당시는 잡지의 간행이 제 시기를 맞추지 못해 1년 가까이 늦어지기도 했기 때문에 이런 현상이 생겨날 수 있었다. 전집 1, p. 485 참조.

도 주목되는 것은, 「광인 일기」부터 「내일」에 이르기까지의 작품들이 신해 혁명 이전을 시대 배경으로 설정하고 있는 데 반해 이 일련의 작품들은 신해 혁명 이후를 시대 배경으로 삼고 있다는 점이다. 「머리털 이야기」와 「풍파」는 모두 변발을 자르는 문제를 매개로 신해 혁명의 개혁적 요소가 무화되어버린 사태를 비판하고 있다. 그 중 「풍파」가 농촌을 배경으로 한 데 반해, 「머리털 이야기」는 도시를 배경으로 하고 있는데, 「머리털 이야기」에서 N의 입을 통해 작가는 다음과 같이 말한다.

여러 사람의 얼굴이 눈앞에 어른거리는군. 몇몇 젊은이들은 10여 년을 고심분투하다가 어둠 속에서 날아온 한 방의 총알을 맞고 목숨을 잃었지. 한편, 암살을 모면한 청년들은 그 대신 감옥에서 한 달 이상이나 고문을 당했어. 또 청년들은 큰 뜻을 품었다가 갑자기 행방불명이 되어 시체마저 찾지 못한 일도 있다네. 그들은 모두 세상의 냉소, 타매, 박해, 함정 속에서 일생을 보냈다네. 지금은 그들의 무덤도 망각 속에서 사라져가고 있는 형편일세. 나는 이런 일을 기념한다는 건 견딜 수 없어.[25]

요컨대, 혁명은 변발을 없앤 것──그래서 변발을 자른 채 거리를 다녀도 사람들의 조소를 받지 않게 된 것──을 제외하면 아무것도 변혁시킨 것이 없고, 다만 혁명 당시의 유혈과 희생만을 지울 수 없는 기억으로──그나마 "그들의 무덤도 망각 속에 사라져가고 있는 형편"이다──남기고 있다는 것이다. 이 무화의 원인은 무엇인가? 그것은 바로, 앞에서 민중 내부에 존재하는 일종의 악무한이라고 말한 중국 사회의 '암흑'이다. 그 '암흑'이 혁명의 개혁적 가능성을 삼켜버리고 만 것이다.

5·4 운동이 완전히 퇴조 현상을 드러낸 1921년 1월에 씌어진 「고

---

25) 앞의 책, p. 47.

향」도 같은 각도에서 이해할 수 있다. 다만 여기서는 신해 혁명이 아니라 어린 시절의 기억이 대상으로 되고 있다는 점에서 다를 뿐, '암흑'에 의한 '꿈의 붕괴'를 주제로 하고 있다는 점에서는 「머리털 이야기」와 구조적 상동성을 지닌다. 「고향」은 일인칭 화자(＝작가)가 20여 년 만에 고향에 돌아와, 그의 어린 시절의 기억 속에 원초적 생명력의 표상으로 남아 있는 소년 윤토(閏土)가 이제 '다른 사람'이 되어 있는 것을 발견하고 크게 낙담한다는 이야기를 큰 줄거리로 하고 있다. 혁명의 개혁적 가능성의 소멸보다도, 원초적 꿈의 소멸은 더욱더 처절한 비극으로 인식되며, 그것이 더욱더 비극적인 만큼 '암흑'은 더욱더 파괴적인 것으로 부각되는 것이다.

「광인 일기」에서 「고향」에 이르기까지의 일련의 작품들은 '암흑'의 묘파라는 점에서 공통성을 갖는다. 단 하나 1920년 7월에 씌어진 「작은 사건」만이 예외이다. 이 작품은 200자 원고지 열두세 장 정도의 분량(번역했을 때의 분량)에 지나지 않는 소품으로, 소설이라기보다는 수필에 가깝다는 점에서도 예외적인 작품이다. 실제로 이 작품에서 기술되는 사건은 노신의 실제 체험이었을 가능성이 높다. 1917년으로 설정된 겨울 어느 날, 일인칭 화자 '나'가 탄 인력거가 초라한 차림의 노파와 부딪치는 데서 사건은 발단한다. 인력거꾼은 별로 크게 다치지 않았으면서도 '엄살을 부리는' 노파를 부축해서 파출소로 모신다. "다쳤을 리가 없다. 내가 방금 비실비실 넘어지는 걸 보았는걸. 엄살을 부리고 있어. 정말 밉살스런 노파야. 인력거꾼도 그렇지, 쓸데없이 괴로움을 자초할 셈인가?"라고 생각하던 '나'는, 그 인력거꾼의 뒷모습에 별안간 '기이한 감동'을 받는다. "온몸에 먼지를 뒤집어쓴 그의 뒷모습이 일순 몹시 커지더니, 한 발짝씩 발을 떼어놓을 때마다 그 크기를 더해 마침내 올려다보지 않으면 안 될 만큼 커지"는 것이다. 그리하여 화자는 다음과 같이 진술한다.

이 조그마한 사건만은 항시 내 눈앞에서 떠나지를 않는다. 아니, 때로는 더 한층 선명한 기억이 되어 나를 부끄럽게 하며 나를 새롭게 분발시키고, 또한 나의 용기와 희망을 북돋워준다.[26]

「공을기」「약」「내일」 등에서 보이는 본질적으로 인간적 유대가 결여된 인간 관계와는 달리, 「작은 사건」에서의 인력거꾼의 행동 세계에는 인간적 유대가 존재한다. 이는 명백히 노신의 세계 인식에 모순되는 사례이며, 그렇기 때문에 이는 노신에게 일종의 경이로 받아들여지는 것이다. 그러나 이 경이는 너무도 지엽적인 단편적 사례에 불과하여 암흑의 보존·유지에 근원적 조건으로 파악되는 비극적 인간 관계를 극복할 가능성으로 추구되지는 않는다. 이 작품에 이어지는 「머리털 이야기」「풍파」「고향」의 암흑 묘파가 그것을 말해준다. 「고향」의,

> 나는 생각했다. 희망은 본래 있다고 할 수도 없고, 없다고 할 수도 없다. 그것은 지상(地上)의 길과 같다. 사실은, 원래 지상에는 길이 없었는데, 걸어다니는 사람이 많아지자 길이 된 것이다.[27]

라는 그 유명한 마지막 구절이 그러하듯, 그것은 현실적 가능성에 대한 신뢰가 아니라 당위의 절망적 확인으로 귀결되고 마는 것이다.

4. 「아Q정전」

신해 혁명 전후를 시대 배경으로 설정하고 있는 「아Q정전」은 앞절에서 살펴본 작품들과 마찬가지로 '암흑'의 묘파에 의도를 두고 있으나, 그 이전의 작품들이 단지 민중의 부정적 양태에서 '암흑'의 근원

---

26) 앞의 책, p. 45.
27) 앞의 책, p. 71.

적 양상을 파악하고 있는 데 반해, 「아Q정전」은 지배 계급까지를 포함하여 중국 사회를 전체적으로 인식함으로써 보다 진전된 성취에 이른다.

「아Q정전」은 「고향」이 나온 지 11개월 뒤인 1921년 12월에 씌어지기 시작했다. 이 사이의 공백 기간은 이미 1920년말부터 선명해진 5·4 운동의 퇴조 현상이 사상계의 완전한 분열을 가져와 『신청년』은 1921년 9월의 9권 3호로 정간되고 1917년 이래의 '문학 혁명' 운동은 지리멸렬해져버리고 만 시기이다. 1921년 7월 중국 공산당이 창당되어 이대조·진독수 등의 『신청년』 멤버들이 그 중심 세력이 되었으나 노신은 이에 참가하지 않았다. 아마도 확신이 없었기 때문일 것이다. 그때까지의 노신의 작품 활동이 말해주듯, 노신은 '근거 없는 희망─환상'에 결코 안주하지 않으려 했기 때문에, 이제 그에게 필요한 작업은 중국의 사회적·역사적 현실의 전체상을 확실히 거머쥐는 일이 되었고, 바로 그 일을 감당해낸 것이 「아Q정전」이었던 것이다.

「아Q정전」은 원래 『신보부간(晨報副刊)』의 주간 손복원(孫伏園)의 청탁으로 『신보부간』의 「개심화(開心話)」란에 '파인(巴人)'이란 필명으로 쓰기로 했던 것이다. '개심화(開心話)'란 '심심풀이의 즐거운 화제'라는 뜻이며, 파인이란 '하리파인(下里巴人)'에서 따온 말로서 고아(高雅)하지 않다는 뜻이다.[28] 이러한 사실은 노신이 처음 「아Q정전」을 쓰기 시작했을 때 소설을 쓰려 한 것이 아니었음을 말해준다. 실제로 1회 연재분인 제1장 「서(序)」는 노신 자신의 표현을 빌리면 "있으나마나한 쓸데없는 골계"[29]에 불과한 것이다. 2회 연재분인 제2장 「승리의 기록」부터 비로소 노신은 「아Q정전」을 소설로 쓰기 시작했고, 그에 따라 '개심화(開心話)'란에서 '신문예(新文藝)'란으로 옮겼다. 이런 까닭에 「아Q정전」은 제1장이 주는 구속으로 인해 전체적으로 완전한 체제를 갖추지 못했고, 그리하여 노신 자신은 「아Q정전」

---

28) 魯迅, 「阿Q正傳的成因」, 전집 3, p. 281 참조.
29) 위의 책, p. 281.

에 대해 그다지 자부하지 않았던 것 같다. 그 구체적 예를 들어보면 다음과 같다.

1)『중국신문학대계』소설 제2집 서문(1935. 3)에서, 노신은「광인 일기」「공을기」「약」「비누」「이혼」을 자신의 대표작으로 꼽으면서, 「아Q정전」을 언급하지 않고 있다.
2) 첫 소설집『납함』서문에서 노신은「광인일기」와「약」을 꼽으면서「아Q정전」은 언급하지 않고 있다.
3)『중국신문학대계』소설 제2집에 노신은「광인 일기」「약」「비누」「이혼」4편을 자선·수록하면서「아Q정전」은 싣지 않았다. [30]

그러나 그럼에도 불구하고, 뒤이은 분석에서 드러나는 바처럼, 「아Q정전」은 참으로 노신 소설의 으뜸가는 성취라 아니 할 수 없다. 「아Q정전」은 모두 9장으로 이루어진 중편소설이다. 장별로 내용을 요약하면 다음과 같다.

제1장 서(序)　제목에 대한 해명. 첫째, 열전(列傳)·자전(自傳)·내전(內傳)·외전(外傳)·별전(別傳)·가전(家傳)·소전(小傳)·본전(本傳) 등의 제명을 붙이지 않고 정전(正傳)이라 한 까닭을 밝히고, 둘째, 성도 모르고 그 발음이 꾸이 Quei라는 것을 제외하면 이름자도 모르기 때문에 '아큐(阿Q)'라고 쓰기로 했음을 밝히고 있다.
제2장 승리의 기록　아Q는 언제부턴지 미장(未莊)의 토지묘에 살고 있는 농촌 빈민이다. 그는 자부심이 무척 강한데, 실제 자부심을 가질 아무런 근거도 없고 오히려 사람들에게 조롱당하고 구타당할 뿐이다. 그것을 그는 '정신 승리법'으로 이겨낸다.
제3장 속·승리의 기록　어느 날, 아Q는 왕털보에게 얻어맞고 '가짜 양놈'

---

30) 司馬長風, 『中國新文學史』(홍콩: 昭明出版社, 1975), p. 110 참조.

에게 매를 맞는데, 자신이 평소에 경멸하던 사람들에게 거꾸로 얻어맞고 만이 일들은 '정신 승리법'으로 이겨내지지 않는다. 그러나 아Q는 만만한 젊은 여승을 희롱함으로써 승리의 쾌감을 맛본다.

제4장 연애의 비극 젊은 여승을 희롱한 뒤 뜻하지 않게 마음이 들뜬 아Q는, 조(趙)나으리댁에서 일을 해주다가 그 집의 하녀 오마(吳媽)에게 "나하고 자자!"라고 외치며 그녀 앞에 무릎을 꿇는다. 이 일로 아Q는 매를 맞고, 지보(地保: 마을의 순경)에게 술값을 뜯기고, 조나으리 댁에 피해 보상을 해준다. 그 바람에 털모자며 솜이불을 저당잡히고 품삯과 웃옷을 다 뺏긴다.

제5장 생계의 문제 조나으리 댁 사건 이후, 아Q는 품팔이 일거리가 끊어져 생계에 위협을 받는다. 자기 일거리를 대신 맡고 있는 소D——그는 아Q가 가장 경멸하던 사람이다——를 때려주려 하지만 싸움은 무승부로 끝나고 만다. 아Q는 암자의 채마밭에서 무를 훔쳐먹고 현성(縣城)으로 간다.

제6장 중흥에서 말로까지 새옷을 입고 현금을 지니고서 미장으로 돌아온 아Q는 사람들에게 존경을 받게 된다. 더구나 현성에서 가져온 물건들을 팔면서부터 사람들의 총애를 받는다. 그러나 그 물건들이 장물이며 그의 역할이 망보기였고 그가 겁 많은 좀도둑에 불과함이 밝혀지자 다시 멸시받기 시작한다.

제7장 혁명 혁명당의 현성 입성으로 나으리들이 두려워하고 당황하는 모습을 보고, 아Q는 혁명이 나쁘지 않다고 생각하고 혁명당에 투항할 것을 결심한다. 마음이 들뜬 그는 "반란이다! 반란이다!"고 외치며 거리를 활보하여 조나으리 등의 사람들을 겁먹게 한다. 그러나 다음날 아침, 아Q는 조수재와 가짜 양놈이 "벌써 혁명을 한" 것을 알게 된다.

제8장 혁명 불허 혁명당의 현성 입성에도 불구하고, 미장은 물론 현성에도 변발 문제 외에는 아무런 변화도 없다. 아Q는 혁명당에 새로 입당한 가짜 양놈에게 자기도 끼여줄 것을 부탁하려다가 욕만 먹고 쫓겨난다. 그러던 어느 날, 도둑들에게 조나으리 댁이 약탈당하는 광경을 목격한다.

제9장 대단원 아Q는 조나으리 댁을 약탈한 강도단의 일원으로 간주되어 체포된다. 의사소통이 전혀 이뤄지지 않는 신문 끝에 총살형이 결정되어 드

디어 아Q는 영문도 모르는 채 총살당한다.

중국(대륙)의 노신 연구가들은 대체로 아Q에게 전형(典型)으로서의 의미를 부여하는 데서 이 작품을 이해·설명하려 하고 있다. 이를테면 아Q는 가장 엄중한 압박을 받는 떠돌이 고농(雇農)으로서 반항성과 혁명성을 가짐과 동시에 한편으로 정신 승리법이라는 해독스러운 사고 형태에 지배됨으로써 자신의 노예적 피착취 현실을 충분히 인지하지 못하기 때문에 진정한 계급적 각성에 이르지 못한다고 본다. 이렇게 보면 「아Q정전」의 핵심적 부분은 제7장에서 아Q가 "혁명당이란 반역이며, 반역은 곧 그를 괴롭히는 것"이라는 고정관념에서 벗어나 "혁명도 나쁘지 않다"고 생각하게 되는 대목이다. 즉 정신 승리법이라 명명된 농민 계급의 병든 의식 상태로부터 그 사회적 존재에 의해 본래적으로 주어진 혁명적 에네르기로의 전화 가능성이 포착되고 있다는 점이 「아Q정전」의 핵심이며, 이러한 전형을 창출해냄으로써 압박과 착취를 받으면서 그로 인해 자발적으로 혁명을 요구하게 되는 빈농의 계급적 특징을 웅변적 생활 논리로 증명하고 있다고 얘기가 된다.[31] 이러한 독법이 일면의 타당성을 갖는 것은 사실이지만, 그것은 「아Q정전」의 특정 부분만을 의미화한 것이기 때문에 결코 설득력을 갖지 못한다.

우선 이 작품에서의 '정신 승리법'의 역할은, 그 서사적 구조의 측면에서 볼 때 본질적인 것이 아니다. '정신 승리법'이란, 이를테면 사람들에게 얻어맞고서 "나는 말하자면 자식놈에게 매를 맞은 셈이다"라고 생각해버림으로써 승리감을 획득하는가 하면, "자기야말로 스스로 자신을 가장 잘 경멸할 수 있는 제일인자인 것인데, 거기서 '자신을 경멸한다'는 것을 제외하면 남는 것은 '제일인자' 뿐"이라고 생각함으로써 지독한 모멸감을 간단히 승리감으로 뒤바꾸는 따위의 행

---

31) 林志浩, 앞의 책, pp. 67~70 참조.

태를 지칭하는 것이다. 이것이 노신이 말하는 이른바 중국의 '국민성'에 대한 풍자일 수 있음은 말할 나위 없으며, 그렇기 때문에 「아Q정전」이 연재되던 때에 많은 사람들이 이 작품이 바로 자신을 풍자·공격한 것이 아닌가 생각하고 두려워하는 일까지 있었던 것이다. 그러나 전체적 서사 구조상으로 볼 때, '정신 승리법'이란 기껏해야 발단에 지나지 않는다. '정신 승리법'이 그 고유한 모습으로 나열되고 있는 것은 실제로 제2장에서이다. 제3장부터는 '정신 승리법'의 파탄이 벌써 나타나기 시작한다. 털보이기 때문에 평소 경멸해온 왕털보에게 얻어맞은 데서 비롯된 굴욕감, 전(錢)나으리 댁의 맏아들이긴 하나 변발을 자른 까닭에 아Q의 경멸 대상이었던 '가짜 양놈'에게 매를 맞은 치욕은 '정신 승리법'으로도 어쩌지 못한다. 그 치욕은 '망각' 속에 잠시 숨었다가, 만만한 젊은 여승에 대한 희롱으로 겨우 보상되는 것이다. 더구나 제4장에 이르면 이미 '정신 승리법'은 아Q의 의식 상태를 설명해주는 데 거의 관계를 상실한다. 제4장에서 아Q가 하녀 오마에게 "나와 같이 자자!"면서 별안간 무릎을 꿇는 것은, 비록 우스꽝스럽게 그려져 있으나, 그 어리석음·우수꽝스러움 속에는 처절할 정도의 인간적 절실함이 깔려 있는 것이다. 여기서부터 아Q는 단순한 공격적 풍자의 대상이 아니다. 이 사건을 계기로 아Q는 비극적 말로로 들어서기 시작하는 것인데, 공격적 풍자는 부수적인 것이 되고 해학이 전면으로 대두되어 아Q에 대한 희화화는 비애를 강력히 포함하게 되는 것이다.

제4장부터 아Q의 불행한 삶은 조나으리 댁과 불가분의 관계로 나타난다(그 관계는 갈수록 심화된다). 오마의 사건 이후 아Q가 생계에 위협을 받는 것은 실제로 조나으리 댁의 존재 때문이다. 아Q가 조나으리 댁에 출입을 금지당하면서부터, 미장의 여자들은 아Q만 눈에 띄면 자리를 피하고 미장의 농가에서는 아Q에게 품팔이 일을 맡기지 않는 것이다. 제5장에서 '중흥'한 아Q가 다시 비참한 지경으로 떨어지는 것 또한 조나으리 댁과 관계된다. 아Q가 현성에서 가져온 장물

을 헐값에 구입하려는 욕심이 충족되지 않자, 조나으리 댁의 아들 조수재는 분개하여 "저 머저리 같은 놈은 주의해야 해. 차라리 지보한테 말해서 미장에서 추방하는 편이 나을지 몰라"라고 말하고, 조나으리는 "아니다. 그런 짓을 하면 원망을 살 뿐이다. 이런 장사를 하는 자들은 대체로 '매는 제 둥지 밑의 먹이를 먹지 않는다'고 하니, 우선 이 마을에선 걱정하지 않아도 된다. 다만 밤중에 문단속만 잘하면 돼"라고 말하는데, 이 소문이 퍼지자 아Q는 다시 불리한 지경에 빠지는 것이다. 제7장에서 아Q가 '혁명도 나쁘지 않다'고 생각하게 되는 것은 이러한 맥락 속에서 이해되어야 한다. 혁명을 두려워하여 재물을 도피시키는 백거인의 모습과 당황해하는 조나으리의 모습을 보고서, '혁명도 나쁘지 않다'고 생각하게 되는 것은 지극히 순박한 반응이다. 조나으리, 조수재, 전나으리, 가짜 양놈, 백거인 등은 봉건적 지배 계급에 속하는 인물들로서, 위에 살펴본 것처럼 아Q의 불행을 초래하는 장본인들이기 때문에 얼핏 맹목적 반항으로 보일지도 모를 "반란이다! 반란이다!"라는 외침이 절실성을 회득하는 것이다. 그것은 아Q 자신은 의식하지 못하지만 축적된 비애의 발현인 것이다.

그러나 아Q의 '혁명당에의 투항'은 다시 한번 헛된 일이 되고 만다. 조수재와 '가짜 양놈'이 먼저 혁명을 해버린 것이다. 혁명에 참여하려던 아Q의 꿈은 '가짜 양놈' 때문에 무참하게 깨어지고 마침내 그는 조나으리 댁을 약탈한 강도단과 연루된 자로 무고되어 총살형을 당한다. 혁명에 의해 타도되어야 할 구지배 계급이 혁명당의 일원으로 전신하며 혁명의 주체가 되어야 할 피지배 계급은 그 '혁명' 과제의 수행을 위해 죽음을 당하는 이 아이러니야말로 바로 신해 혁명의 실체에 대한, 나아가서는 중국 사회의 봉건성에 대한 근본적 비판인 것이다.

「아Q정전」에서 주목해야 할 것은 다음의 두 가지 사실이다. 하나는, 조나으리, 조수재, 전나으리, 가짜 양놈 등으로 대표되는 봉건적 지배 계급이 노신의 소설 속에 등장한다는 것이다. 「아Q정전」 이전의 작품들에는 이들의 존재는 거의 나타나지 않았던 것이다. 예외라면, 1911년의 습작 「회구」의 앙성 선생(仰聖先生)과 요종(耀宗), 「풍파」의 조칠야(趙七爺) 정도인데, 그러나 이들은 민중의 불행·고통과 본질적 연관을 갖고 나타나지 않는다. 반면에 「아Q정전」의 조나으리, 조수재, 전나으리, 가짜 양놈 등은 민중의 불행·고통과 본질적 연관을 갖고 나타나는 것이다. 앞에서 말했듯이, 「아Q정전」이전의 작품들이 단지 민중의 부정적 양태에서 '암흑'의 근원적 양상을 파악하는 데 그침으로써 구시대의 삶에 대한 전체적 이해에 도달하지 못한 데 반해, 「아Q정전」은 제국주의 침략 아래 반(半)식민지 상태에 놓여 있던 중국 사회의 내적 모순을 그 계급 관계에 초점을 맞추어 총체적으로 형상화하고 있는 것이다. 이 점에서 「아Q정전」은 노신 소설 중에서 가장 탁월한 성과로 꼽히게 된다.

이와 관련하여 또한 노신의 풍자 양식에 근본적 변화가 생겨난 점을 주목하지 않을 수 없다. 즉, 「아Q정전」이전의 작품들에서는 민중이 풍자적 공격의 대상이었으며(「공을기」에서처럼 연민이 흔적으로 나타나기는 하지만 이는 본질적 양상이 아니다), 민중의 불행·고통과 짝을 이루는 집단은 시야에서 벗어나 있었던 데 반해, 「아Q정전」에서는 지배 계급이 풍자적 공격의 대상으로 나타나고, 민중에 대한 풍자는 부수적인 것이 되면서 대신 동정과 연민·비애를 밑에 깐 해학이 주가 되고 있다. 이는 「약」이나 「고향」에서 당위의 절망적 확인으로 표명되는 희망 내지 기구가 민중에 대한 전체적 부정의 관점 위에 조작적으로 세워진 것이라는 점에서 문학적 약점으로 지적될 수 있는 데 반해, 외면상 철저한 절망의 모습을 하고 있지만 그 형식가(形式價)가 민중에 대한 근원적 긍정을 구현하고 있다는 점에서 전혀 다른 국면으로의 진입이라고 평가될 수 있을 것이다.

그러나 「아Q정전」이후 노신의 소설은 급격한 추락 현상을 보인다. 1922년 6월부터 10월 사이에 잇달아 나온 「단오절」「흰빛」「토끼와 고양이」「오리의 희극」「시골 연극」등 5편은 「아Q정전」의 긴장된

성취로부터 멀리 후퇴하고 있다. 당시의 관리와 교사의 침체된 생활
과 의식을 속물에 대한 야유 내지는 자조의 맥락에서 묘사하거나(「단
오절」), 청조의 몰락한 독서인의 비참한 최후를 그리거나(「흰빛」), 발
랄했던 소년 시대의 기억을 더듬음으로써 현재의 생활의 무기력함을
간접적으로 드러내거나(「시골 연극」) 하는 등 이 소설들은 주제에 있
어서도 본격성을 상실하고 있으며, 한결같이 소품일 뿐 아니라 형식
적 측면에서도 신변잡기적 성격을 짙게 띠기 시작했다.

이제 노신은 「광인 일기」로부터 「시골 연극」에 이르기까지 14편을
묶어 첫 작품집 『납함』을 1923년 8월에 간행하는 한편, 러시아 시인
에로센코의 작품 번역에 힘쓰면서 일 년여의 기간 동안 소설을 쓰지
않는다. 그가 다시 소설을 쓰기 시작한 것은 1924년 2월에 이르러서
였고 이때 씌어진 것이 「복을 비는 제사」이다. 이 무렵으로 말하자면,
1923년에 제1차 국공합작이 성립되면서 중국 혁명이 5·4 퇴조기로
부터 새로운 상승기로 서서히 이행하고 있던 시기였다. 재개된 노신
의 소설 쓰기는 복합적인 요소들의 혼돈과 상충 속에서 이루어지는
데, 「복을 비는 제사」 이후 1925년 11월에 씌어진 「이혼」까지의 11편
은 그 혼돈과 상충을 잘 드러내고 있다. 이 기간 중에 노신은 1925년
8월에 발발한 북경여사대 사건에 관련함으로써 현실과의 직접적 접촉
을 꾀하게 되는데, 이는 노신의 삶과 문학에 지대한 변모의 계기로 작
용한다. 그러나 이 단계에 이르면 벌써 5·4 운동의 맥락으로는 규정
할 수 없는 또 다른 국면이 전개되는바, 그것은 이 글의 직접적 검토
대상이 되지 않는다.

5. 노신 소설과 5·4 운동

1918년에서 1922년까지의 노신의 소설들이 '암흑'의 근원적 측면
과 어떻게 싸우고 있는가를 이상에서 구체적으로 살펴보았다. 글의

서두에서 이미 지적한 바이지만, 흥미로운 것은 노신의 소설들이 씌어진 시기는 5·4 운동 시기임에도 그의 소설들의 주제는 신해 혁명 이전이거나 신해 혁명 이후이되, 5·4 운동 이전이라는 사실이다. 더구나 앞에서 살펴보았듯이 노신의 소설은 5·4 운동으로 인해 가능했을 수 있을 어떤 전망의 획득과 철저히 무연했고, 심지어는 소박한 의미에서의 낙관적 희망의 표명과도 거의 무관했다. 아니, 무관한 정도가 아니라, 오히려 그 반대 양상을 보이고 있다. 이를 어떻게 이해해야 할 것인가.

무엇보다도 기본적인 것은 노신이 5·4 운동을 부정적으로 보았다는 사실이다. 1920년 5월 5일자로 서명된 편지에서 노신은 다음과 같이 말하고 있다.

요 몇 해, 국내가 소란스럽고 그 영향은 교육 제도에도 미쳐서 벌써 1년간이나 뒤숭숭한 상태입니다. 보수파는 이것을 난세의 근원이라 생각하고 진보파는 이것을 극히 찬미하고 있습니다. 전국의 학생은 화근이라 불리기도 하고, 지사(志士)로 추앙받기도 합니다. 그러나 내가 보기엔, 중국에는 아무런 영향도 없습니다. 일시적인 현상일 뿐입니다. 지사라고 하는 것도 물론 과찬이며, 화근이라고 하는 것도 대단한 누명인 것입니다. [32]

물론 5·4 운동에 대한 평가는 이와 다를 수도 있다. 이를테면 모택동은 그의 「신민주주의론」에서 이렇게 말하고 있는 것이다.

5·4 운동은 반제국주의 운동이며 또 반봉건의 운동이었다. 5·4 운동의 훌륭한 역사적 의의는 신해 혁명에서는 찾아볼 수 없는 형태를 간직하고 있다는 데에 있다. 그것은 철저히 비타협적으로 제국주의에 반대하고 철저히 비타협적으로 봉건주의에 반대하는 데에 있었다. [……] 5·4 운동의 처음

---

32) 丸山昇, 앞의 책, p. 146에서 재인용.

단계에서는 공산주의적 지식인과 혁명적 프티 부르주아 지식인 및 부르주아 지식인(당시의 운동에 있어서 우익이었다)의 3부분으로 된 통일전선의 혁명 운동이었다. 거기서 가지는 약점은 노동자와 농민의 참가 없이 지식인에만 한정된 데 있었다. 그러나 그것이 6·3 운동으로 발전한 때에는 지식인뿐 아니라 광범위한 민중과 중간층 및 부르주아도 참가해서 전국적인 혁명 운동으로 확대되었다. 〔……〕 5·4 운동은 사상면에서나 간부면에서나 1921년의 중국 공산당 창립을 준비한 것이라고 볼 수도 있으며 또 5·30 운동과 북벌 전쟁을 준비했다.[33]

어느 것이 옳은지는 여기서는 별개의 문제이다. 중요한 것은 노신이 5·4 운동을 부정적으로 인식하고 있었다는 사실을 일단 수락하고, 이 인식의 구체적 내포를 해명하는 일이다.

노신 소설이 신해 혁명 전후를 일방적으로 다루고 있는 것은 두 가지 각도로 나누어 이해·설명될 수 있다. 하나는 그가 과거에 얽매여 있었다는 점이다. 서구 근대 사상과의 접촉 이후 신해 혁명 때까지 그의 20대 시절 내내 내면화해온 혁명에의 열정이 무참히 배반당한 데서 비롯된 좌절이 5·4 시기에 있어서도 노신의 정신 세계를 지배하고 있었던 것이다. 그 좌절은 노신으로 하여금 현실과의 직접적·경험적 관련을 잃게 하였거니와 그런 상황에서 그가 끊임없이 과거의 의미를 거듭 탐구한 것은 어느 의미에서는 당연한 일이기도 하다. 그 과거에의 얽매임, 좌절 속의 침잠이 노신으로 하여금 5·4 운동의 부정적 측면을 쉽게 감지할 수 있도록 해주었을 것임은 재언의 여지가 없다. 노신 소설이 온통 '암흑'으로 가득 차 있는 것은 이런 맥락에서 이해될 수 있다.

그러나 이러한 이해는 부분적으로는 타당하지만 여전히 피상적이다. 우리의 이해는 거기서 한걸음 더 나아가야 한다. 노신이 신해 혁

---

33) 丸山松幸, 앞의 책, p. 16에서 재인용.

명 전후를 일방적으로 다루고 있는 것은, 그 자체가 노신 나름의 5·4 운동 내면화 과정일 수 있는 것이다. 과거 탐구가 현재적 현실 인식과 본질적 관련을 맺고 있다는 명제는 여기서도 유보 없이 적용된다. 노신의 눈에 비친 5·4 운동은 중국 사회를 근본적으로 변혁시킬 하나의 가능성이라기보다는 모든 개혁과 저항의 가능성을 남김없이 흡수·무화시켜버리는 중국 사회의 봉건성, 즉 '암흑'에 매몰될 또 하나의 좌절에 다름아닌 것이었다. 이 철저한 절망적인 현실 인식에도 불구하고 노신은 소설을 썼다. 온통 '암흑'으로 가득 찬 그의 소설은 바로 그 좌절과의 싸움이며 '암흑'과의 싸움이었다. '암흑'의 완전무결함을 파괴할 계기가 이 세계에 존재해서 그것을 보여주었던 것이 아니고, 이 세계를 '암흑'으로 인식하여 그 암흑의 근원적 측면을 묘파해냈다는 사실, 그리고 그로 하여금 이 행위를 결행하도록 한 어떤 힘이 어떻든 실제로 존재했다는 사실[34]에서, 「아Q정전」을 정점으로 하는 노신의 소설적 실천의 객관적 의미가 생겨난다. 이것이야말로 노신에게, 그리고 노신 소설에 대해 5·4 운동이 갖는 의미이며, 거꾸로 5·4 운동에 대해 노신 소설이 갖는 의미인 것이다.

〔1984년 12월〕

---

34) 丸山昇, 앞의 책, p. 151 참조.

노신, 혹은 전략과 진실 사이

"중국 문화 혁명의 주장(主將)이며 위대한 문학가·사상가·혁명가로서 문화 투쟁에 있어서 전민족의 대다수를 대표하여 적과 싸운 가장 정확하고 가장 용감하고 가장 굳세고 가장 충실하고 가장 열렬한 공전(空前)의 민족 영웅"이라고 공인받고 있는 노신의 문학적 생애는, 그러나 그 실제 내용을 구체적으로 검토해볼 때, 공인받은 바와는 달리 숱한 고뇌와 갈등으로 점철되어 있다. 문학과 정치의 관계라는 측면에서 말하자면 위의 공인 내용은 노신에게 있어서 문학과 정치가 한치의 어긋남도 없이 완벽하게 통일되어 있음을 암시하고 있는 것에 다름아니지만, 노신의 문학적 생애에 대한 구체적 검토는 오히려, 이를테면 "전략과 진실 사이의 찢김"이라고 부를 만한 고뇌와 갈등의 상을 우리에게 선명히 부각시켜주는 것이다. 이 고뇌와 갈등의 상이야말로 당대의 현실과 문학의 실체가 무엇인지를 핵심적으로 요약해 보여주는 전형이 된다. 뿐만 아니라 그것은 오늘날 이 땅의 현실과 문학에 대한 이해와 전망에 좋은 참조틀이 되어줄 것이다.

이 글은, 그 고뇌와 갈등의 상을 주로 1928년을 전후해서 벌어졌던 젊은 혁명 문학 이론가들과의 논쟁을 통해 포착해보려는 데 의도를 두고 있다. 당시의 논쟁은, 문학과 정치의 관계 설정에 대한 서로 다른 시각들의 맞부딪침 때문에 일어난 것이었다. 그 서로 다른 시각들이란 정치를 문학에 있어서 내적인 문제로 내면화하는 노신의 그것

과, 문학과 정치의 관계를 외적으로 설정하는 젊은 혁명 문학 이론가
들의 그것이다. 그 시각의 차이는, 문학의 상대적 자율성을 인정하고
정치와의 관련을 문학성의 수준에서 파악하는 노신의 문제틀과, 문학
및 문학 운동을 정치 투쟁의 수단으로 종속시키는 젊은 혁명 문학 이
론가들의 문제틀의 차이로 구체화된다.

노신은 1881년 9월 25일(음력 8월 3일) 절강성(浙江省) 소흥현(紹興
縣)에서 부(父) 주봉의(周鳳儀)와 모(母) 노서(魯瑞) 사이의 장남으로
태어났다. 아명은 예산(豫山), 본명은 장수(樟壽), 자는 예재(豫才)였
고 18세 때 수인(樹人)으로 개명했으니, 그의 본명은 주수인(周樹人)
이다. 그가 중국 현대 소설의 효시로 일컬어지는 「광인 일기」를 써서
노신이란 이름으로 발표한 것이 1918년이니 38세 때의 일이다. 그전
까지의 그의 경력을 간략히 정리하면 다음과 같다.

1898년(18세) 강남수사학당(江南水師學堂) 입학.
1899년～1902년(22세) 강남육사학당(江南陸師學堂) 부설 광무철로학당
(礦務鐵路學堂) 졸업.
1902년～1904년(24세) 도일(渡日). 중국인 유학생 예비 학교인 홍문학
원(弘文學院) 졸업.
1904년～1906년(26세) 선대(仙臺) 의학전문학교 수학. 1906년 중퇴하
고 일시 귀국하여 결혼하지만 곧 동경으로 돌아감.
1907년～1909년(29세) '광복회'에 입회. 몇 편의 논문을 발표하고, 동
생 주작인(周作人)과 함께 『역외소설집(域外小說集)』(러시아 및 동구의 단
편소설 편역) 출판. 1909년 8월 귀국하여 항주(杭州)의 사범학교에서 생리
학·화학 강의.
1910년(30세) 9월 귀향. 소흥(紹興)의 중학교에서 교편 잡음.
1911년(31세) 신해 혁명 일어남. 소흥 민중대회의 의장으로 선출되어
'무장연설대(武裝演說隊)'를 조직하고 혁명전선에 나섬. 사범학교 교장이

됨.

1912년(32세) 교육총장 채원배(蔡元培)의 초청으로 남경 임시 정부 교육부 부원이 됨. 5월 교육부 북경으로 이전. 8월 교육부 첨사가 됨. 이후 제2혁명(1913), 원세개의 제제(帝制) 음모(1915), 장훈(張勳)의 복벽 운동(1917) 등 신해 혁명의 몰락 과정 동안 교육부에 재직하면서 고서적 교감 및 금석문 탁본 수집·연구에 몰두함.

이 경력에서 우리가 읽어낼 수 있는 의미 단락은 크게 보아 둘이다. 하나는 혁명적 지식인으로의 성장 기간이고, 다른 하나는 신해 혁명과 그 좌절이라는 현실을 겪으며 좌절감·절망감 속에서 고통스럽게 부유하던 시기이다. 그러니까 「광인 일기」를 필두로 한 노신의 소설 쓰기는 그 고통스러운 부유의 시기로부터 낳아진 것이라 할 수 있다. 거칠게 말해, 노신의 소설 쓰기는, 당시의 표현을 빌리면 '암흑'적 현실과의 싸움이었다. 여기는 노신 소설을 검토하는 자리가 아니므로 구체적 작품론을 전개하지는 않겠으나, 그의 소설 세계가 일말의 환상적 비전도 용납하지 않는 철저한 암흑의 세계라는 점만은 지적해두자. 물론 그의 소설이 단순히 현실의 '암흑'의 반영이거나 현실의 '암흑'에의 매몰의 소산인 것은 아니다. 그의 소설이 추구한 것은, 그 '암흑'의 근원적 측면을 파악하여 그 근원적 측면에 형식을 부여하는 일이었다. 그리하여 그의 소설 세계는, 시기에 따라 약간의 차이는 있으나, 대체로 봉건 사회의 파괴적 작용에 의해 세계 변혁의 주체로서의 가능성을 박탈당했을 뿐만 아니라 오히려 세계 변혁의 가능성을 근원적으로 저해하는 존재가 되어버린 민중의 부정적 측면에 대한 공격적 풍자와 봉건적 지배 계급의 비인간성 및 보수적 지식인의 허위 의식에 대한 공격적 풍자를 축으로 하여 이루어진다. 이렇게 이루어진 노신의 소설 세계에는 한 올의 희망조차 존재하지 않는데, 이는 패배주의의 소산이 아니라 오히려 그 정체를 드러냄으로써 '암흑'과 정면으로 대결하는 자세에서 낳아진 것으로 평가되어야 할 터이다. 그 대결은, 그 자체로 전망을 형성해가는 실천 행위인 것이며, 그 실천 행위의 의미는 이를테면 '암흑'의 완전무결함을 파괴할 계기가 이 세계에 이미 현재태로 존재해서 그것을 보여주는 것과는 명백히 다른 것이다. 노신이 소설을 쓴 시기는 1918년 4월(「광인 일기」)부터 1922년 10월(「토끼와 고양이」「오리의 희극」「시골 연극〔社戲〕」)까지와 1924년 2월(「복을 비는 제사」)부터 1925년 11월(「이혼」)까지이다. 전자의 기간 동안 씌어진 15편의 단편소설은 1923년 8월 작품집 『납함(吶喊)』으로 묶여 출간되었고, 후자의 기간 동안 씌어진 11편의 단편소설은 1926년 8월 작품집 『방황(彷徨)』으로 묶여 출간되었다. 그 이후 1936년 10월 죽기까지 그는 소설을 쓰지 않거나 쓰지 못한다. 예외가 있다면 1936년 1월 출간된 『고사신편(故事新編)』에 수록된 7편의 단편 역사소설 작품들——「주검(鑄劍)」「분월(奔月)」(1926), 「비공(非攻)」(1934), 「이수(理水)」「채미(采薇)」「출관(出關)」「기사(起死)」(1935)——뿐인데, 이들은 신화·전설의 패러디로서 『납함』『방황』의 작품들과는 너무도 다른 세계이어서, 별도로 검토되어야 함은 물론이지만, 일단 『납함』『방황』의 소설 세계는 후속되지 않았다고 말해질 수 있는 것이다.

노신은 소설을 쓰지 않은 대신, 이른바 '잡감(雜感)'을 쓰는 데 총력을 기울인다. '잡감'이란, 1918년부터 잡지 『신청년(新靑年)』의 '수감록(隨感錄)'란에 고정 필자로서 사회 비평적 성격의 단평을 쓰기 시작하고서부터 그와 유사한 형태의 글을 계속적으로 발표하여 1925년 『열풍(熱風)』이라는 단행본을 묶은 데에 붙여진 임의적 명칭이다. 노신은 『열풍』 이후 1925년 한 해 동안 쓴 잡감을 모아 1926년 『화개집(華蓋集)』을 출간하고, 그뒤로 『화개집 속편』(1927), 『이이집(而已集)』(1928), 『삼한집(三閒集)』『이심집(二心集)』(1932), 『남강북조집(南腔北調集)』(1934), 『집외집(集外集)』(1935) 등을 속간했다.

많은 노신 연구가들이 노신의 문학을 소설과 잡감으로 구분, "노신 최후의 문학 양식"으로서 잡감을 높이 평가하기도 하지만, 이는 그리

간단한 문제가 아니다. 무엇보다도 잡감이 문학 양식 내지 장르로 인정받을 수 있을지가 의문이며(잡감은 분명히, 넓은 의미의 사회 비평적 에세이이다), 그렇다면 잡감 연구는 문학 외적인, 이를테면 사상가·혁명가(문학과의 관련을 굳이 찾자면 기껏해야 문학 이론가)로서의 노신에 대한 연구가 될 것이기 때문이다. 아마도 방대한 양의 분석을 바탕으로 한 별도의 작업이 필요하겠지만, 대체로, "선구자에 호응해서 암흑 파괴를 외친 잡감"과 "외치면서 스스로 은밀히 느낄 수밖에 없었던 무반응의 공허를, 암흑 그 자체의 모습과 무게를 그대로 수용해서 그것을 공중(公衆) 앞에 재제출함으로써 메우려 한 소설"이라고 성격지은 일본의 노신 연구가 환산승(丸山昇)의 견해가 옳은 것처럼 보인다. 왜 그런가? 노신은 허광평(許廣平)에게 보낸 편지(1925. 3. 8)에서 "나는 항상 암흑과의 허무만이 실재(實在)라고 느낀다"고 언명하고 있는 것이다. 그는 계속해서 "그러면서도 이들에 대해서 절망적인 저항을 하지 않을 수 없다"고 말하고 있다. 그 절망적 저항의 필요성은 말하자면 전략의 차원에서 비롯되는 것이다. "암흑과 허무만이 실재"라 하더라도 '암흑과 허무'의 파괴를 지향하는 혁명 운동의 입장에서는 전략적 차원에서의 전망의 제시가 절실히 요구되는 것이며, 노신의 잡감은 바로 이 맥락에 놓인다. 반면 소설적 진실의 추구에 있어서는 전략적 차원에서의 전망의 제시가 불필요할 뿐만 아니라 어느 의미에서는 배제되어야 한다. 왜냐하면 소설에 있어서 전략적 차원에서의 전망의 제시란 소설적 진실보다는 낭만적 허위를 낳게 되기 십상이기 때문이다. 물론 이는 "암흑과 허무만이 실재"라는 현실 인식을 전제한 다음의 논의이며, 그 현실 인식의 시비는 또 별개의 문제이다.

이렇게 보면 1918~1925년의 기간은 잡감과 병행되었던 시기로서 노신이 전략과 진실 사이에서 팽팽한 긴장을 감당해내고 있던 시기라고 말해질 수 있을지 모르며, 1926년 이후는(정확히는 1930년 좌익작가연맹의 대표로 추대된 이후) 노신이 그 긴장을 더 이상 감당해내지 못했거나 아니면 그 긴장 자체가 와해된 시기라고 말해질 수 있을지 모른다. 물론, 노신의 현실 인식 자체가 변모했으리라는 반론의 여지도 있기는 하지만, 그것은 입증되어야 하며 그 입증에는 1926년 이후 노신의 소설 쓰기가 중단된 점에 대한 납득할 수 있는 설명이 포함되어야 한다.

이 글은, 변모의 전환점에 놓인, 노신과 젊은 혁명 문학 이론가들 사이의 논쟁에 대한 고찰——특히 문학과 정치의 관계라는 측면에 초점을 맞춘——을 통해 그 '전략/진실'의 갈등의 일단을 엿보고자 한다.

노신의 표현을 빌리면 "민국 이래 가장 짙은 암흑의 날"이었던 1926년의 3 · 18 사건——북경의 단기서(段祺瑞) 정부가 일본 제국주의의 내정 간섭에 굴복한 데 대해 항의하는 범시민적 시위가 군경의 발포로 사망자 47명, 부상자 150여 명을 낸 학살 사건——이후, 이 사건이 광동(廣東)의 혁명 정부를 지지하고 군벌 지배에 반대하는 전면적인 운동으로 발전되는 것을 두려워한 단기서 정부는 광범위한 탄압 정책을 시행했고, 그 일환으로 대학 교수 50명의 체포령을 내렸다. 그때 노신도 그 명단 속에 들어 있었다. 그로 인해 노신은 하문(廈門)으로 피신했다가 다시 광동으로 옮긴다. 그 동안 광동 혁명 정부(제1차 국공합작중이었던)의 북벌이 개시되어 1927년 3월엔 상해(上海)와 남경을 점령하였으나, 곧 뒤이어 4 · 12 반공 쿠데타가 일어나 국공합작은 결렬되고 공산당원뿐 아니라 학생 · 노동자 · 진보적 지식인들에 대한 피의 탄압이 시작되었다. 이 이른바 '청당(淸黨)'의 와중에 노신은 가까스로 상해로 피신한다. 이때가 1927년 9월이었다.

상해에 도착한 노신은 곧장 논쟁의 선풍 속에 말려들었다. 그 시발은 성방오(成仿吾)의 「문학 혁명에서 혁명 문학으로」(『창조 월간〔創造月刊〕』, 1928. 1)였는데, 그전에 중요하다면 중요한 사건이 하나 있었다. 1927년 8월 북벌군에 참가했던 곽말약이 상해로 돌아와 '창조사(創造社)'의 재건을 계획, 노신의 동의를 얻어 『창조주보(創造週報)』의 복간 광고를 내면서 그 발기인으로 노신·맥극앙(麥克昻 : 곽말약의 필명)·성방오·장광자(蔣光慈) 등의 이름을 명시했었는데, 이 소식을 들은 성방오가 일본에서 급히 귀국하여 이를 '퇴영적(退嬰的)'이라는 이유로 반대하고 자신이 주도가 되어 일본 유학생이던 이초리(李初梨)·풍내초(馮乃超) 들을 불러들여 『창조 월간』을 간행한 것이었다. 이 일이 있은 뒤에 「문학 혁명에서 혁명 문학으로」가 발표된 것이다.

> 문학 혁명의 현단계를 고찰하건대 북경에는 아직도 부분적으로 특수한 모습이 남아 있으니, 이에 대해 한마디 해야 하겠다. 그것은 『어사(語絲)』를 중심으로 한 주작인 일파의 장난이다. 그들의 표어는 '취미'이다. 나는 전에 그들이 자부하는 '한가(閑暇), 한가, 셋째도 한가'에 대해 언급한 적이 있거니와, 그들은 유한 부르주아지를 대표하거나 아니면 세상 물정에 어두운 프티 부르주아들이다. 〔……〕 북경의 검은 연기와 습하고 더운 기운이 10만 냥의 무연 화약으로 폭파되지 않는 한, 그들은 아마도 영원히 그렇게 살아갈 것이다. (「문학 혁명에서 혁명 문학으로」)

이 글에서 성방오는, 문학 혁명의 역사를 개괄하고, 전인류 사회의 개혁이 이미 목전에 임박했으며 봉건주의와 제국주의의 이중의 억압 아래 있었던 중국에서도 이제 절뚝거리면서나마 국민 혁명의 막이 열렸음을 지적했다. 그러나 다른 한편으로는 혁명 운동의 한 분야인 문학 운동이 아직도 옛 미몽을 벗어나지 못하고 있다고 비판하면서 지식인은 자신의 소시민 계급의 근성을 극복하고, 노동자·농민 대중을 지향해야 한다고 주장했다. 이 논지의 핵심은 "지식인이 자신의 소시민 계급의 근성을 극복하고 노동자·농민 대중을 지향해야 한다"는 명제에 있다. 아직 구체화가 덜 된 상태이기는 하지만 이 명제가 일단 세워지면, 비판 방식도 자연히 결정된다. 즉, 소시민 의식을 극복하지 못했다는 식의 비판이 나오게 되는 것이다. 그렇기 때문에『어사』에 대한 비판이 이 인용문에 보이듯 프티 부르주아적이라는 말로 집약되는 것이다.『어사』는 1924년 북경에서 주작인에 의해 창간된 잡지인데 노신은 모순과 함께 그 주요 기고자였다. 위 인용문은 표면상 주작인의『어사』에 대한 비판이지만 실제로 겨냥하는 것이 노신임은 너무도 명백했다.

이어서 이초리의 「혁명 문학을 어떻게 건설할 것인가」(『문화 비판』, 1928. 2)가 발표된다. 이초리는 이 글에서, 프롤레타리아 계급 의식의 터득을 중심 명제로 내세우고 있는데 그 내용을 간략히 요약하면 이렇다. 현단계에서는 부르주아와 프티 부르조아에 의해 추진되어온 문학 혁명은 이미 사회적 기반을 상실했다. 참된 혁명 문학은 필연적으로 생성된 프로 문학이 되지 않으면 안 된다. 프로 문학이란, 관조적 태도에서가 아니라, 프롤레타리아 계급의 역사적 사명을 완수하기 위해 계급 의식에 입각해서 생성된 문학이다. 프로 문학 운동에는 누구든 참가할 수 있으나 진심으로 혁명을 위한 문학을 지향하는 자가 아니면 안 되며 그러기 위해서는 부르주아 이데올로기를 완전히 극복하고 프롤레타리아의 세계관을 확고하게 터득하여 그것을 실천하지 않으면 안 된다.

대체로 이러한 논리의 전제 아래, 이초리는 노신에 대한 긍정과 부정을 다음과 같이 개진하고 있다. 긍정: "노신은 성실하게 민중의 고통을 표현하면서 고통스러운 민중의 입장을 호소하고 있으니 진정 우리 시대의 문학가이다." 부정: "노신이라는 사람은 도대체 어느 계급에 속해 있는 사람인가? 그가 쓰고 있는 글은 어느 계급의 문학인가? 그는 어느 계급의 고통을 표현하고 있는 것인가?" 요컨대, 노신의 민중 지향은 긍정하면서도, 그가 부르주아 이데올로기에 묶여 있다는 점이 이초리의 노신 비판의 요지이다. 이초리의 비판은 보다 극력해져서, 「우리 중국의 동 키호테의 난무(亂舞)를 보라」에서는 노신을

"전전긍긍하는 공포병 환자 동 키호테"라고 극언하고 "부르주아에 대
하여는 가장 훌륭한 대변인이며, 프롤레타리아에 대하여는 최악의 선
동자다"라고 매도한다. 이처럼 졸지에 노신은——상해로 오기 이전
까지 노신과 좌파 지식인들과의 관계는, 상호간에 높이 평가하고 지
지·옹호하는 우호적 관계였음에도 불구하고——부르주아 문학가로
규정되어버리고 말았는데, 실제로 성방오와·이초리의 글에는 그 규
정의 구체적 근거——특히 문학성의 수준에서——가 거의 나타나지
않고 있다. 일본 유학 시절 복본(福本)주의의 영향을 받았던 성방
오·이초리·풍내초 등의 이론이 내용의 결핍으로 특징지어지는 관
념적이며 교조적인 일반론에 지나지 않았다는 점을 포섭할 때, 그들
의 노신 비판의 진정한 의미가 이해될 수 있다. 그들이 말하는 프로
문학이라는 것은, 프롤레타리아 계급 의식의 획득 이후에 그것을 실
천하는 과정에서 생성되는 것으로, 프롤레타리아를 대상으로 한 혁명
의 선전·선동에 다름아닌 것이다(예컨대, 이초리는 '일체의 문학은
모두 선전이다' '지배 계급의 문학은 모두 자기 계급을 위한 선전·조직
이며 피지배 계급에 대해서는 기만·마취이다' 라고 말한다). 그렇게 볼
때 노신의 문학이 공격을 받게 되는 것은 당연하다. 노신의 문학은 프
롤레타리아를 대상으로 한 것이 아니며 혁명의 선전·선동이 아니기
때문이다. 오히려 노신의 문학에서는 프롤레타리아의 범위를 넘어서
서 광범한 민중이 공격적으로 풍자되고 있으며(반민중적 지배 집단에
대한 공격적 풍자도 병행되고 있음은 물론이다), 혁명을 선전·선동하
기는커녕 혁명의 가능성조차 말살시키는 중국 사회의 암흑적 상황을
끈질기게 묘파하고 있는 것이다. 그런데 성방오 등은 바로 이 대목에
대한 거론은 없이, 단지 노신을 프롤레타리아 계급 의식을 획득하지
못한 부르주아 작가라고만 비난하고 있는 것이다. 오히려 이 대목은
노신이 더 잘 인식하고 있었다.

  약간 늦은 것이 애석하기는 하나, 재작년에 '창조사' 가 주식을 모집하더

니 작년에는 변호사를 청하였고 금년에는 '혁명 문학'의 기치를 들었다. 부활한 비평가 성방오는 '예술의 궁전'을 수호하는 직무를 이탈하여 '대중을 획득'하려고 하면서, 아울러 혁명 문학가들에게 '최후의 승리를 보장'한다. 이러한 비약은 필연적인 것이라 할 수 있다. [……] 성방오가 나를 부르주아 계급으로 몰아붙이려 하니, 나는 다소 위험을 느낀다. 뒤에 이초리가 "나는 작가라면 그가 제1, 제2, ……제100, 제1,000 계급의 어디에 속해 있든 모두 프로 문학 운동에 참가할 수 있다고 생각한다. 다만 우리는 먼저 그들의 동기를 심사하지 않으면 안 된다"라고 한 것을 보고 겨우 안심했으나, 그래도 여전히 내게 있어서는 계급 문제가 걱정된다. "여가가 있다는 것은 돈이 있다는 것이다"라는 말로 보아, 돈이 없다면 나는 당연히 제4계급이며 "프로 문학 운동에 참여"할 수 있을 것이다. 그러나 나는 그때 가서 다시 '동기'가 문제될 것을 안다. 요는, '프롤레타리아 계급 의식 획득'이 가장 중요한 일이다——그러나 그렇게 된다 해도 '대중의 획득'만으로 모든 일이 끝난다고 말할 수는 없을 것이다. 이리 얽히고 저리 얽히니 명확히 알 수 없다. 가장 좋기로는, 이초리에겐 '예술의 무기에서 무기의 예술'로 가게 하고 성방오에겐 조계(租界) 안에 앉아서 '10만 냥의 무연 화약'이나 축적하게 하는 것이다. 나 자신은 여전히 '취미'나 지껄일 것이다.

졸지에 부르주아 작가로 규정되어버린 노신은, 곧 위에 그 일부를 인용한 「취안(醉眼) 중의 몽롱(朦朧)」이라는 냉소적인 반박문을 써서 『어사』(1928. 3)에 발표한다. 이 글에서 노신은, 성방오 등이 혁명 문학을 주장하고 있는 것은 현실적으로 무력(武力)을 가지지 못했기 때문에 전투적 문필을 휘두르고 있는 것이라고 진단하고, 진정한 적을 보지 못하고 동지를 적으로 돌리는 그들의 눈은 '취안 중의 몽롱'에 불과하다고 비판한다. 이 비판에 대해서는, 비록 단편적이고 추상적이지만 급소를 찌르고 있다는 평가가 연구가들의 정설이다. 그 평가의 밑에는 성방오 등이 중국 사회의 실제와 혁명의 형세와 성질에 대해 정확한 이해를 결여하고 있었다는 또 다른 평가가 놓여져 있다. 물론 이 견해는 옳다. 그러나 이 견해는, 성방오 등의 이론 및 주장이 부분적으로 결함들을 가지고 있으나 적어도 그 기본 원칙에 있어서는 옳음을 인정하면서, 동지를 적으로 모는 전략적 착오를 저질렀다는 데 초점을 모으고 있는 것이므로, 실제 본질적인 문제는 시야의 바깥에 남는다. 노신의 「취안 중의 몽롱」 역시 그러해서, 그 본질적인 문제와 관련하여 보면, 위 인용문에 잘 나타나 있듯 성방오 등의 계급의식론의 추상성에 대한 추상적 지적 외엔 별로 내용이 없는 상당히 감정적인 글이다. 본질적인 문제가 다루어지는 것은, 같은 해 4월 4일에 쓴 편지(동추방〔董秋肪〕에 대한 답장. 동의 편지와 함께 『삼한집(三閒集)』에 「문예와 혁명」이라는 제목으로 수록됨)에 이르러서이다. 이 글에서 노신은 비로소 문제의 핵심에 체계적으로 접근하고 있다.

　　미국의 업튼 싱클레어가 '모든 문예는 선전이다'라고 했다 하여 우리의 혁명 문학가들은 일찍부터 그것을 보배로 삼아 큰 글자로 인쇄하였다. 그러나 엄격한 비평가들은 여전히 그를 '천박한 사회주의자'라고 말한다. 그러나 나는——나도 천박하지만——싱클레어의 말을 믿는다. 모든 문예는 선전이다. 즉 당신이 그것을 남에게 보여주려 한다면, 가령 개인주의적 작품이라 할지라도 일단 쓰고 나면 곧 선전의 가능성이 있는 것이므로——글을 쓰지 않았다거나 입을 열지 않았다면 몰라도——혁명에 쓰거나 도구의 일종으로 물론 쓸 수 있다. 그러나 나는 반드시 먼저 내용의 충실과 기교의 뛰어남을 구해야 하며 간판을 거는 데 서두를 필요가 없다고 생각한다. '기교'라는 말만 하면 혁명 문학가들은 싫어한다. 그러나 나는 모든 문예가 선전일 수는 있으나, 모든 선전이 결코 전부 문예라고 보지는 않는다, 이것은 바로 모든 꽃에 색이 있으나(나는 흰색도 색으로 여긴다) 모든 색이 반드시 꽃이 아니라는 것과 같다. 혁명이 구호·표어·포고·전보·교과서 등등 이외에 문예를 요구하는 것은 그것이 다름아닌 문예이기 때문이다.

　　이 글에서 노신이 지적하는 것은, 문학과 선전·선동을 혼동하는 것이 어째서 오류인가 하는 문제이다. 노신이 보기에 선전·선동으로서의 혁명 문학은 작가의 외부에 존재하는 계급 의식이나 피상적인 소재에 의존하는 데 불과한 것으로, 그것은 작가에게 있어서 내적인 것이 아니기 때문에 문학에 대해서도 투쟁에 대해서도 실제적 관련성이 희박한 것일 수밖에 없다. 이는, 2년 뒤의 글이기는 하지만 「'억지 번역'과 '문학의 계급성'」(1930. 3)에 잘 개진되고 있다.

중국에 구호만 있을 뿐 그 구호의 실증이 없는 것은, "문예를 계급 투쟁의 무기로 삼았기" 때문이 아니라, "계급 투쟁을 빌려 문예의 무기로 삼았기" 때문이라고 생각된다. 프로 문학의 깃발 아래 갑자기 뜻을 바꾼 많은 사람들이 모여들었으니 작년의 신간 서적 광고만 보아도 혁명 문학 아닌 것은 거의 한 권도 없는 상태이다. 비평가들은 이를 옹호하여 '청산'이라 하고 있다. 이를테면 문학을 '계급 투쟁'의 엄호 아래 둔 셈인데 이렇게 되면 문학 자체는 노력할 필요도 없어지고 그로 인해 문학에 대해서도 투쟁에 대해서도 모두 관련성이 줄어든다.

여기까지에 이르면, 우리는 노신의 고민의 소재를 짐작할 수 있게 된다. 그는 혁명 이론가들의 관념적·교조적 문제 제기와는 달리, 혁명(혹은 정치)과 문학의 관계라는 문제의 근본을 문제삼고 있었던 것이다. 말하자면, 혁명 문학 이론가들의 개념 체계가 혁명과 문학의 외적 관계에 기반을 두고 문학의 정치에의 종속을 주장하여 전략을 유일한 최고의 가치로 규정하면서 혁명과 문학의 내적 관계에 대해서는 맹목인 데 반해, 노신의 개념 체계는 혁명과 문학의 내적 관계에 근거하여 정치를 문학에 있어서 내적인 문제로 내면화하여 진실을 지향점으로 놓고 있으면서 일면으론 혁명과 문학의 외적 관계를 그 속에 포함 내지 통합시키는 문제에 대해서도 시야를 열고 있었던 것이다. 말을 바꾸면, 노신은 진실을 지향점으로 놓고 전략과의 통합 문제로 고뇌·갈등하면서 전략과 진실 사이에서 그 팽팽한 긴장을 감당해내고 있었던 것이다. 그렇기 때문에, 노신은, 자신에게 극언과 폭언을 서슴지 않고 반동으로 규정짓기까지 한 성방오 등에 대해, 그들의 명백한 오류에도 불구하고, 우파의 혁명 문학 비판이 거세게 일자 서슴없이 변호 내지 옹호의 글을 썼던 것이다. 우파 문학 단체인 '신월사(新月社)'의 이론가 양실추(梁實秋)의 혁명 문학 비판에 대해「억지 번역과 문학의 계급성」에서 노신이 다음과 같이 쓰고 있는 것이 그 좋은 예이다.

양(梁)씨가 가장 미워하고 있는 것은 프로 문학 이론가들이 문예를 투쟁의 무기, 즉 선전품으로 삼고 있다는 것이다. 양씨는 "누구든 문학을 이용하여 문학 이외의 목적을 달성하는 것에는 반대하지 않는다. 그러나 선전식의 문장을 문학이라고 인정해서는 안 된다"고 한다. 이는 양씨가 잘못된 것이라고 나는 생각한다. 내가 그들의 이론을 읽은 바에 의하면, 모든 문예에 반드시 선전하는 요소가 있다고 한 것뿐이지 결코 선전식의 문장이 문학이라고는 아무도 주장하고 있지 않다. 확실히 재작년(1928) 이래로 중국에는 슬로건이나 표어를 그대로 포함시켜 그것으로 프로 문학이라고 혼자 생각하는 많은 시와 소설들이 있었던 게 사실이다. 그러나 그러한 내용이나 형식에는 전혀 프롤레타리아다운 것이 없으며, 단지 슬로건이나 표어를 쓰지 않으면 그것의 신흥(新興)스러움을 표시할 방법이 없었기 때문이지 실은 결코 프로 문학은 아닌 것이다.

이러한 갈등과 긴장이야말로 노신 문학의 원동력이었다. 그것은 노신이 1930년 3월 2일 결성된 좌익작가연맹의 대표로 추대된 이후 1936년 10월 19일 타계하기까지 그 갈등과 긴장을 상실하고 진정한 의미에서의 문학적 성과를 거의 거두지 못했다는 점과 좋은 대조를 이룬다. 전략과 진실 사이——그것이야말로 노신 문학의 비밀인 것이다. 이 점을 이해하면, 다음과 같은 노신의 단언 속에 실은 무수한 고뇌와 긴장이 감추어져 있다는 사실을 짐작할 수 있다.

혁명에 대해 말하자면, ‘혁명인’이 필요한 것이지 ‘혁명 문학’이 급한 것은 아니다. 혁명인이 작품을 쓸 때 비로소 혁명 문학이 성취될 수 있는 것이다.

이상의 간략한 고찰로 노신의 고뇌와 갈등의 상이 충분히 드러났다고 할 수는 없으나 적어도 그 고뇌와 갈등이 문학과 정치의 관계라는 문제를 축으로 하고 있었음을 확인할 수 있었다. 아니, 확인이라기보다는, 그러한 설명 모델이 성립할 수 있는 가능성을 타진해보았다고 말하는 편이 정확할 것이다. 그리고, 그 타진의 끝에서 우리가 새로이 제기받는 문제는 “전략과 진실은 통합될 수 있는가” 하는 것이다. 그 문제가 이론적·실천적으로 해결되지 않는 상태에서 우리가 가져야 할 정당한 태도는, 아마도 그 팽팽한 긴장을 끝내 감당해가는 고뇌와 갈등일 것이다. 그것이야말로 필경은 ‘전략과 진실의 통합’을 이뤄나가는 통합화의 과정인지도 모른다. 노신에게서 얻어내야 할 교훈은 아마도 그러한 문제 의식일 터이다. 물론, 그 교훈은 ‘위대한 노신’을 탈(脫)신화화하는 정밀한 작업에 의해 얻어져야 하며, 이 글은 소박한 대로 그 작업의 필요성을 점검해본 작은 시론(試論)에 불과하다는 점을 부언해두어야겠다.

이제, 1926년의 3·18 사건 당일에 쓴 잡감 「꽃이 없는 장미 2」 중의 일절을 인용하는 것으로 글을 마무리짓기로 하자. 이는, 대정부 시위 군중에게 군경이 발포하여 숱한 사상자를 내었다는 소식을 듣고, 마침 원고를 쓰고 있던 노신이 필봉을 도중에 바꾸어서 쓴 글이다.

이미 「꽃이 없는 장미」 따위를 쓰고 있을 때가 아니었다. 쓰는 것에 많은 가시가 돋혀 있다 해도, 역시 쓰는 일은 얼마간의 평화로운 마음을 필요로 한다. 지금 들으니, 북경 시내에서 이미 대살육이 자행되었다고 한다. 내가 위와 같이 한가로운 글을 쓰고 있던 바로 그때, 수많은 청년들이 몸에 총알과 칼을 맞고 있었던 것이다. 아아! 사람과 사람의 혼은 서로 통하지 못하는 것이란 말인가.   〔1984년 겨울〕

현대시 형성기의 시인들

1930년대의 중국 시는 확실히 하나의 경지를 이룬 것처럼 보인다. 그 경지는 1930년대 시가 근대 자유시의 내용―형식을 진정한 의미에서 창출 내지 획득하는 과정에서 이루어진 것이다.

1918년 호적(胡適)의 「비둘기」 이래 이른바 신시(新詩)는 근대 자유시를 지향하는 것이었으나, 시인들은 그 내용―형식이 어떤 것이어야 하고 어떤 것일 수 있는지를 어림할 수 있는 아무런 전통적 기반을 가지지 못했고 그리하여 서구시를, 정확하게는 서구 근대시의 여러 유파를 모델로 삼아 그 내용―형식에의 접근을 시도했다. 이 시도는 형식주의로의 쏠림이라는 결과를 낳았다. 서구의 근대적 세계관이 그들의 내용일 수는 없었으므로 그들은 소극적으로는 내용을 결핍한 채로, 적극적으로는 내용을 불순한 것으로 배격하면서 공허한 형식주의에로 기울어갔다.

한편, 1920년대를 경과하며, 특히는 대혁명을 체험하며 중국의 근대란 반제 반봉건의 운동 속에서 형성되는 것이라는 세계관이 널리 퍼지게 되었고, 그리하여 이 세계관을 내용으로 하려는 시적 움직임이 일게 되었다. 바꿔 말하면, 중국 현실에 뿌리내리려는 시적 움직임이다. 그 움직임은 처음에는 자신의 침전물로서의 형식을 획득하지 못하여 생경한 구호의 나열이나 산문을 행갈이한 것 정도에 그쳤다.

1930년대 시의 대강은 이 두 가지 흐름의 한계를 극복하면서 근대 자유시의 내용―형식을 처음으로 창출 내지 획득했다는 데 있다.

은부(殷夫)는 새로운 움직임의 초기적 양상을 대표하는 시인이다. 본명은 서조화(徐祖華), 1909년생으로 절강(浙江) 출신인 그는 1926 년경 공산당과 관계를 맺는 한편 창작 활동을 시작하였고, 1931년 2월 7일 호야빈(胡也頻), 유석(柔石) 등 4명의 작가 및 18명의 공산당 원과 함께 국민당 당국에 체포, 살해되었다.

초기의 서정시는 「축복」에서 보듯 감상주의적 색채를 띠고 있으나, 곧 격앙된 감정과 전투적 열정으로 충만한 선동시를 주로 썼다. 당시의 혁명시가 묘사보다 외침이 많고 생경한 관념적 진술의 경향이 농후했던 데 비해 은부의 시는 기교도 뛰어나고 감정도 심각하다는 게 일반적 평이다. 적——지배 계급과 국민당 정권——에 대한 전투적 대결 의지와 민중적 일체감이 자못 투명하게 표출되고 있는 것이 은부 시의 특징이다.

포풍(蒲風)은 중국시가회(中國詩歌會)에서 가장 성과가 큰 시인이다. 중국시가회는 1932년 9월에 창립된 문학 운동 단체로서, '현실을 포착'하고 '새시대의 의식을 노래'하며 시를 대중에 접근시킬 것을 주장하면서 활발하게 활동했다. 본명은 황일화(黃日華), 1911년생으로 광동 출신인 그는 중국시가회의 발기인의 하나이며 1940년 신사군(新四軍)에 참가했다가 1943년 군중에서 병으로 죽었다.

포풍은 시의 스타하노프 운동을 제창, 때로는 하루에 몇 편씩을 쓰기도 했는데, 그는 항상 시쓰기를 목전의 전투적 과제와 긴밀히 결부시켜 시가 첨예한 무기가 될 수 있도록 노력했다. 그는 농촌 생활과 농민의 투쟁을 소박한 언어로 노래하는 데 솜씨를 보였다. 그의 상상력에 나타나는 개성적인 면모는 자연물을 저항의 주체로 의인화하여 파악하는 데서 잘 드러난다. 항일 투쟁의 의지를 노래한 시인은 많지만, "모든 마을 땅들이 포효하고 있다"라거나 "들판과 산하를 무장시키자"라는 식으로 노래한 시인은 드물다. 이 상상력은 아마도 농민적 삶에 기반을 둔 것이리라.

왕아평(王亞平)의 본명은 왕복전(王福全), 1905년생이다. 중국시
가회 하북 분회 책임자였던 그는 초기의 시에서는 반제 투쟁을 묘사
하고 농촌의 파산을 그렸으며, 항전중에는 항전과 항전을 위해 생명
을 바친 병사들을 열렬히 찬송했다. 「붉은 공」「한 냄비 쇠고기」 같은
단시가 그의 특징이다.

장극가(臧克家)는 애청(艾靑)과 더불어 1930년대가 낳은 중국의 가
장 뛰어난 시인이다. 실제로 1930년대 시의 경지가 이루어진 것은 이
두 시인에 의해서이며, 그들의 후배 시인들에게 그들은 배우고 극복
할 좋은 모델이 되었다. 1905년생으로 산동 출신인 장극가는 1930년
청도(靑島)대학에 입학, 문일다(聞一多)에게 시를 배워 시의 예술적
원리에 대해 눈을 떴다. 그의 초기 시는 주로 농촌 파산의 정황과 농
민의 고통스런 삶과 운명을 절제된 언어로 심각하게 형상화했다. 항
전 초기에 그는 항전을 찬미하며 전투적 열정과 승리에의 확신으로
충만한 시편들을 잇달아 써냈다. 이 시편들은 초기 시에 비해 편폭이
길어지고 시어의 구사가 보다 활달해지는데, 장극가 자신은 훗날 이
를 두고 "조악하고 부박하여 천박한 낙천성을 드러냈다"고 자평했다.
확실히 그는 짧고 절제된 시를 선호하는 경향이 있다. 항전 승리 후로
그의 시는 풍자로 일관한다. "노래할 광명이 없으니, 우리를 둘러싼
암흑을 향해 불 같은 시구를 던져 그것을 태우려 한 것"이다.

애청(艾靑)은 본명이 장정함(蔣正涵), 1910년생으로 절강 출신이
다. 그는 본래 화가를 지망하여 1929년 도불 유학하고 1932년 귀국,
상해에서 미술 운동에 투신했다가 그 때문에 투옥되어 옥중에서 시를
쓰기 시작했다. 그래서인지 그는 회화적 이미지의 구사에 빼어난 솜
씨를 보인다. 그의 초기 시는 우울한 정조를 기조로 반식민지 반봉건
사회 중국의 억압과 착취에 항변하고 민중의 고통스런 삶과 죽음을
묘사하면서 극복의 전망을 향해 조심스레 상상력을 펼쳤다. 거기서
포착되는 것이 민중적 생명력이다. 항전 시기에 들어서면서 애청은
불의 상상력을 작동시킨다. 「태양에게로」가 그 대표적 작품이다. 이

작품은, 절망과 피로로부터, 태양의 빛과 열기의 세례를 받음으로써 희망과 열정으로 충만한 '신생의 삶'으로 나아가게 되는 것을 힘차게 노래한다. 장극가와 달리 애청은 장시에서 특징을 보인다. 길고 큰 호흡 속에 유장하게 반복되면서 조금씩 전진해가 마침내 절정에 도달하는, 어느 의미에서는 관능적이기까지 한 리듬이 애청 장시의 성공의 비밀이다.

장극가와 애청의 탁월성은 그들의 시적 공간이 평면적이지 않고 그늘과 깊이를 가지고 있다는 데서 잘 나타난다. 흥미로운 것은 장극가가 보다 전통적인 화법에서, 애청이 보다 서구적인 화법에서 각각 자양을 얻으며 시적 근대성을 이룩했다는 점이다.

1916년생인 전간(田間)은 강렬한 전투성과 거칠고 독특한 스타일을 가지고 시단에 나왔다. 그는 간결하고 통속적인 언어로 이른바 '가두시(街頭詩)'와 '전단시(傳單時)'를 썼다. 가두시는 거리의 벽에 쓰는 시와 전단에 쓰는 시를 포함해 일컫는 것이고, 전단시는 전단에 쓰는 시이다. 그것이 겨냥하는 것은 강렬한 선동력이다. 전투적 정서를 격발, 민중의 잠재적 역량을 동원하려는 것이다. 그는,

우리는
반드시
싸워야 한다,
어제 분노하던,
부르짖던,
몸부림치던,
사억 오천만이여!

라는 식의 단행(短行) 시체를 사용, 급박한 리듬을 형성해 독자의 호흡에 긴장을 주고 의미 맥락을 압도적으로 부각시킨다. 그래서 문일다는 그를 '북 치는 시인' '시대의 고수(鼓手)'라고 불렀다. 마야코

프스키의 영향을 받은 것으로 보이는 전간의 형식은 참신한 것이었는데, 그 시구의 조직이 중국어의 어법과 잘 부합되지 않고 워낙 낯선 것이어서 적잖은 비판을 받았다. 그러나 그 독특한 예술적 성과와 전투적 작용은 높이 평가된다.

1908년생인 역양(力揚)은 1932년 상해에서 애청과 함께 미술 운동을 했었고 뒤에 시로 전환한 시인이다. 그는 그다지 이름을 얻지는 못했지만, 장편 서사시 「호랑이 사냥꾼과 그 가족」은 크의 명작으로 알려져 있다. 아마도 자전적 성격이 짙은 이 작품은 지주 계급의 억압과 착취, 농민의 고통스럽고 비참한 삶을 차분하게 발라드풍으로 노래하고 있다.

원수박(袁水拍)은 「마범타(馬凡陀)의 산가(山歌)」로 유명한 시인이다. 『인민』『해바라기』 등의 시집을 이미 낸 바 있는 원수박은 항전 승리 이후로 풍자시를 쓰는 데 주력, 국민당 통치 지구에서 성행한 정치 풍자시 중 가장 걸출한 성과를 낳았다. 그의 '산가'는 소시민의 관심사인 일상 생활과 사회적 뉴스에서 취재하여 예리한 시선과 신랄한 풍자로 그 사회적 본질을 꿰뚫음으로써 온갖 불평·불만을 정치적 인식의 수준으로 끌어올리는 데 성공하였다. 이 '산가'의 형식은 동요, 유행가, 오칠언 시체 등의 형식을 자유롭게 채용하였고, 풍자 수법은 노신의 잡문과 유사한데, 당시의 정치 운동 및 사회 운동의 현장에서 다채로운 쓰임새를 얻었다.

1930년대 중국 시의 가장 주목할 면모는 그 낙관적 정신이다. 만주 사변에서 중·일 전쟁에 이르는 제국주의의 침략과 여전히 민중을 억압하고 착취하는 반(半)봉건의 질곡 속에서 그 도저한 낙관적 정신은 어떻게 가능했던 것일까. 그 낙관적 정신을 이해하지 못하면 1930년대 시를 이해하기 어렵다.

그것은 그들이 이룬 민중적 일체감과 관련된다. 애청의 「대언하」가 대표적으로 보여주는 것처럼 그 민중적 일체감과 그것을 바탕으로 한 자기 긍정은 아주 자신만만한 것이었다. 그 민중의 실체가 농민이었으며, 대부분의 시인들이 자기 삶의 뿌리를 농민적 삶에 깊숙이 드리우고 있었다는 것, 그것이 그 비밀일 터이다. 그 확고한 자기 긍정에 농민 민족주의라는 이름을 붙여도 무방할 터인데, 다만 그것이 근대성의 깊이에 있어서는 아직 얕다는 점을 부언해두어야 하겠다.

〔1989년 5월〕

생명의 불길과 그 형태화*
—— 애청의 시

1

1985년 가을 노벨문학상 후보로 그 이름이 지상에 오르내리면서 비로소 알려지기 시작했으나, 한국의 독자들에게 애청(艾靑)은 여전히 낯설기만 한 시인이다. 어디 애청뿐이겠는가. 1920년 이후 지금에 이르기까지의 중국의 시와 시인들의 거의 대부분이 한국의 독자들에게는 마냥 생소하다. 서구의 시와 시인들에 대한 일반 독자들의 이해가 자못 깊은 것에 대어볼 때, 그리고 오히려 서구 독자들의 중국 시에 대한 관심이 적지 않다는 사실에 관련지어볼 때, 이는 아이러니컬한 일이라 아니 할 수 없다. 그것을 서구에의 문화적 콤플렉스의 소산이라고 간단히 치부해버릴 수만은 없는 것이, 이를테면 제3세계 문학에 대한 관심이 높아지면서 비서구권의 문학이 소개·논의되는 가운데도 중국은 거의 누락되고 주로 라틴 아메리카와 아프리카 문학이 부각되었던 것이다. 왜 그럴까. 제3세계 문학 운운하면서도, 무의식중에, 라틴 아메리카나 아프리카 문학을 그래도 서구적인 것에 근사하다고 여긴 때문일까. 아니면 그야말로 중국 문학이 저열하거나, 혹은 세계성 내지 보편성을 결여하고 있기 때문일까. 후자의 물음에 대해 그렇다고 대답할 수는 없다. 그렇게 대답하는 것은 단지 중국 문학에

---

* 이 글은 필자가 편역한 애청 시선집, 『중국의 땅에 눈이 내리고』의 해설임.

대한 경멸일 뿐 아니라 우리 자신의 문학에 대한 자기 비하를 은연중 수락하는 것에 다름아니기 때문이다. 잊어서는 안 될 것은 근대 이후 중국의 역사적 경험과 우리 자신의 그것이 대단히 유사하다는 사실이다. 그 고난과 항쟁의 역사 과정 속에서 낳아진 우리 문학이 귀중하듯 중국 문학 역시 그러하다. 어찌 거기서 세계성·보편성이 없겠으며, 어찌 그것이 인류 문학의 귀중한 자산이 아니겠는가.

이 글은 이 번역 시집의 해설을 위해 씌어지는 것이지만, 위와 같은 사정으로 인해, 1920년 이후 적어도 애청이 시단에 등장하기까지의 중국 시사를 간략하게나마 소개하는 일을 빠뜨릴 수 없겠다. 그럼으로써 애청과 그의 시가 갖는 의미 위상이, 조금이라도 더 올바르게 자리매겨질 수 있을 것이기 때문이다.

중국의 이른바 신시(新詩)가 씌어지기 시작한 것은 1918년 호적(胡適)의 「비둘기」가 발표되면서부터이다. 『상시집(嘗詩集)』(1920)으로 묶여진 호적의 시쓰기는, 당시 서구주의적 지식인들의 잡지 『신청년』을 중심으로 한 계몽주의 운동과 그것의 일환인 이른바 문학 혁명 운동을 배경으로 이루어졌다. 호적의 작업에 호응하여 심윤묵(沈尹默)·유반농(劉半農)·주작인(周作人)·노신(魯迅)·이대조(李大釗)·진독수(陳獨秀) 등이 신시를 발표했는데, 이들의 시는 문어인 한문 대신 구어인 백화(白話)를 사용했고 구시(舊詩)의 정형시체를 벗어나 새로이 자유시를 지향하였으나, 그 시세계는 본질적인 변화를 이루지 못했다. 5·4 운동과 더불어 참된 의미에서의 근대 의식이 비약적으로 성장·확산되면서 신시도 자기 세계의 형성·발전을 이루기 시작했다. 20년대의 대표적인 시인으로는 주자청(朱自淸)·서옥락(徐玉諾)·사빙심(謝氷心)·곽말약(郭沫若)·장광자(蔣光慈)·문일다(聞一多)·서지마(徐志摩)·이금발(李金髮) 등이 꼽히는데, 대체로 반봉건 의식을 공통된 기반으로 하되, 꼭 적합하지는 않으나 통용되는 용어를 그대로 쓰면, 사회시·농촌시로부터 반항적 낭만주의, 퇴폐적 낭만주의, 상징주의, 서정주의, 격률 추구에 진력한 형식주의 등 다양한 흐름들이 병존했다. 1920년대말부터 1930년대에 들어서면서 두드러지는 것은 이른바 혁명시의 대두와 모더니즘의 대두이다. 1920년대 후반 혁명문학론이 제기되어 치열한 논쟁을 거치면서 진전을 이룬 것을 배경으로, 아직 그 개념이 모호한 대로 장말약·정광자·목목천(穆木天)·전행촌(錢杏邨)·은부(殷夫)·호야빈(胡也頻) 등에 의해 혁명시가 씌어졌고, 1920년대 이래의 잡지『신월(新月)』이『현대』로 계승되며 그 형식주의적 추구가 모더니즘으로 집약되고 그 일환으로 대망서(戴望舒)가 초현실주의적 시를 썼던 것이다. 한편, 1931년 만주 사변의 발발 이후 반제국주의 민족 혁명의 기운이 고조되고 그에 따라 국방 문학이란 개념이 생겨나고 국방 시가(國防詩歌)가 주장되었으며, 1930년 결성된 좌익 작가 연맹의 주도하에 문예 대중화가 추구된 것과 관련하여 민가(民歌) 형식의 재창조가 시도되기 시작한 것도 1930년대 시의 중요한 대목이다.

그런데 여기까지의 시사의 전개에 있어서 뚜렷이 노출되는 한계가 있다. 내용주의나 형식주의 중 어느 한쪽으로의 쏠림이 그것이다. 우리가 내용—형식이라고 표기하는 것은 문학에 있어서 내용과 형식이 별개의 것이 아니라, 말하자면 형식이란 바로 '침전된 내용'이기 때문인데, 내용주의의 입장에서는 형식이란 장식에 불과하고 형식주의의 입장에서는 내용이란 불순한 것에 지나지 않는다. 형식이 장식에 불과할 때 내용이란 아직 시 이전의 것일 뿐이며, 내용이 불순한 것으로 배격될 때 형식은 그야말로 빈껍데기 장식이 되어버린다. 혁명시가 생경한 구호의 외침이나 산문을 행갈이한 것 정도에 흔히 머무르고 형식주의 시가 공허한 장식적 아름다움을 빚어내는 데 그친 것은 그 때문이다. 이런 상황에서, 내용—형식을 구현한, 바꿔 말하면 진정한 의미에서의 시를 쓰는 시인들이 나오기 시작했으니, 그 최초의 시인들이 곧 장극가(臧克家)·전간(田間)·애청 들이다. 장극가는 1934년 시집『낙인(烙印)』을 간행하고 이어서『죄악의 검은 손』『운하』와 장시『자기의 사진』을 간행했으며, 전간은 1935년『미명집(未

明集)』을 내고 『바다』『중국의 목가(牧歌)』『중국 농촌의 이야기』를 연이어 출간했다. 애청의 첫 시집 『따옌허』가 간행된 것은 1936년의 일이다.

2

애청이 본격적으로 시를 쓰기 시작한 것은 옥중에서였다. 1910년생인 그는 본래 화가 지망으로 3년 간 파리에서 그림을 공부하고 돌아와 미술 운동에 진력하는데, 귀국 반년 만인 1932년 7월 체포되어 "삼민주의에 어긋나는 주의를 선전"했다는 죄명으로 6년 징역을 선고받고 투옥된다. 그전에 이미 시를 쓰고 있었고 작품을 발표하기도 했었으나, 그 자신의 표현을 빌리면 "암탉이 오리 알을 낳듯" 미술에서 시로, 화가에서 시인으로 전신하게 된 것은 바로 그 회화의 물질적 조건이 결여된 감옥 생활 때문이었다. 1935년 출옥하기까지 3년 남짓한 기간 동안 그가 옥중에서 쓴 시들 중 남아 있는 것은 모두 25편이다. 유명한 이 옥중 시 25편은, 왕요(王瑤)의 지적처럼 흔히 프랑스 상징주의 시의 영향을 받은 것으로 일괄하여 얘기되곤 하는데, 기실은 그런 통념과는 달리 다양한 경향을 보인다. 상징주의 시의 면모를 여실히 띠고 있는 작품들과 모더니즘 성향의 작품들이 있는 반면, 서사시 「구백 사람」같이 대중적인 언어를 구사하며 짧은 시행을 속도감 있게 펼쳐가는 작품이라든지, 「따옌허——나의 유모」같이 활발하고 세련된 구어를 사용하면서 소박한 표현을 지향하되 장중하면서도 경쾌한 리듬을 구축해내는 작품들도 있는 것이다. 말하자면 그의 옥중 시 25수는 자기 시세계 확립을 위한 모색의 소산이었던 셈이며, 거기서 낳아진 「따옌허——나의 유모」 계열이 이후의 애청의 독자적 세계 형성의 기조가 된다. 「따옌허——나의 유모」는 1933년 1월에 씌어져 이듬해 발표되면서 애청의 명성을 하루 아침에 드높인 작품이다. 「따

옌허——나의 유모」「투명한 밤」「한 나사렛 사람의 죽음」 등 9편의
시를 묶어, 출옥 이듬해 자비 출판으로 첫 시집을 내면서, 애청은 거
기에 ‘따옌허’ 라는 제목을 붙였다.

　첫 시집『따옌허』의 출간 이후 1945년 무렵까지의 9년은 양적으로
나 질적으로 애청 시의 황금기이다. 국·공의 대립·합작의 와중에
서, 그리고 만주 사변에서 중·일 전쟁으로의 확전의 와중에서 그는,
중국 민중의 고통스러운 삶과 죽음을 목도하고 또 그 자신이 민중의
일원으로서 그것을 겪으며 그 속의, 우리의 한 시인의 표현을 빌리면
“살아 뜀뛰는” 생명의 불길을 길어내어 거기에 형태를 부여하려는 열
망으로 무수히 많은 시를 써냈다. 광대한 중국 대륙의 대자연의 리듬
을 체득한 탓일까, 길고 큰 호흡 속에 유장하게 반복되면서 전진해가
마침내 절정에 도달하는, 어느 의미에서는 관능적이기까지 한 리듬,
그리고 태양·대지·여명·불·빛 등의 너무 크거나 강렬해서 자칫
부황해지기 쉬운 것임에도 펄펄 살아 움직이며 의미로 충만한 이미지
들이 애청의 그 형태에의 열망이 거둔 성과이다.

　1945년부터는 다시 애청의 새로운 모색기가 시작된다. 일본의 항
복으로 종전을 맞이한 중국은 그러나 내전의 소용돌이를 건너야 했
고, 사회주의 중국은 전대륙의 통치를 실현한 1949년부터 새로운 사
회의 건설이라는 지난한 과제와 맞부딪쳐야 했다. 애청의 그 독창적
시세계와 그 특유의 리듬·이미지 들은 이제 더 이상 현실에의 적합
성을 가질 수 없게 된 것이었을까. 『환호집(歡呼集)』『보석의 붉은
별』『봄』 등 50년대에 출판된 그의 시집들은 주로 새로운 형태적 탐
구의 자취를 역력히 보여준다. 중국의 시인이며 비평가인 주량패(周
良沛)가 적절히 지적하고 있듯이, 이즈음의 애청 시의 언어는 “더욱
원숙하고 자연스럽다.” 그러나, 50년대 중국보다는 30년대 중국에 더
낯익고 거기서 더 많은 의미를 발견하는 때문인지, 내게는 이 즈음의
애청의 ‘원숙하고 자연스러운 시’ 가 긴장의 약화 내지 열정의 손실
로, 심하게 말하면 내용적 빈곤으로 읽힌다. 물론 중국 시사의 전개

에 있어서 그것이 가지는 의의는 분명히 인정된다. 1942년의 연안문
예강화 이래 추구되어온 민가체 형식이 압도적으로 부각되고 있는 가
운데 민가체 형식이란 것이 자칫하면, '귀에 익고 입에 맞는' 것에 손
쉽게 끼워 맞추고 탐구를 중단해버리도록 하는 열악한 상투성으로 형
태에의 열망을 함몰시킬 수 있음을 그것은 의연한 태도로 일깨워주었
던 것이다. 이른바 백화제방(百花齊放)·백가쟁명(百家爭鳴) 운동에
이어 전개된 반(反)우파 분자 투쟁으로 1957년 8월 비판받고 이듬해
4월 모든 공직을 박탈당하고서부터 1976년 실명 직전의 눈을 치료하
기 위해 북경으로 오기까지 그는 흑룡강(黑龍江) 및 신강(新疆)의 국
영 농장에서 노동하며 생활한다. 그 20년 간 그는 거의 시를 쓰지 못
한다. 1961년 「남니만에서 막삭만까지」를 국영 농장 기관지에 발표한
것을 제외하면, 1958년 작으로 「화전을 일구며」와 장시 「천리 거친
들판의 눈을 밟으며」가 있을 뿐이다. 1977년 「나는 그녀의 노랫 소리
를 좋아한다」를 쓰면서부터 재개되는 그의 시쓰기는, 봇물이 터진
듯, 엄청난 양의 작품을 낳는다. 1979년 3월 정치적 복권 이후 『귀래
(歸來)의 노래』『채색의 시』『낙엽집(落葉集)』 등의 신작 시집들이 연
년이 간행될 정도이다. 마치 20년 세월을 보상이라도 받으려는 것처
럼. 만년에 씌어지고 있는 그의 시들의 경향은 철학적 명상의 관념적
진술로부터 1930년대 시를 연상케 하는 그런 리듬과 이미지의 구축
에 이르기까지 무척 다양하다. 연륜과 체험의 축적에서 비롯되는 지
혜의 깊이를 느낄 수 있음은 물론이겠으나, 그 관념적 진술은 시적
긴장의 느슨함을 수반하고 있고, 그 1930년대 시를 연상케 하는 작품
들은 탐구의 열정보다는 흥분의 선행이 눈에 띠며 물음의 추구보다
는 일종의 미리 주어진 해답에의 속박이 눈에 띠고 리듬은 생동적이
기보다는 다소 기계적이며 이미지들은 의미로 충만해 있기보다는 다
소 부황하다. 노대가의 풍모로 긍정적으로 보일 수도 있을 것이 이런
식으로 결점으로 보이는 것은 어쩌면 내가 아직 젊기 때문인지도 모
르겠다. 그런 의혹을 품으면서도 나로서는 1930년대에서 1940년대에

걸친 시기에 씌어진 작품들이 애청 시의 정수라고 생각하지 않을 수 없다. 애청이 수많은 중국의 후배 시인들에게 미친 영향은 거의가 그 작품들을 통해서이고, 무엇보다도 그 작품들의 리듬과 이미지는 의미로 충만해 있으며 그 충만한 의미가 한국인인 내게 깊이 울리기 때문이다.

3

여기 우리말로 옮긴 애청의 시들은 애청 선집 『애청』(高瑛 編, 홍콩: 三聯書店, 1982)과 시집 『귀래지가(歸來之歌)』(四川人民出版社, 1980), 『중국 신문학 대계(中國新文學大系)』 및 『중국 신문학 대계 속편(中國新文學大系續編)』 등에서 가려 뽑은 것이다. 17편밖에 되지 않는다는 데에 불만스러워할 독자가 있을지 모른다. 그러나 50~60편을 싣는다 해도 애청의 전체 작품량에 비하면 여전히 불만스럽기는 마찬가지이다. 그런 까닭에 편수보다는 애청의 독자적 시세계와 그 성과를 제한된 지면에서 가장 잘 제시할 수 있도록 하는 데 힘을 기울였다. 물론 이 책의 독자가 다름아닌 한국인인 우리 자신이라는 점을 작품을 고르는 중요한 기준으로 삼았다. 의도가 제대로 달성되지는 못했을 것임이 분명하지만, 구체적으로 말하면 이렇다.

우선, 애청 특유의 리듬——앞에 말했듯이 길고 큰 호흡 속에 유장하게 반복되면서 전진해가 마침내 절정에 도달하는, 어느 의미에서는 관능적이기까지 한 리듬. 그 리듬은 특히 3, 40년대의 중국 현실에 대한 시적 대응의 형태적 실체이다——이 잘 구현되는 것은 적어도 50~60행 이상의 길이를 갖는 시라는 점 때문에 장시(長詩) 위주로 선했다. 실제로 그는 장시를 상당히 많이 썼고 장시 중에 좋은 작품들이 많다.

1부에 실린 13편은 1958년 이전의 작품들인데, 그 중 앞의 3편은 옥중 시 중에서 고른 것이다. 「투명한 밤」은 마치 표현주의 회화를 대하는 듯한 강렬한 작품인데 유민(流民) 혹은 생활의 근거를 잃고 떠도는 방탕한 하층민의 삶의 야성과 고통과 그 속에 꿈틀거리는 생명의 힘을 그려내고 있다. 「따옌허——나의 유모」는 애청의 출세작으로, 지주의 아들로 태어나 점쟁이의 불길한 예언 때문에 다섯 살까지 가난한 농가의 아낙에게 맡겨져 그녀의 젖을 먹고 자랐던 그의 자전적 작품이다. 유모 따옌허의 고통스러운, 그러나 묵묵히 감내해내는 삶이 감동적으로 그려지고 있기도 하지만, 시인은 그녀를 어머니로, 어머니 대지의 모습으로까지 승화시킴으로써 그녀와의 화해를 통해 민중적 화해를, 갈구하는 데 그치는 게 아니라 이뤄내고 있다. 이 민중적 화해는 애청 시의 탄탄한 토대이다. 「한 나사렛 사람의 죽음」은 스스로 죽음을 선택한 예수를 일정한 시각에서 그림으로써 혁명가의, 혹은 진실과 진실의 추구를 위해 헌신하는 사람의 성화(聖化)를 거기에 투사하고 있다. 그 일정한 시각에 의해 성경으로부터의 선택적 인용이 행해지고 있음이 흥미롭다.

그 다음 9편은 애청 시의 황금기의 작품들이다. 가뭄과 가뭄을 당한 농민들의 고통을 그린 「죽은 땅」, 눈 내리는 겨울날 중국 민중의 절망뿐인 삶을 점묘한 「중국의 땅에 눈이 내리고」, 북방의 척박한 풍토와 거기에서의 궁핍한 삶을 그린 「북방」 등은 대지의 상상력의 소산이다. 그런데 여기서의 대지는 풍요나 휴식의 의미망을 이루지 않고 고통스런 존재 조건으로 나타나고 있다. 그것은 가뭄으로 죽었거나 눈에 덮이어 추위에 봉쇄당했거나 척박하기만 한 대지이다. 그 대지 위에서 고통받는 민중의 삶! 시인 역시 그 중의 하나이다. 「중국의 땅에 눈이 내리고」에서의 대지는 "어두운 하늘을 향해" "구원을 호소하는 떨리는 두 팔을" 내뻗고 시인은 "등불 없는 밤" 절망의 탄식을 한다. 그러나 '죽은 땅'에서의 농민들은 "잇달아 죽어가"면서도 "큰 회오리바람"이 되어 "죽어버린 대지" 위를 휘몰아친다. 그것은 살아 뜀뛰는 생명의 불길에 다름아니다. 그 회오리바람——"굶주림의 불"

에 불댕겨질 때, 생명의 불길은 존재 조건을 변화시킨다. 그 이미지는, 말하자면 비전의 구체적 현현인 셈이다. 그 현현이 있음으로 해서 「북방」에서의 '나'는 "이 슬픈 국토를 사랑"한다고, "대지 위에 굳세게 살아가며 영원히 멸망하지 않을 것을" 믿는다고 토로할 수 있게 된다. 그 토로를 감상(感傷)으로의 추락으로부터 구제해주는 비전의 구체적 현현은, 「태양에게로」에서부터 불의 상상력을 작동시킨다.

「태양에게로」는, '나'가 절망과 피로로부터, 태양의 빛과 열기의 세례를 받음으로써 희망과 열정으로 충만한 "신생(新生)의 삶"으로 나아가게 되는 것을 힘차게 노래하고 있다. 태양의 빛과 열기란 무엇인가. '나'는 거리에 나가 온갖 사람들을——절망과 피로에 갇혀 있지 않고, 살아 뜀뛰는 생명의 불길을 불태우는 무수한 사람들을—— 바라보는데 그들을 한결같이 비추는 건 바로 태양이다. 그것은 곧 인간 내부의 생명의 불길의 상징에 다름아니다. 태양에 의해 '나'의 내부의 불길이 점화되고 '나'는,

> 예전에 몰랐던 넉넉한 감회와 사랑을 나는 느꼈다
> 이 光明의 만남 속에서 죽고 싶을 만큼……

이라고 감히 말할 수 있게 되는 것이다.

그 불의 상상력은, 빛에 초점 맞춰질 때 "나팔에 번쩍이는 빛"(「나팔수」) 같은 이미지를 만들어내고 여명-새벽의 빛을 노래(「나팔수」 「여명의 통지」)하게 하며, 열기에 초점 맞춰질 때 지상의 불꽃을 찬미(「들불」)하게 한다. 빛이든 열기든, 그것들은 모두 살아 뜀뛰는 생명의 불길의 형상화에 다름아니다. 그 형상화가 있음으로 해서, 예컨대,

> 1) 금빛 햇볕의 호송을 받으며
>   갓 깨어나는 대지를 향해 날아가리……　　　　——「바람의 노래」

2) 기만과 착취에 반항하기 위해, 그는 깊은 잠에서 깨어날 것이다.
——「향촌에 바치는 詩」

3) 이 밤도 이제 다해가는데, 그들에게 알려주게
　 기다리던 것이 곧 온다고　　　　　　　　　——「여명의 통지」

등의, 얼핏 무절제한 희망의 토로, 혹은 근거 없는 낙관에의 기댐으로 보일 수도 있을 구절들이 힘을 얻는다.

　1부 마지막에 실은 「화전을 일구며」는 1958년의 작품이다(애청이 북경을 떠나 흑룡강 지역으로 가기 이전인지 이후인지 확실치 않다). 1950년대의 애청 작품으로서는 예외적으로 3, 40년대의 시에 가깝다. 무엇보다도 대지의 재생이 불에 의해 이뤄지고 있음이 주목될 만하다. 가뭄으로 죽었던 대지가 불에 태워짐으로써 되살아나고, 척박하던 대지가 불에 태워짐으로써 비옥해진다. 불길의 치달림의 묘사는 생명력의 역동성의 형상화로 강렬한 울림을 준다.

　2부에 실은 4편의 작품은 1977년 이후의 것들이다. 「파도 끝에서」는 문화 대혁명과 사인방에 대한 비판인데 흥분의 선행과 미묘한 이데올로기적 색채를 내보인다. 그 기계적 리듬은 그것의 형태적 발현일 것이다. 상해의 역사를 노래하고 있는 「대상해」 역시 「파도 끝에서」와 유사하다. 「대상해」의,

　　　그대는 밤이 없는 도시
　　　밤낮으로 금속의 소리를 낸다
　　　그대는 영원히 희망의 불꽃을 뿜고
　　　그대 하늘을 밝히는 불꽃은 신세기의 하늘을 비춘다——
　　　그대는 전기가 치솟는 바다
　　　그대는 노동과 창조의 대합창이다!

라는 마지막 대목은, 국가주의적 이데올로기에의 함몰을 보는 듯하여 그다지 유쾌하지 못하다. 여기서의 불꽃은, 무반성적인 반(反)생명의 불꽃이 아닌가라는 의혹으로부터 자유롭지 못하다. 「빛의 찬가」가 그 중 가장 좋은 작품일 것이다. 그러나 여전히 기계적 리듬, 그리고 크고 강렬하나 부황해져버린 이미지가 눈에 띈다. 마지막으로 「담」은 애청이 독일 방문시에 쓴 작품이다. 독일의 분단 현실을 소재로 하여,

　　어찌 막을 수 있으리
　　흐르는 물과 공기를.
　　어찌 막을 수 있으리
　　천백만 사람들의
　　바람보다 더 자유로운 생각을.
　　땅보다 더 깊은 의지를.
　　시간보다 더 긴 希願을.

이라 차분히 노래할 수 있는 것은, 애청, 그의 깊이 때문일까 아니면 진정으로 고통을 함께하지 못하기 때문일까. 그런 의문 때문에 이 작품을 선했다.

　이제 독자들에게 사죄할 때가 되었다. 시 번역을 제대로 해내지 못한 나의 무능력에 대해서. 누군가의 말처럼 시를 번역한다는 것은 언제나 시를 망치는 일일지도 모른다. 적어도 그 누군가의 말처럼, 시 번역이란 것이 시를 산문으로 해독하고 그 해독 내용을 다시 시처럼 꾸미는 일일 수밖에 없다면, 그렇다. 나는 "시 그 자체의 영감과 이미지와 리듬으로 충만된 시정(詩情)을 획득한 시인"이 못 되므로 "시를 망치는 일"을 저지르고 말았음이 분명하다. 그러나 그에 앞서 더욱 아픈 것은, 산문으로 해독하는 일과 시처럼 꾸미는 일조차도 제대로

해내지 못한 것이 아닌가 하는 자책이다. 그것은 내 서투름 탓일 테니 변명의 여지가 없다. 독자들에게, 그리고 누구보다도 애청에게 사죄하는 수밖에……

〔1986년 4월〕

3

노신의 리얼리즘 이론
좌련 시기의 리얼리즘 이론
민족 형식 논쟁에 대하여
현대 중국의 정치와 문학
현대 중국의 문학 이론

노신의 리얼리즘 이론

1. 머리말

중국의 현대 문학을 노신 정신 혹은 노신 전통이라는 틀 속에서 이해하려는 태도는 그 동안 꽤 널리 받아들여져왔고 그러한 접근이 한편으로는 노신 문학에 대해, 또 한편으로는 중국 현대 문학의 어떤 본질적 흐름에 대해 많은 것을 해명해주었던 것이 사실이다. 그러나 그러한 태도와 접근에는 노신의 신화화(神話化)라는 위험이 항시 수반된다. 언제나 그렇듯이 신화화라는 것은 일정한 이데올로기적 왜곡을 그 중요한 계기로 갖게 된다. 일본 학자들의 경우, 일본 유학 출신인 노신의 '친일'적 성향에 대한 감안도 없지 않은 것처럼 보이고, 그들이 말하는 노신 정신에는 암암리에 그들 자신의 이른바 일본 정신의 이념형이 투영된 듯한 대목도 없지 않은 것 같다. 중국의 경우에는 모택동이 노신을 위대한 혁명가라 칭하며 찬양한 이래 노신은 줄곧 모택동 문학관의 모범적 구현 내지 상징으로 되어왔다. 그러나 과연 노신 문학의 실체가 그러한 해석들에 부합하는 것인가, 하는 의문을 우리는 새롭게 제기하고 그 문제를 이른바 실사구시(實事求是)적으로 구명할 필요를 느낀다. 특히 문제시되는 것은 중국에서의 종래의 정통적 해석이다. 이는 이른바 신시기 문학이 지금까지 십수 년을 경과하면서 축적해온 새로운 문학 현상들로부터 객관적으로 요청되고 있는 문제라 할 것이다. 최근 중국에서 일부 소장 학자들을 중심으로 펼쳐지고 있는 노신의 탈신화화 작업도 그 요청에 대한 부응이라 할 수 있다.

본고는 노신 문학의 실사구시적 구명을, 우선 리얼리즘 이론이라는 각도에서 시도하고자 한다. 리얼리즘은 중국 현대 문학의 전개에 있어서 가장 중요한 역할을 해온 개념이라는 데 의심의 여지가 없으나, 그럼에도 불구하고 치밀하고 객관적인 이론적 조명을 거의 받지 못해온 개념이다. 그 이유는, 주지하듯, 리얼리즘 개념이 정치적 맥락에서 획일적으로 규정되고 그 규정이 하나의 움직일 수 없는 규범으로서 강요되어왔다는 데 있다. 그러한 맥락에서 노신은 자각적인 사회주의 리얼리즘의 구현자로 공인되어왔다. 그러나 과연 노신의 리얼리즘이 사회주의 리얼리즘인가? 이 물음을 논의의 출발점으로 삼아, 본고는 노신의 문학 이론적 담론으로부터 노신의 리얼리즘 이론을 추출, 나름대로 재구성해볼 것이다.[1]

2. 전기 노신의 리얼리즘

젊은 시절의 노신은 낭만주의에의 경도를 보였었다. 1906년 센다이의전(仙臺醫專)을 중퇴한 뒤 1909년 귀국하기까지 동경에서 문화운동을 전개하던 때의 노신이 그러했다. 1907년에 써서 1908년에 발표한 「악마주의 시의 힘(摩羅詩力說)」[2]에서 노신은 영국의 바이런, 셸리, 러시아의 푸슈킨A. Pushkin, 레르몬토프M. Lermontov, 폴란드의 미케비치A. Mickiewicz, 슬로바키J. Slowacki, 헝가리의 페퇴피A. Petöfi 등을 악마주의 시인으로 소개하고 나아가서는 입센H. Ibsen,

---

1) 이론과 창작은 서로 긴밀히 연관되면서도, 상대적으로 독립성을 갖는다. 본고의 고찰은 노신의 창작을 리얼리즘이라는 각도에서 고찰하는 작업과 그 두 고찰을 정당하게 연관 짓는 작업에 의해 후속되어야 할 것이다.
2) 월간 『河南』, 1908年 第2, 3號.

니체 F. Nietzsche까지도 언급하고 있다. 악마주의를 대표하는 바이런은 낭만주의자들 중 동시대인들에게 가장 깊고 광범위한 영향을 미친 사람이었다. 하우저에 의하면, 바이런의 주인공은 사회의 인습과의 충돌, 비(非)사회성, 악마적이고 자기 도취적이며 "아무런 양심의 거리낌 없는 공공연한 반항"[3]으로 특징지어지는데, 그런 주인공을 통해 바이런은 자신의 반(反)도덕주의를 유감없이 표명했는바, 그 반도덕주의는 나중에 환멸의 시대 속에서 "시민 계급이 존중해 마지않던 성스러운 것에 대한 조소"[4]로 변해갔지만 처음 혁명의 시대에는 구습에 반항하고 봉건성을 파괴하려는 혁명적 열정을 그 내용으로 했었다. 노신이 주목한 것은 바로 이 대목이었다. 그는 그가 예거한 많은 사람들의 다양한 면모 속에서 하나의 공통된 인간상을 보았으니, 그것은 "강건하여 꺾이지 않는 열성을 가지고 진리를 수호하며, 무리에 아부하지 않고 구습에 순응하지 않으며, 웅지를 외쳐 국민을 신생케 하고 자기 나라의 국위를 세계에 높이 선양한 사람"[5]이다. 요컨대 그들은 '반항과 행동'의 '전사(戰士)'들이었다. 이러한 '정신계의 전사'가 목을 흔들어 한차례 부르짖으면 민중은 각성하여 그 부르짖음에 호응하게 된다는 것[6]이니, 이것이 바로 노신이 말하는 '악마주의 시의 힘'인 것이다.

그러나 노신의 낭만주의는 오래가지 못하고 곧 좌초되고 말았다. 그가 구상하던 낭만주의는 근대적 의미의 낭만주의의 본령을 꿰뚫은 것이었지만, 개인적 좌절과 역사적 좌절 앞에서 무력화되었던 것이다. 일본에서의 문화 운동의 시도가 좌절로 끝나고 귀국 후 흥분 속에 맞이한 신해 혁명이 실질적인 실패로 귀결되자, 1910년대 전반의 암

---

3) A. Hauser, *The Social History of Art and Society* : 『문학과 예술의 사회사: 근세편』 하, 염무웅 · 반성완 역, 창작과비평사, 1981, p. 246.
4) 위의 책, pp. 247~48.
5) 『魯迅全集』(1961) 第1卷, p. 232.
6) 위의 책, p. 233 참조.

흑적 상황 속에서 노신은 그 좌절의 의미를 되새겼다. 그 되새김에서 그가 얻은 결론은 이상의 열정적 추구만으로는 근대적 변혁을 이룰 수 없다는 것이었다. 왜냐하면 근본적 문제는 '낙후된 국민성'에 있었기 때문이다. 봉건 사회의 피해자이면서도 오히려 그 봉건 사회를 유지시키는 데 기여하며 스스로에게 가해자가 되고 있는 마비된 민중이 변화되지 않는 한 이상의 열정적 추구는 공허와 좌절로 귀결될 뿐이었다. 그러므로 필요한 것은 사회를 깊이 해부하여 병의 뿌리를 찾아내고 그리하여 그 병을 고칠 생각을 하게 하는 일이었다. 그것은 '사실(寫實)'에 의해 가능한 것으로 보였다. 낭만주의는 이상의 추구이되 구호를 외치는 데 지나지 않으며 '사실'과는 거리가 먼 것으로 여겨졌다.

'사실'의 중시는 노신만의 생각이 아니라 신문학 운동의 주창자들 대부분에게 공통되는 것이었다. 그들은 구문학이 '소일거리'의 문학으로 인생과 사회의 사실(事實)에 대해 철저히 외면하며 그럼으로써 봉건 사회의 온존에 기여하는 데 반해, 신문학은 "오늘날의 사회상을 진실하게 묘사"[7]함으로써 봉건 사회의 폐단을 드러내고 새로운 근대 사회로의 변혁의 필요에 대한 인식을 제고시킬 수 있다고 생각했다. 모순은 그런 생각을 더욱 뚜렷하게 표명하였다. 그가 보기에 당시의 중국 현실은 고통과 억압으로 가득 차 있고 그렇기 때문에 작가들은 "더욱 사회 환경에 주의를 기울여야 하고 사회 생활을 표현하는 문학을 창작"[8]해야 하는 것이었다. 이 무렵의 모순은, '신낭만주의' 문학은 '확실한 인생관'으로 이끌어줄 수 있으므로 "이후의 신문학 운동은 신낭만주의 문학이어야 한다"[9]고 생각하면서도, '지금 당장'은 '신낭만주의'를 제창할 것이 아니라 '사실주의'를 실행해야 한다고 주장했다. 왜냐하면, "사실주의는 사회에 해를 끼치는 부패의 뿌리를

---

7) 胡適, 「文學改良芻議」, 『新靑年』 第2卷 第5號.

8) 「社會背景與創作」, 『茅盾文藝雜論集』, 上海文藝出版社, 1981, p. 50.

9) 「爲新文學硏究者進一解」, 『改造』, 1920年 第3卷 第1號.

힘껏 공격하는 일종의 힘있는 문학 혁명이지만 상징주의는 그렇게까지 할 수가 없"기 때문이라는 것이다.[10]

　사실주의라는 말은 일본인들이 택한 리얼리즘의 한자 역어였고 실제로 리얼리즘은 그 사실(寫實)이라는 말의 위와 같은 축자적 해석과는 거리가 먼 것이었다. 그러나, 부르주아의 보편성에 근거하여 소박한 모사(模寫) *copy*에 의해 리얼리티의 확보가 가능하다고 믿었던 리얼리즘 사조의 참된 사회적·문학적 의미에 대한 고찰로 나아가지 않고, 중국의 신문학가들은 '사실'이라는 말을 매개로 하고 근대적 변혁에 대한 그들의 열정을 추동력으로 하여 리얼리즘에 대해 자의적인 의미 확장을 해나갔다. 이는 서양의 리얼리즘 사조에 대한 이해에 있어서는 오류였지만, 그러나 역설적이게도 서양의 리얼리즘 사조에 대한 맹목적 모방이라는 함정에 빠지지 않고 나름대로 근대 문학의 근대 정신을 획득하는 데 있어서는 일정한 성과를 거두었다. 오해가 단순히 오해로 끝나지 않고 자신의 문화적 요청에 부응하여 나름대로의 의미있는 생산적 결과를 낳은 것이다. 그러나 리얼리즘 사조에 대한 일정한 오해는 여전히 이론적 결함으로 남았다. 문제는 정신으로서의 리얼리즘과 방법으로서의 리얼리즘, 그리고 리얼리즘을 자칭하거나 그러지 않고 다른 이름을 사용하는 여러 개별 사조들 사이의 관계를 어떻게 파악하며 그 실제적 적용을 어떻게 할 것인가에 있는 것이기 때문에, 그 오해가 필경 결함으로 남는 것은 당연한 일이라 할 수 있다. 신문학 초기에 그 결함은 정신으로서의 리얼리즘에 대한 자각적 이해를 저해했고, 결과적으로 정신과 방법 및 사조의 상호 관계에 대한 맹목 상태를 초래했다. 그리하여 방법을 얻지 못한 채 정신으로서의 리얼리즘에만 집중하게 되었고, 그 결과 문학의 관념화라는 함정에 빠지고 말았다. 그 관념화를 극복하기 위한 노력이 1922년의 이른바 '자연주의 논쟁'으로 나타났다.

---

10) 「我們現在可以提唱表象主義的文學嗎?」, 『小說月報』, 1920年 第11卷 第2號.

자연주의 논쟁은 신문학가들로 하여금 리얼리즘 사조와 자연주의 사조에 대한 구체적 이해를 초보적이나마 어느 정도 달성하게 하였고, 그럼으로써 초기에 세워진 정신으로서의 리얼리즘이라는 틀과 실제의 19세기 전반 서양 리얼리즘이라는 사조 사이의 편차를 어느 정도 좁힐 수 있게 하였다. 한마디로 객관적 사실 묘사의 중요성에 대한 인식의 제고가 그 논쟁의 성과였다. 그러나 그들이 이 문제를 주관과 객관의 통일이라는 차원으로까지 끌어올렸던 것은 아니다. 그들에게 주관과 객관은 단지 기계적으로 배합되는 것 이상이 아니었다. 리얼리즘의 공리성·교훈성이라는 주관과 자연주의의 사실 묘사라는 객관의 기계적 배합이 그들이 도달한 결론이었다.

그러나 리얼리즘에 대한 논의는 자연주의 논쟁 이후로 더 이상 지속되지 않았고, 그리하여 그 기계적 배합이라는 결론을 넘어서는 단계로 나아가지 못했다. 이 논의의 공백 상태에서 예외적으로 리얼리즘에 대한 진지하고 심각한 사유를 진행하며 단편적으로나마 지속적인 논술을 전개한 사람은 노신이었다. 본격적인 리얼리즘 이론이라는 문맥에서 이루어진 것은 아니지만, 노신의 논술이 보여주는 성찰은 무척 귀중한 것이었다. 되풀이하면, 1900년대 후반에 악마주의로 대표되는 반항적 낭만주의에 경도되었던 노신은 1911년의 신해 혁명이 어떻게 봉건적 구조 속으로 함몰되어버리는가를 체험하면서 새로운 인식을 갖게 되었다. 국민성의 개조는 낭만적이고 영웅적인 외침만으로 이루어지는 것이 아니라 그 병근을 찾아내어 보여줌으로써 가능하다는 것이었다. 현실을 정시한다는 것, 사회의 암흑적 진상을 한치 유보 없이 드러낸다는 것이 바로 「광인 일기」에서 「아큐정전」을 거쳐 『방황』에 이르는 노신적 리얼리즘의 근본 정신이었다.[11] 그것은 현실에 접근하는 태도와 현실을 묘사하는 방법에 있어서 비판성을 근간으

---

11) 노신 소설의 리얼리즘 정신과 태도 및 방법의 비판성에 대한 자세한 분석은 졸고, 「노신 소설과 5·4 운동」, 『외국문학』(전예원), 1984년 겨울, 제3호 참조.

로 하는 것인바, 이 점에서 노신의 리얼리즘은 훗날 개념화되는 비판
적 리얼리즘에 가까운 것이었다 할 수 있다. 그런데 여기서 주목할 것
은, 그것을 비판적 리얼리즘이라고 부른다면, 노신의 비판적 리얼리
즘은 자연주의 내지는 객관주의적 리얼리즘과는 상당히 다르다는 점
이다. 노신의 비판적 리얼리즘은 주관의 진정성을 중시하였던 것이
다. 낭만주의에 대한 그의 암묵리의 경도가 여기에 작용했음은 사실
이지만, 그러나 그 경도는 외적으로 부가되는 것이 아니라 노신의 리
얼리즘에 내적으로 통합되고 있다. 그가 외국의 리얼리즘 작품들에서
현실을 정시하고 생생하게 묘사하며 조금도 가식하지 않는 정신적 필
법을 본받아야 한다고 주장하면서 현실 묘사에 융화된 작가의 자아의
숨결을 강조한 것[12]은 그런 맥락에서 이해된다. 노신이 중시한 것은
무엇보다도 자기 기만의 극복이었다. 자기 기만 속에서라면 제아무리
"무쇠와 피의 송가"라 한들 "텅 빈 거짓"이 될 뿐이라는 것이다. [13] 이
를 적극적인 표현으로 바꾸면, 객관적으로 진실하려면 주관적으로 성
실해야 한다는 것이 된다. 노신이 '영혼의 묘사'를 중시하고 도스토
예프스키를 높이 평가한 것도 같은 맥락에서 비롯되었다. 노신은 도
스토예프스키의 『가난한 사람들』의 중역본에 서문을 쓰면서 도스토
예프스키의 다음과 같은 진술을 그대로 인용한다.

완전한 사실주의로 인간들 속에서 인간을 발견한다. 이는 철두철미한 러
시아의 특질이다. 이런 의미에서 나는 물론 민족적이다. 〔……〕 남들은 나
를 심리학자라고 한다. 이것은 옳지 않다. 나는 높은 의미에서 사실주의자
이다. 나는 인간의 영혼의 깊이를 사람들에게 보여주는 사람이다. [14]

이렇게 보면 "가면을 벗기고(取下假面) 참답고 심각하고 대담하게

---

12) 「『幸福』譯者附記」, 『魯迅全集』第10卷(1981), p. 172 참조.
13) 「論睜了眼看」, 『魯迅全集』(1961) 第1卷, p. 332 참조.
14) 「『窮人』小引」, 『魯迅全集』(1961) 第7卷, p. 94.

인생을 들여다보고 그것의 피와 살을 그려내야 한다"[15]라는 노신 자신의 진술이야말로 노신의 비판적 리얼리즘의 핵심적 정신을 한마디로 표현한 것이라 할 수 있다. 주관의 진정성을 중시하는 비판적 리얼리즘이라는 노신 리얼리즘의 골격은 이미 전기 노신에게서, 즉 1927년 이전의 노신에게서 이미 형성되었던 것이다. 이러한 구상이, 리얼리즘의 공리성·교훈성이라는 주관과 자연주의의 사실 묘사라는 객관의 기계적 배합이라는 당시의 일반적 견해보다 일층 진전된 것이었음은 말할 나위도 없다.

3. 후기 노신의 리얼리즘

1927년의 4·12 쿠데타 이후 중국 신문학은 새로운 단계로 들어섰다. 프롤레타리아 문학 운동의 출현이 근본적으로 신문학의 추구라는 상 자체를 바꾸어놓았던 것이다. 여기서 19세기 유럽의 근대 문학이라는 모델로부터 20세기 들어 새로이 형성중인 사회주의 문학이라는 동시대의 모델로의 전환이 이루어졌다. 리얼리즘에 관련되는 논의는, 이 전환과 더불어 혁명문학론의 생활 조직 문학론, 신사실주의론, 유물변증법적 창작방법론으로 이어지며 진행되다가 1933년부터는 사회주의 리얼리즘론으로 이행해갔다. 후기 노신은 바로 이러한 문학사적 흐름 속에서 그 나름의 리얼리즘적 사유를 계속 진행해갔다.

---

15) 「論睜了眼看」, 『魯迅全集』(1961) 第1卷, p. 332: '가면을 벗겨라' 라는 것은 1928년에 라프가 제출했던 슬로건이었다. 그것이 의미하는 것은 삶의 부차적이고 우연적인 것들을 제거하고 그 본질적이고 필연적인 것들을 파악하라는 것이었다. 이 슬로건은 작가들에게 적의 가면을 벗기고, 일반 대중으로부터 자본주의의 흔적을 분리시키고, '살아 있는 인간' 을 그려낼 것을 요구했다. 그러나 노신이 '가면을 벗겨야 한다' 고 말한 것은 라프의 슬로건에서 배워온 것이 아니다. 노신이 이 말을 한 것은 이미 1925년이었기 때문이다. 그 말은 원래 레닌이 톨스토이의 리얼리즘 예술에 대해 정치적 찬사를 행하면서 한 말이었는데, 노신이 그 사실을 알고 말했는지 어떤지는 확인되지 않는다.

프롤레타리아 문학 운동의 분위기 속에서 처음에 노신은 모순과 더불어 동반자의 자리에 서 있는 셈이었다. 소련의 프롤레트쿨트와 '시월'이, 그리고 라프가 동반자 작가들에게 그랬던 것처럼 초기의 혁명 문학론자들은 노신과 모순을 비판하고 배척했다. 문단사적으로 보자면 문단의 헤게모니를 장악하려는 보다 젊은 세대의 기도(企圖)로 보일 수도 있겠으나, 문학 이론의 역사에 비추어보면 비판적·리얼리즘적 경향의 창작에 대한 플레하노프적 계급 문학의 도전이라 할 수 있다. 그 도전을 맞아 노신은 나름대로 치열한 응전을 벌이는데 그 응전의 과정에서 리얼리즘에 대한 그의 사유는 일정한 변화를 이루고 있다.

창조사(創造社)와 태양사(太陽社)의 주요한 표적이 되어 시대 착오적인 프티 부르주아 문학의 대표자라고 공격받은 노신은 그 특유의 신랄한 풍자를 발휘해 젊은 혁명문학론자들을 반박했다. 사실 노신으로서는 혁명 문학이라는 것에 대해서는 이미 1927년초에 자신의 확고한 관점을 세웠던 바였다. 1927년 4월 8일, 그러니까 4·12 쿠데타 나흘 전에 노신은 황포군관학교(黃埔軍官學校)에서 '혁명 시대의 문학'이라는 제목으로 강연을 하면서 혁명과 문학의 관계에 대해 다음과 같이 규정하였었다.

문학으로써 혁명을 선전하고 고취하고 선동하여 혁명을 촉진시키고 또 혁명을 완성시킬 수 있다고 생각하는 것 같습니다. 그러나 제 생각으로는 글은 무력합니다. 〔……〕 혁명을 위해서는 혁명인이 필요한 것입니다. 혁명 문학 같은 것은 서두르지 않아도 좋습니다. 혁명인이 만들어내야 비로소 그 것이 혁명 문학입니다. 그러므로 혁명 쪽이야말로 문학에 영향을 미치는 것이라고 저는 생각합니다.

〔………〕

대혁명의 시대가 되면 문학은 없어집니다. 소리를 내지 않게 됩니다. 그 것은 누구나 다 혁명의 흐름에 휩쓸려 외침에서 행동으로 들어가며, 누구나

다 혁명에 분망하여 문학을 지껄이고 있을 여가가 없어지기 때문입니다. [16]

　이런 언명은 물론, 국민 혁명에 대한 낙관으로 충만한 전망 속에서 행해진 것이었는데, 거기서도 문학의 특수성에 대한 노신의 존중은, 역설적인 형태로이기는 하지만 잘 나타나고 있다. 그로부터 1년 뒤 혁명문학론자들에게 공격받고서 쓴 「문예와 혁명」에서 노신은 그 점을 아주 명료하게 "나는 일체의 문예가 선전이 되더라도 일체의 선전이 모두 문예는 아니라고 생각한다"[17]라고 진술한다. 노신에 의하면 문예는 문예이기 때문에 쓰임새가 있는 것이며, 혁명이 표어·구호 이외에도 문학을 필요로 하는 것은 문학이 어디까지나 문학이기 때문이다. 그러나 노신을 곤혹스럽게 한 것은 젊은 혁명문학론자들이 계급 이론에 입각해서 혁명문학론을 펼치고 있다는 점이었다. 이때까지만 해도 노신의 혁명은 부르주아 민주주의 혁명이었는 데 반해 그들의 혁명은 프롤레타리아 혁명이었던 것이다. 그리하여 "지금 혁명 문학가라고 불리는 사람들은 투쟁이라는 것으로 시대를 초월하고 있다. 시대를 초월하는 것은 기실 도피하는 것이다"[18]라는 발언을 하게 된다. 부르주아 민주주의 혁명이 과제인 시대에 프롤레타리아 혁명을 주장한다면 아닌게아니라 그것은 현실 인식의 관념적 오류일 뿐인 것이다.

　그러나 노신은 프롤레타리아 문학이라는 것에 대해서는 상당히 열린 자세를 취하고 있었다. 이미 1925년경부터 소련의 '신흥 문학'에 대해 관심을 갖기 시작했었고, 1928년에는 일본의 편상신(片上伸)이 쓴 『현대 신흥 문학의 여러 문제』를 번역하였으며, 1929년 2월에는 그 번역서에 역자 서문을 붙이면서 프롤레타리아 문학의 출현은 필연적인 것이라고 지적하였던 것이다.

---

16) 「革命時代的文學」, 『魯迅全集』(1961) 第3卷, pp. 313, 315.
17) 「文藝與革命」, 『魯迅全集』(1961) 第4卷, p. 68.
18) 위의 책, p. 67.

필연적인 형세로서 아주 평범한 것이니, 떠드는 것이나 막으려고 하는 것
이나 모두 쓸데없는 일이다. [19]

그런데 프롤레타리아 문학을 바라보는 노신의 시각은 엄연히 리얼
리즘적 사유에 바탕을 둔 것이었다. 젊은 혁명 문학가들처럼 "목전의
폭력과 암흑을 정시하지 못하고"[20] 단순히 '때려라' '죽여라' 하는 식
의 구호나 외쳐대는 것은 쓸데없이 떠드는 것에 지나지 않는다[21]고 노
신은 비판했다. 노신이 보기에 예술은 "일종의 사회 현상이며 시대와
인생에 대한 기록"[22]이고, "오늘날의 문예는 우리 자신들의 사회를 그
리는 것"[23]이었다. 이는 1910년대 후반 이래의 노신의 일관된 문학관
이었다.

노신이 보그다노프의 생활 조직 문학론에 반대할 것은 당연한 이치
이다. 창조사와 태양사의 입론을 노신은 "'문예는 선전이다' 라는 사
닥다리를 타고 관념론의 성곽으로 기어오르는 것"[24]이라고 한마디로
일축해버렸다. 그 대신 노신은 프롤레타리아 문학 및 그 이론에 대해
폭넓은 학습을 진행한다. 1929년과 1930년에 각각 루나차르스키의
『예술론』과 플레하노프의 『예술론』을 번역한 것은 바로 그 학습의 일
환이었다. 특히 루나차르스키의 적극적 리얼리즘론에 노신의 관심이
집중되는데, 리얼리즘이 인류의 생활 속의 오염과 부패를 폭로하고
암흑을 부정하는 것은 인간을 이상(理想)에로 인도할 수 있다는 루나
차르스키의 소론이 노신 자신의 문학관에 부합되는 것이었기 때문이
다. 그 학습 과정에서 노신이 선호한 것은 '시월' 에 대립하였던 트로

---

19) 「現代新興文學的諸問題·小引」, 『魯迅全集』(1981) 第10卷, p. 292.

20) 「文藝與革命」, 위의 책, p. 67.

21) 「革命文學」, 『魯迅全集』(1961) 第3卷, p. 407 참조

22) 「文藝與革命」, 위의 책, p. 66.

23) 「文藝與政治的崎途」, 『魯迅全集』(1961) 第7卷, p. 109.

24) 「『壁下譯叢』小引」, 『魯迅全集』(1981) 第10卷, p. 279.

츠키, 보론스키, 그리고 루나차르스키였다. 그들은 모두 플레하노프 이론의 인식론적 특질을 강조하고 결정론적 요소에 기운 사람들이었다. 그들을 통해 노신은 토대와 상부 구조의 관계에 대해 배우고, 그 관계를 직접적이고 무매개적인 것이 아니라 간접적이고 매개적인 것으로 파악하는 그들의 관점을 받아들이며, 그 관점에서 문예의 특수성이 확보된다는 점에 관심을 기울였다. 거기에서 트로츠키에 대한 노신의 칭찬이 나오는 것이다. 문예 이론가로서의 트로츠키가 문예를 깊이 있게 해명했다고 노신은 평가했다. 노신의 입장에서 보자면 그 자신이 가지고 있던 문학의 특수성에 관한 믿음을 프롤레타리아 문학의 본산으로 여겨지는 소련의 이론가들에게서 재확인한 것이었다.

이렇게 하여 노신의 비판적 리얼리즘은 사적·유물론적 미학 이론의 수용을 통해 이론적으로 체계화되기 시작하고, 그렇게 체계화되어 가는 자신의 리얼리즘관을 가지고 노신은 신사실주의와 유물 변증법적 창작 방법이 성행하던 시기에, 그것들의 이름에 기대지 않고 자기 나름의 관점에서 당시 문학의 비(非)리얼리즘적 양상에 대한 비판을 꾸준히 행했다. 노신은 1930년 좌련(左聯) 결성 대회에서 "혁명의 실제 정황"을, "혁명은 고통스러우며 그 속에는 반드시 오물과 피가 섞여 있다는 사실"을 모르는 '시인(詩人)'들의 '낭만'을 격렬하게 비판했으며,[25] 1931년 12월에는 사정(沙汀)과 애무(艾蕪)에게 보내는 편지에서 현실 생활로부터 출발하여 익숙한 제재를 쓰고 엄숙하게 재료를 선택하며 깊이 있게 발굴하고 진실하고 심각하게 생활을 묘사하라고 권고[26]했던 것이다.

여기서 모순의 리얼리즘론을 자세히 살펴볼 여유는 없지만, 모순의 리얼리즘론과의 대조 속에서 노신 이론의 특징이 잘 드러나기 때문에, 간략히 양자의 대조만이라도 제시해보는 게 좋겠다. 프롤레타리

---

25) 「對于左翼作家聯盟的意見」, 『魯迅全集』(1961) 第4卷, pp. 182~83 참조.
26) 「關于小說題材的通信」, 『魯迅全集』(1961) 第4卷, p. 239.

아 문학 운동의 시기에 5·4 신문학의 전통을 대표하는 두 작가 노신과 모순은 이른바 '동반자 문학'의 위치에 있으면서 자신들의 비판적 리얼리즘의 문학적 입장을 자각적으로 논리화하고 있었다. 두 사람 다 현실 인식과 현실 묘사의 비판성과 객관성을 중시하였으나, 두 사람 사이에는 미묘한 차이가 있었다. 노신은 객관적 진실성을 확보하기 위한 선결 조건 내지 과정으로서 주관의 진정성을 강조했고, 모순은 객관적 진실을 주로 제재 차원에서 찾았던 것이다. 제재에 초점을 맞춘 모순은 1930년대 이후로 사회주의 리얼리즘으로 이행해갔는데, 그 후 모순의 사회주의 리얼리즘은 그 자신의 부단한 경계에도 불구하고 자연주의적 속성으로부터 자유롭지 못했다. 이는, 이론적으로 볼 때, 비판적 리얼리즘 시절부터 그가 제재 문제에 초점을 맞추고 있었던 것과 관련된다. 객관적 진실을 제재의 차원에서 확보하려 할 때 루카치가 비판하는 '사회주의적 자연주의'의 경향이 나타나는 것은 자연스러운 일이라 할 수 있다. 그에 반해 노신은, 비록 1936년에 일찍 타계하기는 하였지만, 타계하기까지 주관의 진정성을 중시하는 그 특유의 비판적 리얼리즘을 포기하지 않았다. 그것은 하나의 모델이 되어 훗날 그의 제자 호풍(胡風)에게로 계승되고 체계적으로 이론화된다.

4. 노신 리얼리즘의 계승: 호풍의 리얼리즘

1933년 일본 유학을 마치고 귀국한 뒤 좌련의 비평가로 활동을 시작한 호풍은 1936년의 두 개의 구호 논쟁(兩個口號論爭)에서도 노신 진영의 선봉장으로서 '민족 혁명 전쟁의 대중 문학'이라는 슬로건을 지지했지만, 리얼리즘 이론이라는 범주에서도 그는, 노신 사후에 노신의 '제자'로서, 노신의 비판적 리얼리즘을 계승하여 나름대로 발전·심화시키려고 노력했다. 1935년에 발표된 「장천익론(張天翼論)」

에서부터 호풍 특유의 강조점이 나타나기 시작한다. 이 글에서 호풍은 유물론을 교조로 삼고 그 교조에 의해 세계를 보고 인생을 보는 객관주의적 경향을 극복하고 "인간의 진실을 포착하고 종합적인 전형을 창조"하는 리얼리즘에 도달하기 위해 필요한 것은 "작가의 진실된 감정"과 "현실 생활에의 육박"이라고 주장했다.[27] 「장천익론」에서의 "작가의 진실된 감정"과 "현실 생활에의 육박"이라는 호풍 특유의 강조점은 곧 이어 '주관력'이라고 명명된다.

주관력이라는 것을 두고 리얼리즘의 토대 위에서 낭만주의적 요소를 흡수하려는 것이었다고 설명해버리는 것[28]은 적합하지 않다. 리얼리즘은 객관 위주이고 낭만주의는 주관 위주인데 좌경 사조가 리얼리즘을 지나치게 객관 일변도의 것으로 만들었기 때문에 균형 있는 조정을 위해 낭만주의적 요소의 흡수가 필요했다는 생각이 그러한 설명을 낳는다. 그러나 그러한 생각은 피상적이라 할 수 있다. 리얼리즘 이론에서 주관과 객관의 변증법적 통일을 사유의 중심에 놓는 헤겔주의적 입장은 엥겔스의 전형을 그 주-객의 변증법적 통일로 파악한다. 이 입장에서 보면 리얼리즘의 주요한 문학적 적은 자연주의와 낭만주의이다. 자연주의와 낭만주의는 주-객의 변증법적 통일을 분열시킨다는 점에서는 똑같고, 단지 자연주의가 객관으로 경사되는 데 반해 낭만주의는 주관으로 경사된다는 차이점이 있을 뿐인 것이다. 스탈린 시대의 사회주의 리얼리즘에도 이 두 편향이 나타난다는 것이 루카치의 관점이다. 이른바 사회주의적 자연주의와 혁명적 낭만주의가 그것인데, 루카치에 의하면 그 둘은 상호 배타적이거나 양립할 수 없는 것으로 존재했던 것이 아니라 사회주의적 자연주의가 혁명적 낭만주의를 도입함으로써 스스로를 인위적으로 풍부화하고 이론적으로 정당화하는 그러한 관계에 있었다.[29]

---

27) 『胡風評論集』上冊, 人民文學出版社, 1984, p. 37 참조.
28) 溫儒敏, 『新文學現實主義的流變』, 北京大學出版社, 1988, p. 148.
29) Georg Lukács, *Realism in our Time*, pp. 124~25 참조.

호풍의 문제 인식은 루카치적 맥락에 있는 것이었다. 「장천익론」을 비롯한 1935, 36년경의 글에서 호풍이 비판한 객관주의라는 것은 바로 루카치가 말하는 사회주의적 자연주의에 해당한다. 호풍의 '주관력'은 낭만주의의 주관주의적 주관이 아니라 '전형의 창조'를 위해 본질적 계기로 요구되는 주관이었다. 다만, 전형에 대한 호풍의 같은 시기의 논의가 보편과 특수의 통일을 제기하면서 아직 변증법적 논리에 도달하지 못하고 개념상의 혼란을 피하지 못하고 있었던 것처럼, 주관에 대한 논의 역시 그것이 '전형의 창조'의 본질적 계기로서 어떻게 작용하는가 하는 문제에 대해 구체적이고 체계적인 변증법적 논리를 부여하지 못하고 작가의 창작 정신 내지 창작 태도라는 경험적 차원에서의 논리화를 모색하였을 따름이었다.

이러한 방향에서의 모색은 호풍이 노신을 계승하는 데서 비롯되었다. 그러한 방향은 이미 노신이 그의 전체 문학적 생애를 통해 치열하게 모색했던 것이었다. 호풍의 '주관력'은 바로 노신의 '주관의 진정성'에 대한 또 다른 명명이다. 1937년에 쓴 「문학무문(文學無門)을 논함」을 보면 호풍의 '주관력'이라는 것이 결코 낭만주의적 주관이 아니고 주관과 객관의 변증법적 통일을 일으키는 어떤 작용 내지 그 통일의 과정에 해당하는 것임을 좀더 분명히할 수 있다. 그는 "작가가 예술에 충실하고 가장 거짓 없고 가장 생명이 있으며 그가 포착한 생활 내용을 가장 잘 말할 수 있는 표현 형식을 각고 노력하여 찾는다면, 설사 지하직재(志賀直哉)같이 커다란 생활의 파도를 겪지 않았다 하더라도 그의 작품은 고도의 예술적 진실에 도달할 수 있다"고 말한 뒤 곧 이어, "추상적인 말로 하자면 진실된 리얼리즘의 창작 방법은 작가의 생활 경험의 부족과 세계관의 결함을 보완해줄 수 있는 것이다"라는 언명을 덧붙이는 것이다.[30]

호풍의 리얼리즘 이론이 뚜렷하게 비판적 리얼리즘의 모습을 갖게

---

30) 『胡風評論集』上冊, p. 392 참조.

되는 것은 1940년 민족 형식 논쟁이 끝나갈 무렵이었고, 그것이 '주관력'이라는 개념을 축으로 체계화되는 것은 국통구(國統區)에 연안 문예강화의 논지가 알려진 뒤의 일이었다. 연안문예강화는 국통구의 문학과 문학 운동에도 커다란 영향을 미쳤다. 좌익 문학가들 중 다수는 연안문예강화의 논지를 대체로 그대로 받아들여, 그것을 국통구의 문학과 문학 운동을 평가하고 지도하는 준칙으로 삼으려 했고 정치에의 복무와 대중에의 심입을 주요 과제로 인식했다. 그러나 그러한 움직임에 대해 반대하는 입장도 있었고, 이 입장의 구심점이 바로 호풍이었다. 호풍은, 정치에의 복무라는 문제에 대해서는 직접적으로 언급하지 않고 대중에의 심입을 주로 문제삼는다. 대중에의 심입은 리얼리즘을 보장해주지 않으며, 오히려 대중 생활 속의 낙후성에 함몰되는 결과를 낳을 수도 있다는 것이다. 호풍이 보기에는 항전 이래로 대중에의 심입이 급속도로 진행되었음에도 불구하고 리얼리즘은 오히려 '쇠약'해졌다. 그 '쇠약'의 증세가 바로 '객관주의'와 '주관주의'라는 상반되는, 그러나 실제에 있어서는 동일한 경향이다. 호풍의 설명에 의하면 객관주의는 생활에 대해 '수동적인 정신'을 갖게 되어 '열정이 쇠퇴'된 채 '냉담한 직업적 심정'으로만 글을 쓰는 것이고, 주관주의는 주어진 '이념'에 따라 '내용이나 주제를 만들어내는 것'으로 기실은 객관주의가 '변장'한 것일 뿐이다.[31] 또 다른 글에서는 주관주의 · 객관주의라는 표현을 사용하지 않고 반(反)리얼리즘이라는 표현을 사용하면서 반(反)리얼리즘의 두 경향으로 생활을 추수(追隨)하기만 하는 경향과 이야기를 꾸며낸 뒤 거기에 사상을 부가하는 경향을 들고 있는데, 전자는 바로 객관주의에 해당하고 후자는 주관주의에 해당한다.[32] 그러니까 호풍에게 중요한 것은 대중에의 심입이 아니라 객관주의와 주관주의에 공히 결핍되어 있는 '그 무엇'

---

31) 「關于創作發展的二, 三感想」, 『胡風評論集』 中冊, p. `293.
32) 「文藝工作的發展及其努力方向」, 『胡風評論集』 下冊, pp. 6～16 참조.

인 것이 된다. '그 무엇'이 바로 1930년대 중반에 호풍이 제기했던 주관력인 것인데, 호풍은 그것에 대해 '주관 정신' 혹은 '주관적 전투 정신' 등의 새로운 명명을 부여한다. 호풍의 리얼리즘은 그 '주관 정신' 혹은 '주관적 전투 정신'과 '객관 진리'의 결합(또는 융합)을 원리로 한다.

> 주관 정신과 객관 진리의 결합 또는 융합이 곧 신문예의 전투적 생명을 낳으니 우리는 그것을 리얼리즘이라 부른다. [33]

호풍의 주관 정신론은 연안문예강화의 입장에 선 논자들로부터 맹렬한 비판을 받았다. 호풍은 많은 비판과 적은 지지를 받은 뒤, 1948년 9월 상해에서 『리얼리즘의 길을 논함(論現實主義的路)』을 쓴다. 이 저술은, 본래 호풍의 계획에 비추어보면 미완으로 그친 것이고, 주관 정신론의 기본 골격에 별다른 변화가 없으며, 오히려 이전의 강경한 입장에 비해 물러선 흔적도 있지만, 그러나 중요한 논점들에 있어서 보다 구체화되고 있고, 전체적으로 보아 주관 정신론에서 시작된 호풍의 탐구가 나름대로의 체계적인 리얼리즘 이론을 구성했음을 보여 준다. 우선 지적될 것은 주관주의와 객관주의라는 반(反)리얼리즘적 경향에 대한 논술이 보다 구체화되고 있다는 점이다. 종래의 주관주의라는 용어가 여기서는 주관 공식주의(主觀公式主義)로 바뀌는데, 호풍에 의하면 주관 공식주의는 "역사적 내용에 깊이 들어가지 못하고 자기 도취적인 열정 속을 떠돌아다니는 것"이고 객관주의는 "현실의 국부성·표면성에 굴복하거나 그 위에 떠돌아다니는 것"이다. [34] 호풍이 특히 문제삼는 것은 객관주의인데, 객관주의의 발생 원인을 설명하는 대목을 보면 호풍이 비판적 리얼리즘의 의미에 대해 보다

---

33) 「現實主義在今天」, 『胡風評論集』 中冊, p. 319.
34) 『胡風評論集』 下冊, pp. 290~94 참조.

명확한 인식을 하고 있음을 알 수 있다.

호풍이 보기에, 객관주의는, 표면상으로는 '사적 유물론의 인식'을 접수했지만 "이런 인식을 강렬한 사상적 요구로 전변시켜 창작 과정에서 현실의 대상을 향해 간고한 박투(搏鬪)를 진행하지 못했다는 것" "바로 비판적 리얼리즘이 소유한 것, 즉 강렬한 사상적 요구를 품고 현실의 대상을 향한 간고한 박투를 요구하는 창작 실천의 투쟁을 결핍했다는 것"을 그 발생 원인으로 하는 것이었다. [35] 호풍에 의하면 작가는 "객관 대상에 대한 감수"로부터 출발하여 "객관 대상에 돌입"하고 "객관 대상과의 목숨을 건 박투"를 거쳐야만 "객관 대상을 자기의 것으로 전변"시켜 표현할 수 있는 것이다. 여전히 비유에 의지하고 있고 주관 정신이 무엇인지, 주관 정신과 객관 대상의 결합 내지 융합이라는 게 어떤 것인지 구체적이고 논리적인 해명은 하지 못하고 있지만, 그런 것들을 명백한 어조로 비판적 리얼리즘의 성격으로 파악하고 있음은 주목될 만하다. 이보다 3년 전의 「민주주의를 위한 투쟁에 몸바쳐」에서도 5·4 리얼리즘의 계속성에 대해 말한 적이 있었다. 당시 국통구에서는 '민주(民主)가 피를 흘리고' 있기 때문에 리얼리즘의 기본 임무는 여전히 '민주적 요구'를 반영하고 인민 대중의 생활 속에 '언제 어디서나 잠재되어 있거나 확장되고 있는, 몇천 년 된 정신적 노예의 상처'를 드러내는 것임을 잊지 말아야 하며, 봉건을 반대하고 '정신 개조'를 촉진하는 5·4 리얼리즘의 기본 임무가 아직 완성되지 않았으니 이 면에서 계속 노력해야 한다는 것이었다. [36]

3년의 시차를 둔, 비판적 리얼리즘에 대한 이 두 개의 담론은 미묘한 차이를 보인다. 3년 전의 것이 비판적 리얼리즘의 유효성을 현실의 모순의 존재로부터 찾고 있음에 반해, 3년 후의 것은 객관적 현실

---

35) 앞의 책, pp. 301~03 참조.
36) 『中國新文學大係(1937~1949)』第2集, pp. 582~83 참조.

의 본질의 포착이라는 리얼리즘의 일반 원리를 비판적 리얼리즘에서
부터 찾고 있는 것이다. 이 차이는 중시되어야 한다. 3년 전의 담론
에서의 비판적 리얼리즘은 현실의 모순이 소멸되거나 적어도 완화되
면 의미를 손상당하는 것이지만, 3년 후의 담론에서의 비판적 리얼
리즘은 리얼리즘의 일반 원리를 실현한 것이기 때문에 의미를 잃지
않는다.

　비판적 리얼리즘에 리얼리즘의 일반 원리가 실현되어 있다고 보는
데는 세계관과 창작 방법이라는 두 개의 범주를 인과적으로 관련시키
지 않고 양자간의 불일치 내지 모순의 가능성을 인정하는 태도가 깔
려 있다. 고리키적 사회주의 리얼리즘 역시 그 가능성을 인정하지 않
는 것은 아니지만, 그러나 사회주의 리얼리즘에서는 양자가 일치한다
는 점에 역점을 두고 이를 비판적 리얼리즘보다 사회주의 리얼리즘이
우월한 근거로 삼는다. 고리키적 사회주의 리얼리즘에 있어서는 리얼
리즘의 일반적 원리라는 것이 무의미한 것이다. 그 입장에서는 세계
관과 방법의 불일치 내지 모순이 리얼리즘의 일반 원리와 관련되는
것이 아니라 비판적 리얼리즘의 한계 내지 취약성일 뿐인 것이다. 그
러나 비판적 리얼리즘의 입장에서는 세계관과 방법의 불일치 내지 모
순에도 불구하고 이루어지는 리얼리즘, 즉 리얼리즘의 승리야말로 리
얼리즘의 일반 원리의 실현인 것이다. 세계관과 방법의 일치 속에서
이루어지는 리얼리즘에서는 그것이 너무나 자연스럽기 때문에 오히
려 리얼리즘의 일반 원리가 잘 드러나지 않는다.

　1930년대 소련의 이른바 '신사조(新思潮)' 그룹이 그런 의미에서의
비판적 리얼리즘론을 보여주는 대표적 예이다. 그들 중 대표자인 루
카치는 세계관과 미적(美的) 반영이라는 예술적 원리를 원칙적으로
구분함으로써 마르크스주의적 문예 이론의 방향을 내용과 관련된 이
데올로기 비판으로부터 예술적 형상화 자체의 영역으로 옮긴다. 그리
하여 리얼리즘은 예술가의 주관적인 노력이나 이데올로기적 입장에
따라 이루어지는 것이 아니라, 현실에 대한 미적 자기화(自己化)의

형식 그리고 이를 통해 매개된 예술 작품의 수용 형식으로부터 이루어지는 것이 된다. 바로 그 미적 자기화를 철학적 개념으로 표현하면 주관과 객관의 통일이고, 그 통일의 소산이 전형이다. 이것이 루카치가 보는 리얼리즘의 일반 원리이다. 이 일반 원리를 실현하지 못하고 단지 세계관과 방법의 일치라는 교조적인 강요를 받게 되면 사회주의 리얼리즘은 사회주의적 자연주의와 혁명적 낭만주의로 변질되어버린다. 루카치가 비판적 리얼리즘과 사회주의 리얼리즘을 구분한 데는, 고리키의 경우와는 반대로, 비판적 리얼리즘에 나타나는 리얼리즘의 일반 원리를 계급적 차별보다 더욱 강조함으로써 사회주의 리얼리즘의 변질에 대해 간접적으로 비판하고자 하는 의도가 숨어 있었다.

호풍이 말하는 주관 정신의 박투는 바로 루카치가 말하는 리얼리즘의 일반 원리에 해당한다. 사상 개조를 하지 못하면 그 어떤 작가든지 실제로는 프티 부르주아의 모든 것을 선전할 수 있을 따름이라는 생각에 대한 호풍의 반대는 연안문예강화의 가장 중요한 원칙에 대한 반대이다. 사상 개조를 했든 안 했든 중요한 것은 주관 정신의 박투, 즉 리얼리즘의 일반 원리라는 것이기 때문이다. 호풍의 비판적 리얼리즘 이론은 그 실질에 있어서 루카치의 비판적 리얼리즘 이론과 유사하다. 호풍이 루카치를 직접 읽었는지, 어느 정도 읽었고 어느 정도 수용했는지는 알 수 없으므로 그 영향 관계를 함부로 말할 수는 없다. 그러나, 영향 여부와는 무관하게 그 이론 구조의 유사성과 차이는 객관적으로 지적될 수 있다. 양자의 결정적인 차이는 루카치가 철학적 개념으로 설명하는 곳을 호풍은 그러지 않고 비유적 언어에 의해 단지 시사하고 있을 따름이라는 점이다. 그 비유는 작가의 창작 태도 내지 창작 정신에 초점 맞춰져 있는바, 이는 노신의 비판적 리얼리즘이 강조하던 주관의 진정성으로부터 도출된 것이다.

미적 자기화를 예술에 있어서의 주관과 객관의 변증법적 통일이라는 개념으로 설명하지 않고 작가의 창작 태도 내지 창작 정신이라는 차원에서 '주관력' '주관 정신' '주관적 전투 정신' 등등의 '박투'라고 표현하는 것 자체를 주관주의라 부른다면, 그때의 주관주의는 아주 특수한 용어가 될 것이다. 「반(反)사회주의적 호풍 강령」에서 "호풍은 문예의 원천은 객관 세계도, 인민의 생활도 아니고 작가의 '주관 정신'의 '자아 확장'이며, 문예는 객관 진실의 반영이 아니라 작가의 '주관 정신'의 표현이라고 생각한다"[37]고 말했을 때 곽말약은 호풍을 일반적 의미에서의 주관주의로 본 것인데, 이는 오류이다. 호풍의 주관 정신은 '객관 진실의 반영'을 부정하는 것이 아니라 '객관 진실의 반영'에 도달하기 위한 과정 내지 매개이기 때문이다. 호풍이 주관주의라면 그것은 그 과정 내지 매개에 있어서의 주관주의라는 아주 특수한 성격의 것이다. 호풍은 노신의 비판적 리얼리즘을 계승하여 1940년대, 즉 문학에 있어서 말하자면 연안문예강화의 시대에, 그 주관주의를 극단으로까지 밀고 나가 그 나름의 독창적 이론 체계를 정립한 예외적 이론가라 할 수 있다.

5. 중국 신문학의 리얼리즘과 노신의 리얼리즘

노신에서 호풍으로 이어지는 리얼리즘론에 있어 실제로 이론적 논의의 체계적 전개는 호풍에게서 더 많이, 더 집중적으로 발견된다. 그럼에도 불구하고 이 이론 모델에 노신적 모델이라는 이름을 붙일 수 있는 것은, 호풍의 이론이 노신의 정신과 노신이 형성해놓은 틀 속에서 전개되었고, 그러면서 호풍의 이론은 노신에게 잠재된 방향들 중 어느 한 방향으로 현저한 편향을 보인 것이기 때문이다. 다시 말하면 호풍 이론은 노신적 모델의 하나의 재생산이라 할 수 있다.

노미널리즘의 대립 개념으로서의 리얼리즘이라는 철학적·인식론적 태도에 비추어 말한다면 노신이야말로 철저한 리얼리스트였다. 그

---

37) 『中國現代文學史參考資料(1949~1958)』, p. 435.

는 언제나 명분에 구속되지 않고 실질을 중시했던 것이다. 가령 혁명 문학론자들의 혁명 문학이라는 것에 대한 노신의 비판도 그것이 명분만 앙상하고 실질을 결핍하였다는 데 집중되었었다. 리얼리즘이라는 말에 대한 노신의 태도 역시 그리해서, 그 말이 한창 유행어처럼 사용되고 있을 때에도 노신은 그 말을 그다지 사용하지 않았다. 노신이 리얼리즘이라는 말을 사용하는 것은 대체로 서양 문예 사조로서의 리얼리즘에 대해 일반적으로, 그리고 객관적으로 논급할 때와 그가 동의하는 외국 이론가의 용어를 인용할 때에 한했다. 예를 들어 1924년 도스토예프스키의 『가난한 사람들』 중역본 서문에서 "높은 의미에서의 리얼리즘"을 운위하는 것은 도스토예프스키 자신의 말을 인용하면서였고, 1929년 루나차르스키의 『예술론』을 번역하면서 그 역자 서문에서 '적극적 리얼리즘'을 운위하는 것은 루나차르스키 자신의 말을 인용하면서였다. 노신이 도스토예프스키에 찬성한 것은 '높은 의미에서의 리얼리즘'이라는 명분이 아니라 '영혼의 묘사'라는 그 실질이었으며, 루나차르스키에 찬성한 것 역시 '적극적 리얼리즘'이라는 명분이 아니라 암흑의 폭로와 부정이 인간을 이상에로 인도할 수 있다고 생각하는 그 실질적 내용이었던 것이다. 노신은 그 실질에 대해 리얼리즘이라는 이름을 붙이는 데는 별다른 관심이 없었다. 따라서 문학 및 문학과 현실의 관계에 대한 노신의 사유와 그 사유의 체계성을 리얼리즘이라는 개념으로 파악하고 설명하는 것은 사후적 재구성인 것이다.

노신의 문학과 사상은 혁명으로부터 흘러나와 끝내 혁명으로 흘러들어간다. 혁명이 노신에게 근본적 동기가 되는 것은 1906년 문화 운동에 투신하면서부터였고 그것은 1936년에 죽기까지 한결같이 지속되었다. 처음부터 노신이 문제삼았던 것은 진정한 혁명이었고, 유명한 환등기 사건에서 잘 나타나는 것처럼 진정한 혁명에 있어 문제가 되는 것은 '병든 국민성'이었다. 신해 혁명 이후 이 '병든 국민성'에 대한 노신의 인식은 한결 깊어진다. 그전까지 낭만적이고 영웅적인 외침에 의해 병든 국민성으로부터 국민을 일깨울 수 있다고 생각하던 것이 이제는 환상으로 여겨지고 그 병든 국민성이라는 엄혹한 현실을 '정시(正視)'하고 '폭로'하는 일이 정말 중요한 일로 생각되게 된 것이다. 단편소설 「약(藥)」이나 산문 「태평가결(太平歌訣)」 같은 데서 잘 나타나듯, 그 병든 국민성이라는 것은 봉건적 현실에 압박받으면서도 스스로 그 봉건적 현실을 유지시키는 데 기여하는 마비된 민중을 일컫는 것이다. 혁명가가 민중을 위해 피를 흘릴 때 민중은 그에 대해 결코 감사하지 않으며, 다만 어떤 개별적 사실과 관련하여 자신의 이해가 어떠한가에만 관심이 있을 따름이라는 것이다. 그 민중은, 산문 「공산당 토벌의 장관(鏟共大觀)」에서 쓰고 있듯 여성 공산당원의 처형을 신나는 구경거리로 삼는 민중이다. 「약」의 '인혈만두(人血饅頭)'나 「태평가결」의 '주문(呪文)'은 그것의 상징이다. 그러나 노신 정신의 비밀은 그 '인혈만두'나 '주문'의 발견 자체에 있는 것이 아니다.

> 어떤 사람들의 글을 보면 현재는 '여명(黎明)의 전(前)'이라고 거의 억지를 쓰고 있다. 그러나 시민은 이러한 시민일 뿐이니 여명도 좋고 황혼도 좋지만, 혁명가들은 결국 이러한 시민들을 등에 업고 나아가지 않으면 안 되는 것이다. [38]

노신은, 일본의 노신 연구가 환산승(丸山昇)이 말한 것처럼, "중국의 혁명이 현단계에 있어서 보기에 그토록 '무지'하고 '전혀 관심도 없는' 이들 민중과 함께해야만 되며, 더 나아가서는 그들 자체의 힘에 의지해야만 전진할 수 있다는 것을 인식"[39]하였던 것이다. 노신이 생각하고 있는 혁명은 바로 그런 혁명이었다. 중국의 후세의 문학사

---

38) 「太平歌訣」, 『魯迅全集』 第4卷, p. 82.
39) 丸山昇, 『魯迅と革命文學』, 紀伊國書店, 1972: 『문학의 이론과 실천』, 이득재·조성 편역, 사계절, 1986, p. 210.

가들에게 널리 유포되었던 '진화론에서 혁명론으로'라는 식의 노신 인식이 노신이 마르크스주의자가 되고서야 비로소 혁명을 추구하게 되었다고 생각하는 것은 잘못이다. 노신에게는 마르크스주의적 혁명이라는 것이 중요한 것이 아니라 혁명 자체가 중요한 것이었다. 그의 혁명을 실현시킬 수 있는 실제적 힘을 나중에 마르크스주의적 혁명에서 찾았을 뿐인 것이라고 보는 환산승의 견해는 실로 탁견이라 할 수 있다.

노신에게 중요한 것은 허황한 혁명론이 아니라 실제로 혁명에 나름대로 기여할 수 있는 구체적 작업들이었다. 그가 마르크스주의 원전들의 번역을 중시한 것은 이런 맥락에서였다. 여러 작업들은 각각 그것만이 할 수 있는 부분에서 나름대로 혁명에 실제적으로 기여한다. 문학도 마찬가지였다. 노신이 문학의 특수성을 중시한 것 역시 같은 맥락에서였다.

> 중국에 구호는 있으나 그에 따른 실효가 없는 것은, 그 병근(病根)이 결코 "문예로써 계급 투쟁의 무기로 삼는" 데 있는 것이 아니고, "계급 투쟁을 빌려 문예의 무기로 삼는" 데 있다고 나는 생각한다. 〔……〕 문학을 '계급 투쟁'의 엄호 아래 앉아 있도록 한 것이다. 그리하여 문학 자체는 도리어 힘써 노력하지 않아도 되게 되었고, 그리하여 문학과 투쟁 양쪽에 대해 모두 관계가 줄어들어버렸던 것이다.[40]

노신이 보기에, 나름대로 혁명에 기여하는 문학은 무엇보다도 현실을 '정시(正視)'하는 문학이다. 그 현실은 병든 국민성이 빚어낸 '인혈만두'의 암흑적 현실이다. 그 현실만이 혁명의 장소이므로 그 현실을 가식해서는 안 된다. 그런데 그 현실은 영혼의 깊이에까지 펼쳐져 있는 현실이고, 그러므로 병든 국민성의 영혼까지 묘사하지 않으면

---

40) 「'硬譯'與文學的'階級性'」, 『新文學運動史料選』第2冊, p. 96.

안 된다. 여기서 노신은 도스토예프스키의 '높은 의미의 리얼리즘'에 찬성한다. "가면을 벗기고(取下假面) 참답고 심각하고 대담하게 인생을 들여다보고 그것의 피와 살을 그려내야 한다"는 것이다. 이처럼 깊이까지 포함하는 암흑적 현실의 정시와 그것의 생생한 묘사는 단순히 폭로에 그치는 것이 아니다. 그것은 현실의 이상적 변혁에 기여한다. 여기서 노신은 인류의 생활 속의 오염과 부패를 폭로하고 암흑을 부정하는 것은 인간을 이상에로 인도할 수 있다는 루나차르스키의 '적극적 리얼리즘론'에 찬성한다. 물론 노신이 암흑만을 써야 한다고 주장한 것은 아니다. 없는 광명(光明)을 꾸며내는 가식적 태도를 엄격히 거부한 것이지 있는 광명조차 쓰지 말라고 한 것은 아닌 것이다. 실제로 노신은 「아큐정전」에서 민중의 잠재적 역량을 놓치지 않고 해학적으로 묘사했다.

이것이 비판적 리얼리즘에 가까운 노신의 리얼리즘적 사유의 내용이다. 노신은 혁명의 완수는커녕, 해방구 체제의 대두 이전에 죽었다. 반(半)식민지 반(半)봉건 사회 속에서 생을 마친 노신에게 사회주의 리얼리즘은 실제적인 문제로 보이지 않았던 것 같다. 사회주의 리얼리즘에 대한 논의가 한참 일고 있을 때 만년의 노신은 그에 대해 별다른 언급을 하지 않았던 것이다. 그러나, 유추가 허용된다면, 혁명 문학 논쟁 당시의 발언으로부터 다음과 같은 생각을 해볼 수는 있다. 혁명 문학 논쟁 때에 노신은 에세닌과 소보리의 자살에 대해 여러 차례 언급했다.

그리하여 나는, 대저 혁명 이전에 환상 또는 이상을 품었던 혁명 시인은 자기가 구가했고 희망했던 바의 현실에 부딪혀 죽을 운명을 가지기 쉽다는 것을 알게 되었다. 현실의 혁명이 만약 이런 유의 시인의 환상 또는 이상을 분쇄하지 못한다면, 이 혁명은 포고(布告)상의 공담(空談)일 것이다. 그러나 에세닌과 소보리를 비난만 해서는 안 된다. 그들은 앞서거니뒤서거니 하며 자신을 위해 만가(挽歌)를 불렀던 것이다. 그들에게는 진실이 있었다. 그

들은 스스로의 침몰로써 혁명의 전진을 증명하였다. 그들은 결코 방관자가
아니었다.[41]

　이에 대한 해석은 여러 각도에서 가능하겠지만, 본고의 논점에만
초점을 맞추어본다면 이는 진정한 의미의 혁명이 완수된다면 그전에
상상하던 범위를 훨씬 넘어서서 완전히 새로운 문학이 태어날 것이고
거기서 종래의 문학(노신 자신을 포함해서)은 살아남지 못할지도 모른
다는 뜻으로 읽힐 수 있다. 그가 좀더 오래 살았더라면, 그리하여 해
방구 체제와 1950년대 이후의 사회주의 체제를 겪었더라면 노신은 그
체제들의 사회주의 리얼리즘 문학을 찬성했을까, 아니면 그의 비판적
리얼리즘을 고수했을까, 혹은 에세닌처럼 자살했을까, 라는 의문은
흥미로운 의문이지만 역사상의 가정이 무의미하니만큼 물론 무의미
한 의문이다. 그러나 위 인용문에서 엿볼 수 있는 것은 적어도 진정한
혁명의 완수 이전까지는 비판적 리얼리즘을 추구해야 한다는 완강한
생각이다.
　노신의 비판적 리얼리즘에는 그 특유의 요소가 포함되어 있다. 그
것은 주관의 진정성에 대한 중시이다. 노신에게 있어서 현실을 정시
하고 가식 없이 묘사하기 위해 주관의 진정성은 꼭 필요한 요소였다.
주관의 진정성에 대한 노신의 중시는 흔히 주천백촌(廚川白村)의『고
민의 상징(苦悶の象徵)』에서 받은 영향으로 설명된다. 온유민(溫儒
敏)에 의하면 주천백촌은 작가의 내면을 중시하여 "자기의 마음속 깊
은 곳으로 깊이, 더욱 깊이 파고들어가서 자기의 내용 속에 도달, 거
기에서부터 예술이 생겨나게 해야 한다"고 주장하고, 창작이란 '개성
의 표현'으로서 작가가 자신의 '인간적 고통'에 대한 감수에서 얻은
'이미지'를 예술적 형상으로 전환시킨 것인바 이때 반드시 작가의
'진짜 생명'이 담겨야 하고 작가의 강렬한 사상 감정이 담겨야 한다

---

41)「在鐘樓上(夜記之二)」,『魯迅全集』(1961) 第4卷, p. 31.

고 주장했다. 주천백촌의 이론은 그 성격이 복합적이지만 대체로 낭만주의 내지 상징주의적 경향이 주된 것으로 보인다. 노신이 공감한 것은 그 중 진실한 감정의 강조라는 측면이었다. 다만 노신은 그것을 낭만주의나 상징주의라는 문맥에서가 아니라 자신의 비판적 리얼리즘을 보완하는 요소로 받아들였다. 그것이 노신의 주관의 진정성이다. 그러나 이를 꼭 주천백촌의 영향으로만 보아서는 안 될 것이다. 그것은 이미 1907, 08년경부터 노신에게 내재되어 있던 낭만주의 취향의 표현이기도 하기 때문이다.

노신의 리얼리즘은, 그가 사정과 애무에게 말했던 것처럼, 현실 생활로부터 출발하여 익숙한 제재를 쓰고 엄숙하게 재료를 선택하며 깊이 있게 발굴하고 진실하고 심각하게 생활을 묘사하는 것이었다. 현실을 정시하고 가식 없이 묘사하는 것만으로는 그 묘사가 사실의 평면적 묘사로 그쳐버리지 않으리라는 보장이 없다. 노신이 보기에 사실의 평면적 묘사를 넘어서서 '영혼의 묘사' '이상(理想)에로의 인도'에 도달하기 위해서는 '깊이 있는 발굴'과 '심각한 묘사'가 필요한 것이다. 그렇다면 '깊이 있는 발굴'과 '심각한 묘사'는 어떻게 가능한가, 하는 질문이 주어질 수 있다. 이에 대한 답이 바로 주관의 진정성인 것이다. 말하자면 주관의 진정성 속에서 작가의 주관과 현실이라는 객관 사이에 어떤 의미있는 작용이 이루어진다는 것이고, 그 작용 속에서 깊이 있는 발굴과 심각한 묘사가 가능해지며, 그리하여 '영혼'과 '이상'을 내포하는 객관적 진실이 획득된다는 것이다. 그렇다면 그 객관적 진실은 현상으로서의 객관적 사실과는 차원이 다른 그 무엇일 터인데 이에 대한 구체적 설명은 더 이상 노신에게서 나타나지 않는다.

이상 살펴본 리얼리즘 이론의 노신적 모델은 노신 사후 노신의 제자 호풍에게로 계승되어 더욱 구체화된다. 호풍은 해방구와는 사회체제를 달리하는 국통구의 문화라는 문맥에서 이 모델을 이론적으로 심화·확대시킨다. 호풍이 5·4 리얼리즘을 명백히 비판적 리얼리즘으로 파악하면서 그것을 사회주의 리얼리즘에 비해 열등한 것으로 보지 않고 오히려 리얼리즘의 일반 원리가 거기에 실현되어 있음을 강조했다는 것은 앞에서 이미 살펴본 바이다. 간략히 되풀이하면, 호풍은 객관 현실과 주관 정신의 융합을 그 리얼리즘의 일반 원리로서 제시했다. 그의 객관 현실은 현상이 아니라 본질이며 그렇기 때문에 그냥 얻어지는 것이 아니다. 그것은 객관 현실과 주관 정신의 융합 속에서 전형의 창조를 통해 얻어지며, 그러한 융합과 창조의 과정은 주관 정신의 객관 현실에 대한 '박투'를 통해 수행된다. 주관과 객관의 결합이라는 문제는 주양(周揚) 역시 「리얼리즘 시론(試論)」에서 논의했었다.

　주관과 객관이 결합한다는 것은 곧, 사람이 주위 세계를 인식하려면 반드시 실천의 과정을 거쳐야 한다는 뜻이다. 모든 객관 현상은 표면적으로 보면 복잡하고 혼란하며 포착하기 어려운 것 같은데, 현상의 표피를 꿰뚫고 객관 현실 속으로 깊이깊이 들어가야만 우리의 주관은 단련되고 충실해질 수 있고 객관 법칙성을 파악하는 능력을 획득할 수 있다. [42]

여기서 주양은 '현상'과 '법칙성'이라는 현실의 두 차원을 구분하고, 주관이 '현상'의 표피를 꿰뚫고 현실 속으로 깊이 들어가 '법칙성'을 포착함으로써 주관과 객관의 결합이 이루어진다고 묘사하고 있는 것이다. 나중에는 호풍을 그토록 극심하게 주관주의며 관념론이라고 몰아붙였지만, 주양 자신도 한때는 호풍과 거의 같은 논리를 펼쳤던 셈이다. 다만 주양은 그 "현실 속으로 깊이깊이 들어가는 주관"을 곧장 당파성(黨派性)으로 규정짓고 나아가서는 그 당파성을 '법칙성'(즉 진실성)과 동일시했다. 그에 반해 호풍은 그 '현실 속으로 깊이깊이 들어가기'를 당파성으로 규정짓는 것을 거부하고 그것을 '주관 정

---

42) 『新文學運動史料選』 第2冊, p. 338.

신의 객관 현실에 대한 박투'라고 부르며 리얼리즘의 일반 원리로 보고자 했던 것이다.

6. 맺는 말

노신적 모델의 호풍적 재생산은 루카치의 비판적 리얼리즘 모델과 매우 흡사하다. 비판적 리얼리즘과 리얼리즘 일반의 관계, 비판적 리얼리즘과 사회주의 리얼리즘의 관계에 대한 규정이라든지, 객관 현실을 현상적 차원과 본질적 차원으로 구별하는 것, 객관 현실의 본질은 리얼리즘에 있어 전형이라는 범주를 통해 형상화된다는 것, 객관 현실의 본질과 전형을 주관과 객관의 관계의 문제로 파악한다는 것 등 여러 명제들을 양자는 공유하고 있는 것이다. 심지어 그 리얼리즘 이론을 통해 사회주의 리얼리즘의 객관주의화와 주관주의화라는 부정적 경향을 간접적으로 비판한다는 의도까지도 동일하다. 그러나 그렇다고 해서 노신적 모델이나 그것의 호풍적 재생산을 루카치 모델의 영향 내지 수용의 소산이라고 간단히 치부해버리기는 어렵다. 노신은 말할 것도 없고, 호풍의 경우에도 그가 루카치를 의식적으로 수용했다는 증거를 찾아볼 수 없고, 더욱 중요하게는 양자 사이에 돌이킬 수 없는 결정적인 차이가 있기 때문이다. 루카치가 총체성이라는 개념에 입각하고 주관과 객관의 변증법적 통일이라든지 보편과 특수의 변증법적 통일이라는 개념에 의해 철학적으로 해명하는 곳에서, 호풍은 노신의 주관의 진정성이라는 개념을 계승, 그것을 주관력, 주관 정신, 주관적 전투 정신 등의 객관 현실에 대한 박투와 그 박투에 의한 주관과 객관의 융합으로 설명함으로써 창작 정신 내지 창작 태도의 차원으로 옮겨갔던 것이다.

리얼리즘 이론의 노신적 모델은 1953년부터 1976년경까지 탄압을 받는다. 그 탄압이 애국 애민이라는 의미에서의 노신 정신이 계속 지

지를 받는 가운데 진행되었다는 사실은 묘한 아이러니를 느끼게 한
다. 너무나 포괄적이어서 자의적으로 해석되기 쉬운, 그리하여 실제
로는 모택동주의의 정치적 상징으로 작용해온 애국 애민의 정신이 아
니라 위에서 살펴본 비판적 리얼리즘의 정신으로서의 노신 정신은 이
른바 사회주의 신시기에 들어 다시 살아나고 있다.　　〔1992년 5월〕

좌련 시기의 리얼리즘 이론

1. 머리말

아직까지 좌련 시기(左聯時期)[1]의 리얼리즘론에 대한 연구가 거의 없었다는 것은 흥미로운 사실이다. 좌련 시기의 문학 이론에 대한 연구가 대단히 활발하게 이루어져왔음에도 유독 리얼리즘론만은 거의 조명을 받지 못한 것인데, 거기에는 그럴 만한 이유가 있다. 문학 이론 연구에 있어서 종래의 지배적 연구 경향이 실증주의적이면서 논쟁사를 중심으로 하는 것이었다는 점이 그 주된 이유로 지적될 수 있다. 그런 관점과 방법에 고착되면, 크게 논쟁을 불러일으키지 않았거나 못한 이론적 주제는 일단 관심 밖의 것으로 도외시되게 마련인데(심한 경우에는, 문학적으로 무가치하고 무의미한 것으로 미리 가치 판단되기도 한다), 좌련 시기에 그토록 많은 문학 논쟁들이 전개되었음에도 리얼리즘론은 거의 논쟁을 유발하지 않았던 것이다.

그러나 좌련 시기의 리얼리즘론은 충분히 독자적으로 조명될 필요가 있다. 적어도 다음 두 가지 점에서 그러하다.

첫째, 좌련 시기의 문학의 주류가 프로 문학 운동이었다는 것은 주지의 사실이거니와, 리얼리즘론은 프로 문학 운동 및 그 이론의 문예

---

1) 좌익작가연맹은 1930년 3월에 성립되고 1936년 3월에 해산되었지만, 문학사의 시대 구분에 있어서 좌련 시기라 하면 1927년 4 · 12 쿠데타에서부터 1937년 7 · 7 사변까지를 가리키는 게 통례이다.

학적 수준을 재는 결정적인 한 시금석이다. 프로 문학 운동들의 공통된 정치적 목적은 프롤레타리아 혁명에 의한 사회주의 건설이며 따라서 계급 투쟁 내지 혁명과 문학의 관계가 항상 핵심적 문제가 되는데, 그 관계에 대한 탐색이 문학 내적인 것으로까지 진전되어 프로 문학의 문학적 원리에 대한 논의 즉 프로 문학의 본질론이 이루어질 때 리얼리즘 개념이 대두된다. 아무리 빈약하더라도 그 본질론이 있어야 프로 문학론은 문학론으로서 하나의 체계를 이룰 수 있는 것이다.

둘째, 1950년대 이후 중국의 문학 이론에 있어서 하나의 구심점이 되는 리얼리즘론을 올바르게 이해하기 위해서는 1930년대의 리얼리즘론에 대한 적절한 이해와 그것을 바탕으로 한 양자의 비교 연구가 필요하다. 1950년대 이후의 리얼리즘론은 사회주의 사회 속에서 이루어진 것이고, 1930년대의 리얼리즘론은 자본주의 사회 내지 반(半)식민지 반(半)봉건 사회 속에서 이루어진 것이니만큼, 양자의 동일성과 차별성을 밝히는 일은 생각보다 훨씬 더 중요한——어쩌면 문예학 일반에 있어서까지 본질적인 시사점을 줄지도 모르는——주제일 수 있다.

2. 프롤레타리아 리얼리즘

1928년초부터 시작된 혁명 문학 논쟁이 처음의 소박하고 유치한 단계를 벗어나 이론적으로 심화되어가면서 창작 방법의 문제가 점차 중요한 주제로 떠오르기 시작했다. 1929년 3월에 발표된 진계수(陳啓修)(필명 勺水)의 「신사실주의를 논함(論新寫實主義)」(『樂群月刊』 一卷 三期), 같은 달에 발표된 임백수(林伯修)의 「1929년에 긴급히 해결해야 할 문예에 관한 몇 가지 문제(一九二九年急待解決的幾個關于文藝的問題)」(『海風週報』 第12期), 동년 4월에 발표된 전행촌(錢杏邨)의 「동경에서 무한까지(從東京到武漢)」(『海風週報』 第14, 15期 合刊) 등이 창작 방법에 대한 논의를 포함하고 있는 이 무렵의 대표적인 글들인데, 이 논의들의 공통점은 신사실주의라는 용어를 축으로 하고 있다는 점이다. 이 신사실주의라는 것을 사회주의 리얼리즘과 동일한 것으로 파악하는 연구자들도 있으나[2] 그런 파악은 대단히 잘못된 것이다. 신사실주의라는 용어는 일본의 장원유인(藏原惟人)의 프롤레타리아 리얼리즘이라는 용어의 중국어 역으로 생겨났다. 이 역어의 창안자는 임백수이다. 소련의 루나차르스키와 일본의 장원유인을 전문적으로 번역·소개하다시피 한 임백수는 1928년 7월 태양월간(太陽月刊) 정간호(停刊號)에 「신사실주의에의 길(到新寫實主義之路)」이라는 번역문을 발표했는바, 이는 장원유인이 1928년 5월에 발표한 「프롤레타리아 리얼리즘에의 길」을 중국어로 옮긴 것이었다. 그런데 여기서 중요한 것은 용어만 따온 것이 아니라 그 내용까지도 받아들였다는 점이다. 사실상 이 무렵의 신사실주의론은 장원유인의 프롤레타리아 리얼리즘론을 그대로 베낀 것이나 마찬가지였다. 그런 까닭에 신사실주의론을 살피기에 앞서 장원유인의 프롤레타리아 리얼리즘론을 검토하지 않을 수 없다.

장원유인에 의하면 리얼리즘이란 "예술가가 현실을 대하는 데 있어 아무런 선험적·주관적인 관념을 갖지 않고 현실을 있는 그대로 객관적으로 그려내는 것"[3]이다. 리얼리즘에는 역사적으로 고전적·봉건적 및 근대적 리얼리즘이 있으며 근대적 리얼리즘에는 1) 부르주아

---

2) 李何林, 「近二十年中國文藝思潮論」은 중국 현대 문학사를 서구 문예 사조의 이식의 역사로 보고, 20년 동안(1917년부터 1937년까지)의 중국 문예 사조를 유럽의 근대 문예 사조의 발전에 대비, 유럽에서 이, 삼백 년 걸려 발전된 사조·유파가 중국에서는 불과 20년 동안에 나타났었다는 것이 중국 문예 사조의 특징이라고 주장하면서, 그것들을 고전주의·로맨티시즘·자연주의·리얼리즘·세기말 문예 사조·신사실주의라는 순서로 파악했다. 相浦杲, 「リアリズムの係譜」는 이하림의 사조론을 소개하면서 "신사실주의는 현재에는 사회주의 리얼리즘이라고 불리고 있다"고 설명하고 있다. 이러한 잘못된 파악은 리얼리즘을 문예 사조의 일종으로 좁혀 개념화하는 데서 비롯되는 것이다.

3) 藏原惟人, 「プロレタリアリアリズムへの道」: 임규찬 편, 『일본 프로 문학과 한국 문학』, 연구사, 1987, p. 132.

리얼리즘, 2) 프티 부르주아 리얼리즘, 3) 프롤레타리아 리얼리즘이 있는데 프롤레타리아 계급의 성장과 함께 근대적 리얼리즘은 프롤레타리아 리얼리즘으로 된다.[4] 그 프롤레타리아 리얼리즘의 내용을 요약하면 다음과 같다.[5]

1) 그것은 부르주아 리얼리즘의 개인적·생물학적 인간관을 극복하고 사회적 인간관 위에 선다. 2) 그것은 프티 부르주아 리얼리즘의 계급 협조주의를 극복하고 계급 투쟁의 사회관 위에 선다. 3) 그것은 명확한 계급적 관점——전투적 프롤레타리아의 입장을 가진다. 즉, 프롤레타리아 전위의 눈으로써 이 세계를 본다. 4) 그것은 과거의 리얼리즘으로부터 현실에 대한 객관적 태도를 계승한다. 즉, 엄정한 리얼리스트의 태도로써 묘사한다.

더 간략하게는 "프롤레타리아 전위의 눈으로써 이 세계를 보고 엄정한 리얼리스트의 태도로써 그것을 묘사하는 것"이라고 요약될 수 있는 장원유인의 프롤레타리아 리얼리즘론은 당대에 있어 획기적이며 세계적 수준의 것이었다고 평가된다.[6] 당시에는 소련에서도 일본에서도 아직 프로 문예의 방향성을 잡다하게 모색하는 중이었으니 장원유인이 그 방향성을 리얼리즘의 방법으로 확정한 것은 획기적이라 할 만한 것이다.

전행촌은 1929년 1월에 써서 4월에 발표한 「동경에서 무한까지」에서 신사실주의론을 펼친다. 「동경에서 무한까지」는 원래 모순의 「고령에서 동경까지」(『小說月報』 1928. 10)에 대한 반박문으로 씌어진 글이다. 이 글에서 전행촌은 모순을 비판하면서 그 비판의 이론적 근거로서 신사실주의론을 제기하고 있다. 전행촌이 제시한 신사실주의의 몇 가지 특징을 김시준 교수는 다음과 같이 요약한다.[7]

---

4) 앞의 책, pp. 133~38.

5) 앞의 책, pp. 138~40.

6) 金允植, 『한국 근대 문학 사상사』, 한길사, 1984, pp. 219~20.

7) 金時俊, 「중국 현대 문학에서의 혁명 문예 논쟁 연구」, 『중국 문학』 제15집, p. 378.

1) 신사실주의 작가는 어디까지나 프롤레타리아의 입장에서 객관적이고 현실적이어야 한다. 2) 신사실주의 작가는 부르주아 사실주의인 자연과학적 사실주의를 반드시 극복해야 한다. 3) 신사실주의 작가는 반드시 프롤레타리아의 입장에서 명확한 계급적 입장을 획득하지 않으면 안 된다. 4) 신사실주의의 제재는 반드시 프롤레타리아의 해방을 위하는 것이어야만 한다.

이렇게 보면 전행촌의 신사실주의론은 장원유인의 프롤레타리아 리얼리즘론을 그대로 베낀 것임이 분명한데, 그러나 그 베낌은 장원유인 이론의 정말 핵심적인 부분을 명료하게 파악하지는 못한, 다소 피상적인 베낌이다. 장원유인 이론의 핵심은, "프롤레타리아 전위의 눈으로 현실을 파악할 것"이라는 명제와 "그것을 리얼리즘의 방법으로 형상화할 것"이라는 명제의 결합에 있다. 바로 거기에서 장원유인 이론의 성과와 한계가 동시에 발견된다. 앞에서 말했듯이 프로 문예의 방향성을 리얼리즘의 방법으로 잡은 것(두번째 명제)이 그 성과이며, 두 명제 사이에 관련성을 부여하지 못한 것이 그 한계이다(이 한계의 문제에 대해서는 다음 절에서 다시 상론하겠다). 그런데 전행촌은 '프롤레타리아의 입장'을 내세우는 데 급급한 나머지 그 두 명제의 결합이라는 요점을 포착하지 못한 것이다. 이렇게 된 데에는 전행촌의 이론적 소양의 취약함이라는 원인도 있겠고, 전행촌의 이론이 모순 비판을 위한 것으로 동기지어진 것이었다는 데에도 원인이 있겠다. 그러나 당시 혁명문학론자들이 프로 문학을 문학적으로는 전혀 규명하지 못하고 그저 막연하게 계급 사상만을 강조하고 있었던 상황에서 프로 문학의 문학적 원리에 대한 초보적 인식을 사실주의라는 어사를 통해 표현하였다는 점에 그 문학적 의의가 있다.

한편 장원유인의 프롤레타리아 리얼리즘을 번역 소개하였고 거기에 신사실주의라는 역어를 붙인 당사자인 임백수는 1929년 3월에 발표한 「1929년에 긴급히 해결해야 할 문예에 관한 몇 가지 문제」에서 "프롤레타리아 사실주의의 건설"을 주장하는데 이 프롤레타리아 사실주의론에 장원유인의 프롤레타리아 리얼리즘론의 요체가 전행촌의 신사실주의론에서보다 더 잘 나타나고 있다. "1928년이 중국 프로 문학 운동이 자신의 존재를 주장한 해라면 1929년은 그 자신의 이론을 확립하고 당면한 구체적인 문제들을 실제로 해결해야만 하는 해이다"라는 주장에서 보듯, 임백수의 이론은 전행촌과는 달리 프로 문학의 이론을 확립할 필요성을 느낀 데서 동기지어진 것이었다. 여기서 임백수는, 1) 프로 문학의 대중화, 2) 프롤레타리아 사실주의의 건설, 3) 예술 운동의 이중성 등 세 가지 문제를 제기하고 대체로 장원유인에 기대어 그 문제를 하나하나 검토하고 있는데, 그 중 2)에 대해 임백수는 다음과 같이 쓰고 있다.

프로 문학은 프로 이데올로기의 일종이다. 그것은 그 작가가 프로 철학의 입장——변증법적 유물론의 입장에 설 것을 필연적으로 내재적으로 요구한다. 이 입장은 프로 문학 작가의 현실에 대한 태도를 **결정**한다. 그들은 철두철미하게 객관적·현실적이어야 한다. 그들은 일체의 주관적 구성을 떠나 그 전체성에 있어서 그리고 그 발전 속에서 현실을 관찰하고 현실을 묘사하여야 한다. 바꾸어 말하면 현실을 현실로서 관찰하고 묘사해야 한다는 것이다. 이런 의미에서 그는 사실적 작가이어야 한다.[8]

요컨대 임백수는 프롤레타리아 리얼리즘의 요체를 "변증법적 유물론의 입장에 설 것"이라는 명제와 "현실을 현실로서 관찰하고 묘사할 것"이라는 명제의 결합으로 파악하고 있는 것이다. 주목할 것은 임백수가 그 두 명제 사이의 관련성을 '결정'이라는 말로 규정하고 있다는 점이다. 이 점은 적어도 「프롤레타리아 리얼리즘에의 길」에서의 장원유인과 다른 점이다. 거기에서 장원유인은 현실을 파악할 때는 프롤레타리아의 전위의 눈으로 하고 그것을 형상화할 때는 리얼리즘

---

8) 『海風週報』第12期, 1929. 3. 강조는 인용자.

의 방법으로 한다는 식으로 이론적 틀을 짰을 뿐 그 양자의 관계에 대해서는 아무런 규정을 하지 않았던 것이다, 임백수가 그 관계를 '결정'이라는 말로 규정하고 "변증법적 유물론의 입장"이라는 개념적 표현을 사용한 것은 이미 유물 변증법적 창작 방법이라는 이론적 틀에 많이 접근한 것이라 할 터인데, 이에 대해서는 다음 절에서 상론하게 될 것이다.

임백수에게 또 하나 주목할 것은, 그가 예술 운동의 이중성 문제를 제기하면서 예술 운동과 아지 프로 운동을 구분하였다는 점이다. 이는 「예술 운동의 당면한 긴급 문제」(1928. 8)와 「예술 운동에 있어서의 좌익 청산주의」(1928. 10)에서 프로 문예를 확립하기 위한 운동과 예술 형식을 이용한 대중의 직접적인 선전 선동을 구분한 장원유인의 소론을 받아들인 것이다. 임백수의 이론 체계를 살피자면, 그의 프롤레타리아 사실주의론은 예술 운동(프로 문예를 확립하기 위한 운동)의 범주 속에서 전개되고 있는 것이라고 하겠다. 이 점이 음미할 만한 사항이다. 1930년 좌련이 결성된 뒤 프로 문예의 확립이라는 범주의 독립성을 부정하는 아지 프로 일원론이 프로 문학 운동의 지배적 흐름으로 되면서[9] 리얼리즘이 관심 밖의 것으로 되고 더 이상 본질론으로서의 진전을 이루지 못했다는 사실과 관련지어볼 때 그러하다.

---

9) 華漢, 「普羅大衆化的問題」(『拓荒者』 1卷 3期, 1930. 1)와 沈端先, 「到集團藝術的路」(같은 책)이 대표적인 예이다. 화한은 "수백 수천만의 노동자 농민 대중에 대한 교화와 선전에 있어서 커다란 작용과 최대의 효과가 있는 작품이기만 하면 그것이 바로 예술적 가치(즉 사회적 가치)가 많은 작품"이라고, 심단선은 "만약 우리가 예술 작품이 프롤레타리아 해방 운동에 미치는 직접적인 효과를 가지고 그것의 가치를 평가한다면, 현단계에서는 이른바 '프로 예술을 확립하는 작품' 의 가치는 의심의 여지없이 '직접적으로 선동하는 작품' 의 하위에 있다"라고 주장했다.

3. 유물 변증법적 창작 방법

1930년 11월 국제혁명작가동맹 제2회 국제회의(일명 하리코프 대회)에서 채택된 「국제 프롤레타리아 문학 및 당문학의 정치적·예술적 제문제에 관한 결의」는 "프롤레타리아 예술가에게는 현실을 혁명적으로 변혁할 목적으로서 현실을 객관적으로 깊이 인식하고 작용할 임무가 주어져 있다. 〔……〕 즉 참된 프롤레타리아 예술가는 동시에 또한 변증법적 유물론자이어야 한다. 프롤레타리아 문학의 창작 방법은 변증법적 유물론의 방법이다"[10]라고 하여 유물 변증법적 창작 방법이라는 슬로건을 제출하였다. 그런데 이 유물 변증법적 창작 방법이라는 것은 1930년 하리코프 대회에서 창출된 새로운 이론 체계가 아니다. 그것은 1920년대 중반 이래의 라프[11]의 문학 이론적 입장에 새로이 붙여진 호칭일 따름이다. 이 대회 이후로 먼저 일본 프로 문학계에서 유물 변증법적 창작 방법이라는 슬로건을 채택하려는 움직임이 나타났고, 이어서 중국에서도 그런 움직임이 나타났다. 일본에서는 장원유인이 「예술적 방법에 대한 감상」(1931. 9)과 「예술 이론에서의 레닌주의를 위한 투쟁」(1931. 11)에서 프롤레타리아 리얼리즘이라는 슬로건을 버리고 유물 변증법적 창작 방법이라는 슬로건을 채택할 것을 주장하였고, 중국에서는 라프의 주요 이론가 중의 하나인 파제예프가 유물 변증법적 창작 방법을 논한 「창작방법론」이 번역 소개되고(何丹仁 역, 『北斗』 第1卷 第3期, 1931. 11), 이어서 위금지(魏金枝)가 「창작에 대한 과거의 일반적 오해(過去對于創作的一般謬見)」(『北斗』 第2卷 第1期, 1932. 1)에서 유물 변증법적 창작 방법의 도입이 필요하다고 주장하였다. 그러나 유물 변증법적 창작방법론은, 1920년대말 1930년대초의 소련 문학계를 휩쓸었던 것과는 달리, 일본이나

---

10) 김윤식, 앞의 책, p. 221에서 재인용.
11) 러시아 프롤레타리아 작가 연합 Rossijskaja associacija proletarskich pisatelej의 약칭.

중국에서는 별로 위세를 떨치지 못했다. 소련에서는 이미 1932년 4월에 라프가 해체되고 동년 11월에 전소련작가동맹 조직위원회 제1차 대회에서 사회주의 리얼리즘이라는 새로운 슬로건이 제출되었다는 사실에 비추어보면 그 도입이 너무 늦기도 했고, 또 아래에서 살펴보겠거니와 그것이 기왕의 프롤레타리아 리얼리즘론과 그 이론 내용에 있어서 근본적으로 동질적인 것이었기 때문이다.

소비에트 문학내에서 규모나 영향력이 가장 컸던 집단인 라프는 프롤레타리아 문학과 비프롤레타리아 문학을 엄격히 대립시키고 프롤레타리아 문학의 헤게모니를 문학 정책적 목표로 삼았는데, 그 문학 이론상의 방법적 원리들을 적시하면 다음과 같다. [12]

1) 예술적 노동은 예술가가 몸담고 있는 사회 계급 내지는 그룹 심리의 표현이라고 간주할 수 있다. 2) 세계관과 방법의 관계는 전반적으로 모순 없는 관계, 즉 구조적으로 동질적이라고 볼 수 있다. 3) 예술은 인간의 사유, 즉 형상 속의 사유가 지닌 독특한 형식이다. 4) 프롤레타리아 문학의 방법은 사적 유물론 철학과 방법적인 면에서 분리되어서는 안 된다. 오히려 그것은 특수한 형식으로서, 즉 예술만의 고유한 형식으로 실현되는 변증법적 유물론 방법의 적용으로 간주될 수 있다.

유물 변증법적 창작방법론의 핵심은 예술적 미학적 범주와 철학적 범주를 동일시하여 변증법적 유물론 방법을 예술에 적용한 것이 곧 프롤레타리아 문학의 예술적 방법이라고 보는 데 있다. 라프의 이론가들을 직접 인용해보면, 아베르바하는 "리얼리즘은 대체로 예술에서의 유물론적 방법에 해당한다"[13]고 말했고 조닌은,

마르크스주의의 방법, 말하자면 유물 변증법은 보편적인 방법론이며, 그

---

12) Holger Siegel, *Sowjetische Literaturtherie* (1917~1940), Stuttgart, 1981 : 정재경 역, 『소비에트 문학 이론』, 연구사, p. 166.
13) L. Averbach, 『프롤레타리아 문학 창작의 길』(1928), 같은 책, p. 165에서 재인용.

법칙들은 인간 인식의 다양한 영역들 가운데서, 심지어는 예술과 같은 독특
한 영역에서까지도 독특한 발전 양상을 지닌다.[14]

라고 말했다. 그러니까 이론적으로 보자면 세계관과 창작 방법의 관
계는 전반적으로 모순 없는 관계, 구조적으로 동질적인 관계일 뿐만
아니라, 어디까지나 세계관이 주가 되는 관계, 극단적으로 말하자면
세계관이 창작 방법을 결정하는 관계인 것이다. 이런 입장에서 보면,
프로 문학 작가는 사회적 인간의 모든 사상 감정 행동 및 그 상호 관
계를 변증법적 유물론에 입각하여 정확히 인식하기만 하면 되는 것이
된다.

그런데 이상 그 요지를 살펴본 유물 변증법적 창작 방법과 장원유
인의 프롤레타리아 리얼리즘론은 사실상 크게 다를 바가 없다. 「예술
적 방법에 대한 감상」에서 "프롤레타리아 리얼리즘론에서 유물 변증
법적 창작 방법으로의 이행"을 주장하면서 장원유인은 다음과 같이
말하는데, 이것이 단순한 변명이 아니라 나름대로 설득력을 갖는 것
은 바로 그 점 때문이다.

그렇다고 프롤레타리아 리얼리즘이란 명칭으로 불려지는 방향이 잘못되
었다는 의미는 결코 아니다. 이 명칭 자체가 스스로 명확한 규정을 갖지 못
했고, 따라서 라프 내부에서조차도 다양한, 때로는 서로 대립된 해석을 하
고 있었기 때문이다. 그래서 프롤레타리아 리얼리즘이라는 지극히 애매한
명칭 대신에 예술에 있어서 변증법적 유물론이라는 보다 정확하고 명쾌한
명칭을 사용하게 된 것이다. 우리도 역시 이 명칭을 따를 필요가 있다.
[……] 따라서 지금 예술적 방법의 문제를 새로이 제기할 경우에도, 그것
을 과거의 프롤레타리아 리얼리즘의 부정으로서가 아니라, 오히려 그 발전
으로서, 구체화로서 받아들여야만 한다.[15]

---

14) A. Zonin, 「볼론스키의 마르크스주의」(1929): 같은 책, p. 166에서 재인용.
15) 임규찬 편, 위의 책, p. 232.

장원유인의 프롤레타리아 리얼리즘은 "프롤레타리아 전위의 눈으로써 이 세계를 보고 엄정한 리얼리스트의 태도로써 그것을 묘사하는 것"이다. 앞에서 살폈듯이, 여기서 "프롤레타리아 전위의 눈으로써 이 세계를 보는 것"과 "엄정한 리얼리스트의 태도로써 그것을 묘사하는 것" 사이에는 아무런 관련성이 없다. 이에 비하면, 유물 변증법적 창작 방법에서는 1) "프롤레타리아 전위의 눈"이라는 개념 대신 '유물 변증법'이라는 개념이 사용되며, 2) 리얼리즘의 방법이란 곧 유물 변증법이라는 보편적 방법이 예술에 적용된 것으로 파악된다. 1)은 개념화의 깊이에 있어서의 일정한 진전이라 할 수 있겠고, 2)는 철학적·인식론적 범주와 예술적·미학적 범주를 프롤레타리아 리얼리즘론이 단순히 병렬하는 데 비해 그 양자 사이의 관계를 철학적·인식론적 범주가 예술적·미학적 범주를 결정하는 그러한 관계로 파악하는 것이라 할 수 있다. 그래서 앞절에서 임백수의 프롤레타리아 사실주의론을 두고 유물 변증법적 창작 방법이라는 이론틀에 많이 접근한 것이라 했던 것이다.

유물 변증법적 창작 방법은 1932년 11월(정확히는 10. 29~11. 3)에 열린 전소련작가동맹 조직위원회 제1차 대회 이후로 비판되고 부정되기 시작한다. 소련에서는 그 대회 석상에서 키르포틴이 「소련 문학 15년」이라는 제목으로 보고를 행하며 유물 변증법적 창작 방법을 비판했고, 일본에서는 덕영직(德永直)이 「창작 방법에 있어서의 새로운 전환」(1933. 9)에서 장원유인을 비판하며 유물 변증법적 창작 방법을 부정했고, 중국에서는 주양(周揚)이 '사회주의 현실주의와 혁명적 낭만주의'에 관하여(關於 '社會主義的現實主義與革命的浪漫主義')」(1933. 11)에서 키르포틴에 기대어 유물 변증법적 창작 방법을 부정했다.

여기서 잠깐 소련에서의 변화를 검토할 필요가 있겠다. 라프가 해산되고 유물 변증법적 창작 방법이 부정되고 사회주의 리얼리즘이라는 새로운 슬로건이 제출된 1932년 무렵의 소련의 문학 상황을 올바르게 이해하기 위해서는 다음 두 가지 측면을 고려하여야 한다. 첫째, 프롤레타리아 문학이라는 말보다는 소비에트 문학이라는 말이 더 필요하게 된 소련 현실, 이는 소련 사회가 이미 새로운 차원으로 성장했다는 뜻이다. 1917년부터 1932년까지의 과도기를 지나 이제 본격적인 사회주의 건설의 시기로 들어선 것이다. 김윤식 교수의 적절한 진술을 옮기자면, "소비에트를 소련이란 뜻으로 본다면 한편으로는 오히려 세계화에서 후퇴한 국가주의적 색채를 띤 것으로 볼 수도 있지만 다른 한편으로는 종래의 예술상의 여러 가지 혼란, 가령 사회주의 국가 속에서도 남아 있거나 그 나름으로 성장하던 부르주아적 예술의 요소들과 프롤레타리아 예술 사이의 갈등이 크게 해소되었음을 말해 주는 것이라 볼 수도 있다."[16] 둘째, 새로 발굴된 마르크스와 엥겔스의 예술적 문제들에 관한 원전들의 출판. 엥겔스가 민나 카우츠키에게 보낸 편지가 1931년『문학 유산』1권으로, 엥겔스가 하크네스 양에게 보낸 편지가 1932년『문학 유산』2권으로 출판되었고, 그 밖의 방법적 관점이나 이론적 관점에서 이후 소비에트 문예학의 준거점이 되는 일련의 원전들이 속속 출판된다.[17] 이런 문헌학적 성과를 바탕으로 소비에트의 마르크스주의 미학은 플레하노프로 대표되는 토착적 미학 사상의 지배를 벗어나 마르크스, 엥겔스, 레닌의 미학 사상을 중시하기 시작한다. 말하자면 미학적으로 플레하노프주의의 단계로부터 마르크스주의의 단계로의 이행인 셈이다. 마르크스와 엥겔스의 미학적 저술들에는 리얼리즘 작품에 있어서 세계관과 창작 방법의 불일치에 대한 논의가 큰 비중을 차지하고 있다. 하크네스양에게 보낸 엥겔스의 편지에서 '리얼리즘의 승리'를 논한 저 유명한 대목이

---

16) 김윤식, 앞의 책, p. 228.

17) Holger Siegel, 앞의 책, p. 180. 예거하면, 마르크스, 엥겔스와 라살레간의 서간 문집의 완전한 출판(1932);『마르크스와 엥겔스의 예술론』(실러, 리프쉬츠 편, 1933), 『마르크스와 엥겔스의 문학론: 새로운 자료들』(실러, 루카치 주석, 1933);『마르크스와 엥겔스의 예술론』(리프쉬츠 편, 1937);『레닌의 톨스토이론』(리프쉬츠 편, 1935);『레닌의 문화예술론』(리프쉬츠 편, 1938) 등이 있음.

그 대표적 예이다.

> 확실히 발자크는 정치적으로 왕당파였습니다. 그의 위대한 저작은 불가피하게 붕괴해가는 상류 사회에 대한 끊이지 않는 만가이며, 그의 동정은 사멸하도록 운명지어진 계급에게로 주어집니다. 그러나 이런 점들과 관계없이, 그가 깊이 동정한 귀족 남녀들의 행동을 묘사할 때보다 그의 풍자가 더 예리해지고 아이러니가 더 신랄해지는 때는 없습니다. 〔……〕 발자크가 자신의 계급적 공감과 정치적 편견을 위배하지 않을 수 없었다는 것, 그가 좋아하는 귀족들의 불가피한 몰락을 인식하고 그들의 돌이킬 수 없는 운명을 묘사했다는 것, 당시의 현실에서 찾아보기 쉽지 않던 진정한 미래의 인간을 보았다는 것——이런 것들을 나는 리얼리즘의 위대한 승리의 하나로, 그리고 발자크의 위대한 특징의 하나로 여깁니다. [18]

이 불일치, 심지어 모순은 세계관이 창작 방법을 결정한다고 믿는 유물 변증법적 창작 방법의 입장에서는 도저히 이해할 수도 용납할 수도 없는 것이다. 반동적 세계관을 가진 작가가 탁월한 작품을 쓸 수 있다니! 소련에서의 사회주의 리얼리즘의 초기 논의는, 좁게 보면, 그 당혹스러운 원전들의 미학적 논의를 논리적이고 체계적으로 소화하려는 노력이었다고 할 수 있다.

4. 사회주의 리얼리즘

미학적으로 플레하노프주의의 단계로부터 마르크스주의의 단계로 이행하며 창작방법론에 있어 유물 변증법적 창작 방법으로부터 사회주의 리얼리즘으로 이론틀이 전환되는 1932~33년부터 중국의 프로

---

18) 瞿秋白, 「馬克斯, 恩格斯和文學上的現實主義」, 『文學運動史料選』, 第一冊 上海敎育出版社, pp. 253~54에서 재인용.

문학 운동 및 그 이론은 1927년 이래의 일본의 압도적 영향으로부터 성큼 벗어나기 시작한다. 일본이라는 매개를 거치지 않고 직접 원전에 접하게 된 것이 그 벗어남을 가능케 한 조건 중의 하나이다. 우선 지적할 것은 좌련 산하의 마르크스 문예이론연구회를 중심으로 한 원전 번역 작업이다. 마르크스의 『정치경제학 비판 강요』 중의 「이데올로기의 불균등 발전」 부분이 「예술 형성의 사회적 전제 조건(藝術形成的社會的前提條件)」이라는 제목으로 1930년 1월에, 하크네스양에게 보낸 엥겔스의 편지가 1933년 6월에, 레닌의 톨스토이론이 「러시아 혁명의 거울로서의 톨스토이(託爾斯泰像俄國革命的一面鏡子)」라는 제목으로 1934년 9월에, 민나 카우츠키에게 보낸 엥겔스의 편지가 1934년 12월에 각각 번역되었다. 그 자신 러시아어에 능통한 구추백은 소련 콤 아카데미의 『문학 유산』의 자료에 근거하여 『마르크스주의 문예 논문집: 현실(馬克思主義文藝論文集: 現實)』을 엮어냈는데 그 중 첫번째 글인 「마르크스, 엥겔스와 문학에서의 현실주의(馬克斯, 恩格斯和文學上的現實主義)」(『現代』 第2卷 第6期, 1933. 4)는 새로 알려진 원전들을 이론적으로 소화하여 소개하는 글이다.

이런 추세 속에서 사회주의 리얼리즘이라는 새로운 슬로건이 소개되기 시작한다. 주양의 「'사회주의 현실주의와 혁명적 낭만주의'에 관하여(關於 '社會主義的現實主義與革命的浪漫主義,)」(『現代』 第4卷 第1期, 1933. 11)가 사회주의 리얼리즘을 어느 정도 체계적으로 소개한 최초의 글이다. 주양에 의하면, 1933년 중반경에 예술 신문에 실린 「소련 문학의 새로운 슬로건(蘇聯文學的新口號)」(필자 미상)이 사회주의 리얼리즘을 중국에 소개한 최초의 글인데 일본의 상전진(上田進)의 논문에 근거하여 씌어진 것으로 피상적이고 부정확하며 아무런 반응도 불러일으키지 못했다.[19]

주양의 글은 전소련작가동맹 조직위원회 제1차 대회에서의 키르포

---

19) 周揚, 「關於 '社會主義的現實主義與革命的浪漫主義'」, 『文學運動史料選』 제2책, p. 315.

틴의 보고 내용을 중심으로 1) 유물 변증법적 창작 방법 비판, 2) 사회주의 리얼리즘, 3) 혁명적 낭만주의(사회주의 리얼리즘에 포함되는 한 요소로 다루어진다) 등에 대해 논의하고 있다. 그에 의하면, 유물 변증법적 창작 방법은 "예술의 특수성을 경시하고 예술의 정치에 대한, 그리고 이데올로기에 대한 복잡한 의존 관계를 직접적이고 단순한 것으로 간주"하는, "바꿔 말해 창작 방법의 문제를 직접적으로 전체 세계관의 문제로 환원"하는 "결정적인 오류"를 범했다.[20] 창작 방법과 세계관의 관계는 오히려 다음과 같은 관계이다.

> 예술가는 현실로부터, 삶으로부터 자신의 형상을 길러낸다. 그러므로 예술가의 창작 방향을 결정하는 것은 예술가의 철학적 관점(세계관)이 아니라, 오히려 그의 철학, 세계관, 예술가적 자질 등을 형성하고 발전하게 하는, 일정한 시대에 있어서의 그의 사회적(계급적) 실천이다. 예술가는 창작 실천중에 현실을 관찰하고 연구한 결과, 즉 예술적 창조의 결과 심지어는 그의 세계관과 상반되는 방향으로 나아갈 수도 있다.[21]

이것이 바로 엥겔스의 '리얼리즘의 승리'라는 개념의 요체이며, 문학 예술의 상대적 자율성을 말하게 하는 근거이다. 그러나 이는 리얼리즘에 대한 규정이지 사회주의 리얼리즘에 대한 규정은 아니다. 사회주의라는 한정어가 붙음으로써, 거기에는 일정한 미래 전망과 그에의 긍정적 확신이 전제된다. 주양이 인용하는 키르포틴에 의하면, 사회주의 리얼리즘은 "긍정과 부정의 계기 속에서 삶의 풍부성과 복잡성 및 그 발전의 승리의 사회주의적 근원을 진실되게 묘사하는 것"이며 "프롤레타리아 문학과 노동 계급 쪽으로 전환한 작가들이 창작한 문학만이 예술적 형상으로, 그 모든 진실 위에서, 그 모순 위에서, 그 발전의 방향으로, 프롤레타리아 당과 건설되고 있는 사회주의 역사의

---

20) 앞의 책, p. 319.
21) 앞의 책, p. 318.

전망 위에서 현실을 재현해낼 수 있다."[22]

여기서부터 문제가 생긴다. '사회주의 리얼리즘'의 '사회주의'를 강조하게 되면 필경 창작 방법에 대한 세계관의 우위라는 이론적 입장으로 기울게 되는 것이다. 반면, '사회주의'를 떼버리고 '리얼리즘 일반'을 강조하게 되면 세계관에 대한 창작 방법의 상대적 자율성 내지 우위라는 상이한 이론적 입장으로 기울게 된다. 1933년부터 1934년 중반까지의 짧은 시간 동안 소련에서 치열하게 전개된 창작 방법 논쟁은 그 두 입장 사이의 논쟁이었다. 그러다가 1934년 8월 전소련 작가동맹 제1차 대회에서 사회주의 리얼리즘은 다음과 같이 정의되어 이 동맹의 창작 방법으로 채택된다.

사회주의 리얼리즘은 소비에트 문학 및 문학 비평의 기본적 방법이어서, 현실을 그 혁명적 발전에 있어서, 진실하게, 역사적 구체성으로써 그릴 것을 예술가에게 요구하고 있다. 더욱이 예술적 묘사의 진실성과 역사적 구체성은 노동자를 사회주의 정신에서 사상적으로 개조하여 교육하는 과제와 결부시켜야 한다.[23]

흔히 지적되듯 이 규정은 모호하며 어느 쪽으로도 해석될 수 있는 소지를 갖고 있으나, 어느 편이냐 하면, '리얼리즘'보다는 '사회주의'를 강조하는 쪽으로 해석되기 쉽도록 짜여져 있는 게 사실이다. 스탈린 시대의 즈다노비즘이 그런 해석의 대표적이며 극단적인 예이다.

사회주의 리얼리즘을 위와 같이 소개한 주양은 그 소개에 덧붙여 "이 제창은 의심의 여지없이 문학 이론의 보다 높은 단계로의 발전이다. 우리는 여기에서 많은 것을 배워야 한다. 그러나 이 슬로건은 현재의 소련의 각종 조건을 기초로 하고 소련의 정치─문화적 임무를

---

22) 앞의 책, pp. 322~23.
23) 김윤식, 앞의 책, p. 228에서 재인용.

236

내용으로 하는 것이다. 이 슬로건을 중국에 기계적으로 적용한다면 그것은 아주 위험한 일이 될 것이다"[24]라고 썼다. 흥미로운 것은 1933년말부터 1936년까지 일본과 조선에서 사회주의 리얼리즘이라는 슬로건을 적용할 것인가의 여부를 둘러싸고 분분한 논쟁이 전개된 데 반해 중국에서는 그 적용에의 찬반 논의가 거의 나타나지 않는다는 점이다. 이는 당시 일본과 조선에서는 정치적 탄압이 극대화되었고 중국에서는 점차 실천의 공간이 확대되어가고 있었다는 대조적 사실과 관계될 것이다. 일본과 조선에서는 사회주의 리얼리즘에 대한 찬반 논의가 하나의 도피처 구실을 한 셈인데, 중국의 상황은 그런 도피처를 점점 더 필요로 하지 않는 상황이었던 것이다.

중국에서는 사회주의 리얼리즘이라는 슬로건을 중국에 적용할 것인가 하는 데 대한 찬반론 대신에, 세계관과 창작 방법의 관계를 직접 문제삼는 글들이 나타난다. 맹식균(孟式鈞)의 「현실주의의 기초(現實主義的基礎)」(『雜文』, 1935. 7)는,

> 실천적 연구는 인식상에 있어서 가장 중요한 계기이다. 현실을 엄밀히 관찰하면 현실성은 저절로 당신이 가지고 있던 세계관을 약화시키고 눌러 무너뜨려 당신에게 당신의 의견과는 다른 것들을 가르쳐줄 것이다.

라고 썼고, 신인(辛人)의 「창작 방법으로부터 말하라(從創作方法講起)」(상동)는,

> 작가가 단지 재능이 있고 생활 경험이 있기만 하다면, 그의 작품은 곧 항상 현실에 밀착되어 현실의 발전을 반영하게 되는 것이다.

라고 썼다. 이들은 세계관에 대한 창작 방법의 상대적 자율성과 나

---

24) 周揚, 앞의 책, p. 327.

아가서는 우위성을 주장하고 있는 것이다. 특히 맹식균의 주장은 "현실의 리얼리스틱한 묘사, 사회주의 건설의 모든 사실의 양심적 묘사——이러한 노력을 통해서 자기 자신을 개조하며 자신의 세계관을 공산주의의 세계관으로 용해시킬 수 있다"고 한[25] 소련의 로젠탈의 입장에 근사하다.

주양은 「현실주의 시론(現實主義試論)」(『文學』, 1936. 1)에서 맹식균과 신인을 비판하고 창작 방법에 대한 세계관의 우위를 주장한다. 그의 논거는 세계관을 내재적 모순이 있는 세계관과 없는 세계관으로 구분하는 데 있다. 그에 의하면 "작가의 세계관과 창작 방법 사이의 모순은 그가 속한 사회 계급의 이해 관계와 현실성의 객관적 경향 사이의 모순의 반영"이고 그 모순은 "작품 안에 흔적을 남기고 예술의 골간을 무너뜨리며 리얼리즘중의 모순으로 화"한다.[26] 그러나 사회주의 리얼리즘은 다음과 같이 다르다.

우리가 도달한 세계관은 하나의 완정한, 각 부분이 잘 일치되어 있는, 내재적인 모순이 없는 세계관이다. 가령 이전의 리얼리즘 예술가가 자기의 세계관에 위반해서 현실의 정확한 표현에 도달했다면, 우리의 리얼리즘은 우리의 세계관의 도움을 얻어 현실에 더욱 정확한 표현을 주는 것이다.[27]

이 입장은, "여기에는 예술 창작 방법과 세계관 사이의 모순은 없다. 발자크의 창작 방법과 그의 세계관을 통틀어 특징짓고 있는 모순만이 있을 뿐이다"라고 하여[28] '리얼리즘의 승리'라는 개념을 사실상 부정하고 "예술가의 창작이나 그 창작 방법의 서로 다른 특질은 모든

---

25) M. Rozental, 「예술 작품에 있어서 세계관과 창작 방법」(1933); 김휴 편역, 『사회주의 리얼리즘』, 일월서각, 1987, p. 46.

26) 周揚, 「現實主義試論」, 『文學運動史料選』 第2冊, pp. 339~40.

27) 위의 책, p. 340.

28) I. Nusinov, 「세계관과 창작 방법에 대한 문제의 검토」(1934), 『사회주의 리얼리즘』, p. 70.

사회적 현실과 계급적 실천에 의해 형성되는 작가의 세계관에 의해
규정된다"[29]고 주장한 누시노프의 입장에 가깝다.

　　주양의 「현실주의 시론」 이후 호풍(胡風)의 「전형론의 혼란(典型論
底混亂)」(『作家』, 1936. 5), 설위(雪葦)의 「「현실주의 시론」에 대한 질
의(「現實主義試論」質疑)」(『文學叢報』, 1936. 6), 손설위(孫雪葦)의 「전
형론 및 기타(典型論及其它)」(『現實文學』, 1936. 8) 등이 잇달아 발표
되어 어느 정도 논쟁의 양상을 띠게 되고, 1937년 4월 『문예과학』 창
간호는 사회주의 리얼리즘에 대한 특집을 마련, 5편의 소련 논문을
번역하고 있기도 하지만, 그러나 리얼리즘론은 중국의 문학 이론계에
지배적이거나 중심적인 주제로는 끝내 떠오르지 않는다. 대신 이 무
렵부터는 국방문학론과 이론적이기보다는 실천적으로 정향된 일종의
창작방법론인 민족형식론이 문단의 초미의 관심으로 대두된다. 그리
고 시대는 이미 통일전선에 의한 항일 전쟁 시기, 문학사적으로는 이
른바 항전 문학 시기로 넘어갔다.

5. 맺는 말

　　사실상 리얼리즘 논의가 소련과 동등한 수준에서 이루어지게 되었
음에도 그 논의가 여전히 주변적인 것으로 남아 있다가 단절되었다는
데에 30년대 중국의 리얼리즘론의 특징이 있다. 이는 중국 프로 문학
의, 아니 중국 현대 문학의 강점이기도 하고 약점이기도 하다. 그것
이 강점인 것은, 1935, 36년부터 대두된, 항일 통일전선을 내용으로
하는 국방 문학이라는 슬로건이 말해주는바, 문학의 현실적 실천의
길이 넓게 열려 있었다는 점과 관련된다. 그 길을 숨가쁘게 달려가면
서는 문학이 자신의 예술적 원리를 돌아볼 겨를이 없었는지도 모른

---

29) 앞의 책, p. 81.

다. 그러나 그것은 약점이기도 하다. 프로 문학의 본질론적 탐구가 주변적인 것으로 머물다가 중단됨으로써, 훗날, 해방구 체제의 성격 변화와 함께 본질론적 탐구의 길이 손쉽게 왜곡되거나 폐쇄되어버릴 소지를 남겨주었기 때문이다. 이 양면성을 균형 있게 바라보아야 좌련 시기의 리얼리즘론을 올바로 평가할 수 있을 것이다.

〔1988년 12월〕

민족 형식 논쟁에 대하여

1. 머리말

중국 신문학사에 있어서 혁명 문학의 전개는 어떤 의미에서든 지극히 중요한 연구 대상이 되는데, 혁명 문학의 전개에 있어서 가장 중요한 부분은 대중화론의 전개이다. 반제·반봉건의 민중 혁명의 완수라는 사회적·역사적 요구의 절실함에 의해 중국 혁명 문학과 대중화론은 한편으로는 놀라운 열정으로 추진되었고 또 한편으로는 역설적으로 그 절실함이 주는 적지 않은 억압에 의해 제약되었다. 그 열정과 그 억압이라는 주관적 성격까지를 고려하여야만 중국 혁명 문학과 대중화론에 대한 균형잡힌 이해·설명이 가능할 것이다.

대중화론이 혁명 문학의 전개에 있어서 중요한 몫을 차지하게 된 것은, 쉽게 말해, 대중의 사회 의식의 저열함에 그 이유가 있었다. 더구나 제국주의 세력과 봉건 세력의 강대한 힘과 오랜 봉건적 질곡의 확대 재생산으로 대중화론의 필요성은 더욱 절박했던 것이다. 그리하여 문학 이론과 문학비평은 대체로 대중화론이라는 큰 문제와 결부되어 이루어졌고, 대중화론은 그 자체로 지속적인 논의의 쟁점이 되었다. 1920년대 후반에 나타나기 시작한 대중화론이 그 이후의 전개 과정에서 가장 큰 규모로 심각하게 논쟁을 일으킨 것이 이른바 민족 형식 논쟁이다. 1939, 40년 양년에 걸쳐 있었던 이 민족 형식 논쟁은, 대중화의 형식 문제에 대한 논의의 연장이면서 또한 그 민족 형식이라는 용어가 말해주듯 중국적 특수성이라는 개념이 중심이 됨으로써 단순한 형식 문제에 그치지 않고 문학·예술 전반의 근원적 문제들에 까지 논의가 확대되었고, 1942년의 연안문예강화를 예비했으며, 그리하여 중국 혁명 문학의 성격을 구체적으로 드러내주는 좋은 예가 된다.

이 연구는, 민족 형식 논쟁 이전의 대중화론을 개괄적으로 고찰하고, 그 이해를 바탕으로 민족 형식 논쟁의 실제 전개 양상을 검토하여 그 논쟁의 윤곽을 제시함과 동시에 그 논쟁의 객관적 의의를 드러내고자 하는 데 의도가 있다.

2. 민족 형식 논쟁 이전의 대중화론

성방오(成仿吾)가 「문학 혁명에서 혁명 문학으로」(1928)에서 "우리는 계급 의식을 획득하기 위해 노력해야 하며, 우리의 언어를 노동자·농민 대중의 용어에 접근시켜야 하며, 노동자·농민 대중을 우리의 대상으로 삼아야 한다"[1]라고 주장했을 때 이미 대중화 문제는 객관적으로 제기되고 있었다. 그 주장이 기껏해야 막연한 원칙의 확인에 그치고 있을 뿐이고 또한 '혁명 문학'이라는 구호를 제출한 성방오를 포함한 동경 유학 출신의 몇몇 젊은 이론가들[2]이 관념적·교조적 성격에 매몰되어 있었다는 점을 감안하더라도, 그 주장이 소박하게나마 대중화 문제의 내용적 측면과 형식적 측면에 대한 인식을 내포하고 있다는 사실은 인정될 수 있다. 그러나, 대중화 문제가 문예 운동의 중심적 문제로 떠오른 것은 1930년 3월 좌익작가 연맹(약칭 좌련)이 결

---

1) 『創造月刊』 第1卷 第9期(1928. 2).

2) 成仿吾·李初梨·馮乃超 등이 그들이다. 이들과 魯迅·茅盾 사이의 논쟁에 대해서는 金時俊, 「現代中國文藝理論研究」, 『東아시아研究動向調査叢刊』 제10집(서울대학교 동아문화연구소, 1981), pp. 38~41 참조.

성된 뒤부터였으며, 대중화 문제에 대한 인식의 제고는 좌련 성립 전
에 번역·소개된 레닌의「당조직과 당문학」「일리치의 예술관」등에[3]
힘입은 바 컸다.

1930년부터 1932년까지 두 차례에 걸쳐 대중화 문제에 대한 본격
적인 토론이 벌어졌다. 1930년 봄에 있었던 그 첫번째 토론에서는
『대중 문예』『척황자(拓荒者)』등의 잡지를 통해 노신·곽말약·침단
선(沈端先)·풍내초(馮乃超)·전행촌(錢杏邨)·정백기(鄭伯奇) 등이
저마다 견해를 개진했는데, 이 토론은, 노신의「문예의 대중화」라는
짧은 글이 심각하고 구체적인 문제 제기에 이르고 있는 것을 제외하
면, 대체로 문예 대중화의 필요성에 대한 당위적 주장에 그친 것으로
평가된다.[4]「문예의 대중화」에서 노신이 제기하고 있는 문제는, 대중
화의 필요성에 대한 당위적 주장이 객관적 현실 조건을 무시해버리는
오류로 직결되기 쉽다는 점과 대중화의 구체적 실현은 객관적 현실
조건을 그 기반으로 하지 않으면 안 된다는 점이다.

지금 당장에 문예 전체를 대중화하려 하는 것은 공론에 지나지 않는다.
대다수의 사람들이 문맹이고, 현재 통용되고 있는 백화문도 모두가 이해할
수 있는 글은 못 되며, 언어 자체도 통일되어 있지 않아 방언을 쓸 경우 많은
말들이 표기 불가능해지고 설사 다른 글자로 대체한다 하더라도 어느 특정
한 지역의 사람들에게만 이해될 뿐 읽히는 범위는 오히려 축소되는 것이다.
요컨대 어느 정도 대중화된 문예의 다작(多作)이 현금의 급무임에는 분명
하겠으나, 이를 대규모로 시행하려면 반드시 정치력의 도움이 필요한 것이니,
[그 도움 없이: 인용자] 한쪽 다리만으로는 길을 갈 수 없는 것이다. 많은 그
럴듯한 논의들은 사실상 문인들의 한가한 자기 위안에 지나지 않는다.[5]

---

3)「당조직과 당문학」(「論新興文學」으로 改題),「일리치의 예술관」은 모두『拓荒者』第1卷
   第2期에 게재되었다.
4) 林志浩(主編),『中國現代文學史』(北京: 人民文學出版社, 1980), pp. 230~31 참조.
5) 北京師範大學中文系(編),『中國現代文學史參考資料(五四~1942)』(高等教育出版社,
   1959), p. 302.

대중의 문화적 수준, 중국의 언어 상황, 정치 상황 등에 비추어볼 때 현실적으로 문예 대중화란 부분적으로 추진될 수밖에 없으며 또 그래야 한다는 것인데, 이는 명백히, 객관적 현실을 무시한 당위적 주장에 대한 비판임과 동시에 현실적 대중화 방안의 추구에 대한 촉구이다.

이 첫번째 토론의 경험을 바탕으로 하여 1932년에 전개된 두번째 토론에서는 그 논의의 수준이 보다 구체화되고 심화되어, 문예 대중화 문제에 내포된 이론적 문제들에 대한 천착과 현실적 대중화 방안의 탐구가 이루어진다. 그 토론의 전개 과정을 살펴보면, 먼저 1932년 4월 구추백의 「프로 대중 문예의 현실 문제(普洛大衆文藝的現實問題)」와 풍설봉의 「문학의 대중화를 논함(論文學的大衆化)」이 발표되고 6월에 구추백의 「대중 문예의 문제(大衆文藝的問題)」가 발표된 데 이어, 7월 모순이 「문제 중의 대중 문예(問題中的大衆文藝)」를 발표하여 구추백에 대한 반론을 펴고, 다시 구추백이 「대중 문예를 재론하여 지경(止敬)〔모순의 필명: 필자〕에 답함(再論大衆文藝答止敬)」으로 재반론을 쓴 것이 그 골간이며, 그 주변에서 주양·정백기·전한(田漢)·방광도(方光燾) 등이 글을 썼다. 견해의 이동(異同)이 있는 대로, 이 토론에서의 주된 논점들을 범주별로 나누어 묶으면 대체로 정치적 의의의 문제, 내용 문제, 형식 문제, 언어 문제, 작가 생활의 대중화 문제, 예술적 가치 문제 등 여섯 가지가 된다.

정치적 의의의 문제에 대해서는 이미 1931년 11월 「중국 프롤레타리아 혁명 문학의 새로운 임무(中國無産階級革命文學的新任務)」라는 제목의 좌련의 결의에서 "대중화 노선을 통해서만 〔……〕 당면한 반제국주의·반국민당(反國民黨)의 소비에트 혁명의 임무를 완수할 수 있다"라고 규정된 바 있는데,[6] 구추백의 "프로 대중 문예는 사상·의

---

6) 王瑤(編), 『中國新文學史稿』 上冊(上海新文藝出版社, 1954), p. 173 참조.

식·정서 및 문화 일반 등에 있어서 프롤레타리아와 노동 민중(수공업자·도시 빈민·농민 대중)을 무장해야 한다"[7]는 명료한 지적과 "현재적 문제는 단순히 모호한 문예 대중화의 문제가 아니라 혁명적 대중 문예 창조의 문제이다"[8]라는 새로운 개념의 제기에 의해 보다 구체화된다. 뒤에 다시 논의되겠지만, 사실상 문예 대중화라는 개념은 그 자체 한 가지 이상의 범주들의 복합 내지 혼동으로 이루어져 있으면서 그 말을 사용하는 논자들에게 그 점이 의식되지 않고 있었던 것인데, 구추백은 그 점을 '모호하다'고 지적하고 문예 대중화의 문제를 아지·프로의 범주에 초점 맞춰 이해하면서 새로이 '프로 대중 문예' 내지 '혁명적 대중 문예'라는 용어를 만들어낸 것이었다.

내용 문제에 대한 구추백의 견해는 그러한 문예 대중화 문제에 대한 이해 방식으로부터 산출된다. 즉, 구추백은「프로 대중 문예의 현실 문제」중 '무엇을 위해 쓸 것인가'라는 항목에서 다음 세 가지 내용을 제시하고 있다.[9]

1) 선동 작품. 혁명 투쟁의 긴장이 고조된 상황에서 시급히 필요한 것으로서, 일정한 상황 속에서 반혁명의 무단(武斷) 선전에 반대하는 투쟁적인 내용으로 이루어진다.

2) 조직 투쟁을 위해 씌어지는 작품. 노동자·농민·빈민·병사의 생활과 그들의 투쟁을 묘사하고 지배 계급의 실체를 폭로하는 것을 주요 내용으로 한다.

3) 계급 제도 아래에서의 삶을 이해하기 위해 씌어지는 작품. 노동자·농민·빈민 대중의 관점에서 현실적 삶의 의미를 이해·해명함으로써 지배 이데올로기의 속박으로부터 해방되도록 하는 것을 내용으로 한다.

형식 문제에 대한 견해 역시 그러한 일관된 이해 방식에 근거하고

---

7) 北京師大中文系(編), 앞의 책, pp. 307~08.
8) 앞의 책, p. 324.
9) 앞의 책, pp. 313~16 참조.

있다. 즉, 아지·프로의 효율성의 제고를 위해서는 비(非)대중적인 5·4 이래 신문학의 형식을 추종해서는 안 된다는 문제 의식 위에 대중에게 애호되는 구형식의 채용이 검토되었던 것이다. 구추백은 구형식의 맹목적 모방만으로는 투항주의로 추락해버릴 것을 경계하면서 1) 구형식의 개혁, 2) 구형식의 여러 요소들을 운용하여 신형식을 창조해낼 것을 요구했다. 고사소설(故事小說)·소창(小唱)·설서(說書)·극본(劇本)·연환도화(連環圖畵) 등에 새로운 묘사·서술의 방식을 점진적으로 적용하는 것이 1)의 예라면, 새로운 형태의 단편화본(短篇話本)을 창조해내는 것 등이 2)의 예가 된다.[10] 한편 주양(周揚)이 「문학의 대중화에 관하여(關于文學大衆化)」에서 그것들이 단순·명쾌·소박하여 동적이고 영웅적이어서 그때그때의 혁명적 프롤레타리아의 투쟁적 삶을 신속하게 직접적으로 반영할 수 있다는 장점에 비추어 스케치, 간단한 르포르타주, 정치시, 집단 낭송극 등의 소형식의 유용성을 주장[11]한 것은 유럽과 러시아의 혁명 문학의 형식들을 수용할 것을 주장한 것으로 구형식의 채용 방안과 더불어 상보적 관계를 맺는 것이었다.

　언어 문제 역시 문예 대중화에 대한 아지·프로적 이해 방식의 규정 아래 논의가 진행되었다. 구추백이 신문학의 언어를 문제삼은 것은, 그것이 대중이 쉽게 이해할 수 있는 것이 아니었기 때문이다. 그가 보기에, 신문학 작품의 언어는 비록 백화(白話)라 하기는 하지만, 대중과의 유리가 심각하여 대중의 구어(口語)로부터 새로운 문학 언어를 제련해내는 또 한차례의 문학 혁명이 필요한 것이었다. 여기서 구추백은, 5·4 이래의 문학 작품을 평가하면서 그 언어가 백화도 아니고 문언(文言)도 아니며 여전히 '사대부'에게 독점되어 있다고 지적하고, 나아가서는 5·4 문학 혁명을 실패한 혁명으로 규정했다.[12]

---

10) 앞의 책, pp. 312~14 참조.
11) 앞의 책, p. 356 참조.
12) 앞의 책, pp. 325~27 참조.

모순의 반론은 바로 이러한 평가와 관련된다. 5·4 세대의 일원이었던 모순은, "기술이 주된 것이고 문자 자체는 지엽적인 것"이며 작품의 감동은 "문자의 소질"에 달려 있는 것이 아니라 문자를 매개로 한 표현 행위, 즉 "묘사의 수법"에 달려 있다고 주장했다.[13] 이 논전은, 서로 강조점이 다르고 초점이 어긋나 말의 엄격한 의미에서의 논쟁이라 할 수는 없지만 양자의 견해를 상보적으로 이해한다면 그 문제 제기의 의미는 충분히 인정될 수 있다.

작가 생활의 대중화 문제는 창작 주체의 문제로서 심화될 경우 창작 방법론의 문제로까지 이어질 수 있는 중요한 문제이지만, 아지·프로적 관점이라는 시야의 한정으로 당시의 논의는 거기에까지 이르지 못했다. 주양이 혁명적 투쟁의 삶을 묘사하려면 새로운 작가가 필요하다고 주장하면서 "그[새로운 작가: 인용자]는 방관자가 아니라 실제 투쟁에의 적극적 참가자이며, 대중으로부터 격절되어 있지 않고, 대중의 혁명 투쟁에 참가하면서 대중에게 복무하는 작품을 창조해내는 자이다"[14]라 한 것이나, 구추백이 "생활의 대중화 문제를 더욱 구체적으로 상세하게 해결해야 한다"[15]고 강조한 것이 문제의 핵심에 접근하는 듯하면서도 모두 일종의 경험주의 내지 결정론에 암묵리에 묶여 있는 것은 그 때문이다.

이 토론에서 가장 논쟁적이었던 대목은 대중 문예의 예술적 가치의 문제이다. 그것은, 문예의 정치에의 종속을 거부하고 나아가서는 문예와 정치의 관계 자체를 부정하면서까지 예술의 가치를 옹호한 호추원(胡秋原)과 소문(蘇汶)의 대중 문예론 비판에 대한 반론으로서 제기되었다. 그들은 문학의 대중화란 문학의 수준을 저하시켜 대중에 영합하는 것에 다름아니며 대중 문예는 예술적 가치가 없다고 하여 대중 문예의 존재 의의를 완전히 부정해버렸다.[16] 이에 대한 주양의

---

13) 앞의 책, pp. 332~34 참조.
14) 앞의 책, p. 356.
15) 앞의 책, p. 322.

반론은 다음과 같다.

> 문학의 대중화는 문학의 저열화가 아니라 오히려 문학의 제고이며 문학의 투쟁성·계급성을 제고하는 것이다. 문학 대중화의 주요 임무는, 대중의 문화적 수준을 제고하고 대중을 조직하고 대중을 선동하는 데 있다. 〔……〕 중국 노동 대중의 현재적 문화 수준 일반의 저열함을 생각지 않고 어떻게 대중의 수준을 높여 진정하고 위대한 예술을 감상할 수 있게 해야 하는가를 일방적으로 논의하는 것은 실제에 있어서 대중에의 복무를 거부하는 것과 다르지 않으며 일종의 취소주의(取消主義)인 것이다. 그러므로 대중의 문예 생활에 오래도록 확고하게 뿌리내려온 소조(小調)·창본(唱本)·설서(說書) 등의 구형식을 잠정적으로 이용하여 신속하게 대중을 조직·선동해야 하며 동시에 교육과 문화의 일반적 수준을 제고하고 노동 대중으로 하여금 진정하고 위대한 예술에 한걸음 한걸음 접근하도록 해야 한다. [17]

호추원·소문과 주양 양쪽이 모두 동일한 오류에 빠져 있음은 흥미로운 일이다. 즉, 그들은 모두 문예 대중화 내지 대중 문예가 아지·프로적 관점에서 논의되고 있는 것임을 의식하지 못하고 있었던 것이다. 가령 호추원과 소문이 대중 문예의 예술적 가치가 저열하다는 점, 대중 문예가 문예의 질적 저하를 초래한다는 점을 지적한 것은 아지·프로를 문학으로 혼동한 데서 비롯되는 것이다. 더구나 주양의 경우는, 프로 문예의 확립과 그것의 대중화 및 아지·프로가 혼란스럽게 뒤섞여 있어 논리의 비체계성을 노정하고 있다. 객관적으로 볼 때, 주양의 논리는 아지·프로의 발전으로 프로 문예의 확립과 그것의 대중화를 이룰 수 있다는 것에 다름아니지만, 주양의 개념 체계로는 그 논리가 의식될 수 없었던 것이다.

---

16) '自由人' '第三種人' 등의 구호를 제시한 胡秋原과 蘇汶의 이론에 대해서는 김시준, 앞의 책, pp. 48~50 참조.
17) 北京師大中文系(編), 앞의 책, p. 357.

　이처럼 뚜렷한 한계를 안고 있었지만, 문예 대중화에 대한 이 토론
은 적지 않은 결실을 거두었다. 무엇보다도 의식적인 대중 문예 창작
이 이루어져, 가요(歌謠)·쾌판(快板)·소조(小調) 등의 통속적이고
이해하기 쉬운 민간의 문예 형식을 채용하여 혁명적 내용을 선전하는
작품들이 만들어졌다(노신의 「호동서가[好東西歌]」 「공민과가[公民科
歌]」, 구추백의 「동양인 출병[東洋人出兵]」 등이 그 예이다).[18] 또, 르포
르타주·낭송시·가두극·연환도화 등의 작품이 시도되고, 노동자
문화 운동도 초보적이나마 전개되어 노동자 야학과 노동자 독서회 및
노동자 통신 운동 등이 조직되고, 많지는 않으나 노동자 집단 창작이
나타나기 시작했다. 그러나 이러한 실천적 움직임들은 국민당 정부
의 박해로 인해 크게 확대되지는 못했다.[19]

　1934년에는, 문예 대중화에 있어서의 형식 문제에 대한 1932년 당
시의 논의에서 미진했던 부분(즉, 구형식의 이용과 신형식의 창조 사이
의 관계)에 대한 논의가, 섭감노(聶紺弩)의 글 「신형식의 탐구와 구형
식의 채용(新形式的探求與舊形式的采用)」을 계기로 이루어졌다. 섭감
노는 구형식의 이용과 신형식의 창조를 대립적으로 파악하고 구형식
의 채용을 단순한 복고에 불과한 것으로서 내용과 형식의 기계적 분
리를 초래했다고 비판했는데,[20] 이에 대해 노신이 「'구형식의 채용'
을 논함」이라는 글에서 반론을 제기했던 것이다. 노신이 보기에 구형
식의 이용과 신형식의 창조가 기계적으로 분리될 수 없는 것이나 작
품과 대중이 기계적으로 분리될 수 없는 것은 내용과 형식이 기계적
으로 분리될 수 없는 것과 마찬가지이다.[21] 즉, 통속적 구형식의 채용
이 유행하는 것은(여기서 노신은 연환도화를 예로 들고 있다) 그 유행
이 가능했고 또 필요했기 때문으로 내용과 형식의 관련성을 잃지 않

---

18) 林志浩(主編), 앞의 책, pp. 234~35 참조.

19) 앞의 책, p. 235.

20) 『動向』(中華日報 副刊), 1934. 4. 20; 林志浩(主編), 앞의 책, p. 236에서 재인용.

21) 北京師大中文系(編), 앞의 책, p. 303.

은 것이라 주장[22]하는 한편, 구형식의 이용과 신형식의 창조 사이의
관계에 대해서는,

> 구형식을 채용함에는 반드시 깎아내는 부분이 있게 되게 마련이고 일단
> 깎아내게 되면 반드시 덧붙이는 부분이 있게 되니, 그 결과로 나타나는 것이
> 신형식이며 변혁이다. [23]

라는 독특한 변증법적 관점을 제시했다. 이는 뒤에 민족 형식 논쟁에
서 중요한 논점의 하나가 된다.

한편, 같은 해에, 국민당 정부의 교육부에서 문언(文言)의 부흥과
경서(經書)의 교육을 주장한 데 대해, 대중어(大衆語) 운동이 주창되
고 이어서 문자의 라틴화에 대한 토론이 전개되었는데, 이는 1932년
에 구추백이 제기했던 언어 문제에 대한 논의의 일정한 진전인 셈이
었다. 노신의 「문외인의 문자론(門外文談)」은 그 대표적인 글로서, 여
기서 노신은 어문 개혁의 구체적 문제에 대해, "중국의 문화가 전체
적으로 향상되려면 반드시 대중어와 대중문이 제창되어야 하며 표기
법 또한 라틴 문자화되어야 한다"고 주장했다. [24] 이 어문 개혁의 필요
성에 대한 인식이 마침내 오늘날 중국의 간체자(簡體字)와 한어병음
자모(漢語拼音字母)의 통용으로 결실을 보았음은 주지의 사실이다.

이상 살펴본 바와 같이 전개되어온 문예 대중화론은, 1937년 7월
중·일 전쟁이 발발하여 일본의 중국에 대한 전면적인 군사적 침략이
개시됨에 따라 전혀 새로운 현실 상황에 직면하여 상당한 변모를 보
이게 된다.

새로운 현실 상황이란, 첫째 제2차 국공합작의 성립이다. 1935년
의 8·1 선언 이후 공산당 및 홍군에 의해 추진되어온 항일 통일전선

---

22) 앞의 책, p. 305.
23) 앞의 책, p. 305.
24) 『魯迅全集』 第6卷(北京: 人民文學出版社, 1956), p. 82.

이 1936년 12월의 서안 사건을 거쳐 중·일 전쟁의 확전을 계기로 드디어 1937년 9월 2일 정식으로 그 결성이 공표되었던 것이다. 이에 따라, 이미 1936년에 '국방 문학'이라는 기치 아래 이루어졌던 문예계 통일전선은 1938년 3월 무한에서 결성된 '중화전국문예계항적협회(中華全國文藝界抗敵協會)(약칭 文協)'로 발전하게 된다. 다음으로, 종래 문예 활동의 대부분이 이루어졌던 상해·북경·남경 등 대도시가 전쟁 초기에 벌써 일본군에게 점령됨으로써 문예 활동의 현실적 조건이 근본적으로 변화되었다. 이에 따라 작가들은 전국 각지로 흩어졌다.

이런 배경하에 문협의 창립 대회에서 "문장을 농촌으로, 문장을 부대로(文章下鄕, 文章入伍)"라는 표어가 채택되었던 것이다.[25] 실제로 전국 각지에 흩어진 작가들은 혹은 부대로 혹은 농촌으로 들어가 활동하였고, 이는 문학 운동에 있어서의 일대 진전이었다. 이 정황을 『중국 신문학사고(中國新文學史稿)』의 저자 왕요(王瑤)는 다음과 같이 기술하고 있다.

작가들은 작품 활동에 있어서 새로운 문학 형식을 운용하여 르포르타주·낭송시·가두극 및 통속 문예 등의 작품이 대량으로 생산되었다. 이에 문학 활동은 농촌·부대의 현실 생활과의 결합을 보다 심화·확대했고 인민의 요구 아래 점차 발전해갔다. 더욱 중요한 것은, 작가가 인민과의 결합 과정에서 자기 인식을 풍부하게 하고 수정하여 그 창작 수준을 일정하게 높인 점이다. 이로 인해 항전 초기의 창작상의 굉장한 기상이 형성되었다.[26]

이와 같은 상황 속에서, 구형식을 이용한 통속 문예 작품이 대량으로 생산되었다. 그 중 대표적인 작가들이 노사(老舍)·목목천(穆木天)·조경심(趙景深)·장천익(張天翼)·애무(艾蕪)·사정(沙汀)·구

---

25) 王瑤(編), 앞의 책 下冊, p. 11 참조.
26) 앞의 책 下冊, p. 11 참조.

양산(歐陽山) 등이었다. [27] 이 통속 문예 작품들은 실제로 항전 사업에 참가한 작가들에 의해 씌어졌으며, 당시 민중을 동원하고 진지를 견지하는 무기의 하나로 되고 있었으니, 얼핏 보기엔 문예 대중화의 문제가 이로써 광범하게 실현된 것처럼 보인다. 그러나 그 항전에 대한 선전 및 교육 효과를 인정한다 하더라도 그것들은 뚜렷한 한계를 노정하고 있었다. 예컨대 노사의 다음과 같은 고백을 보자.

나는 당시, 구형식이란 하나의 고정된 틀이어서 그 상(像)을 배우기만 하면 그것을 사용할 수 있고 또 작가로서의 책임을 다하는 것이라고 생각했을 따름이다. 이는 분명히 당시의 절실한 생각이었다. 그러나 점차 형식을 파악하게 됨에 따라 어떻게 적당한 내용으로 채울 것인가 하는 문제가 떠올랐는데, 이는 본래는 생각지 못했던 것이었다. 이래서 어려움이 생겨났다. 작가적 삶이 차츰 전쟁 속으로 깊숙이 들어감에 따라 항전의 면모가 전에 생각했던 것처럼 그렇게 간단하지 않다는 것을 발견하게 되었고, 이 새로운 현실을 '옛 병(舊甁)'에 채워넣으려 하니 내용이 너무 많거나 아니면 근본적으로 채워넣을 수가 없는 것이었다. 이래서 종전의 유혹은 고통으로 바뀌었다. 항전 기간이 길어짐에 따라 현실에 대한 인식과 이해도 더욱 명료해지고 심각해졌고, 그리하여 옛 병을 채우기는 더욱 불가능해져 억지로 채워넣으려 하면 곧 병이 깨져버리는 것이었다. [28]

여기서, 구형식의 채용이란 것이 결국 구형식에 의해 주어지는 제약으로 인해 작품 수준의 저열화와 현실 반영 능력의 저하를 초래하고 말았음을 알 수 있다. 이는, 1934년에 노신에 의해 그 단초가 제기된 구형식의 채용과 신형식 창조의 변증법적 통합의 가능성이라는 인식 수준에 이르지 못하고, 1932년의 대중화 문제 토론시 형식 문제에

<hr>

대한 논의 수준에 그대로 머무른 채 마침내 섭감노가 경고했던 그 폐단에 떨어져버리고 만 결과였다. 이처럼 파탄이 발생하자, 심하게는 구형식의 이용을 문예 대중화의 유일한 길이며 단순한 기술적 문제인 것으로 이해하고 신문학의 성과를 완전히 부정해버리면서 구형식에 무조건으로 투항해버리는 경우도 생겨났다.

이리하여 문예 대중화에 있어서 형식 문제에 대한 보다 구체적이고 진전된 탐구가 절실히 요청되는 국면이 펼쳐졌고 그 요청에 응한 것이 1938년부터 1940년까지 활발히 전개된 민족 형식 논쟁이었다. 이렇게 보면, 민족 형식 논쟁은 문예 대중화론이 항전 시기에 도달한 구체적 발전 단계에 다름아닌 것이다.

3. 민족 형식 논쟁

Ⅰ. 중국 혁명과 민족 형식 개념

이 논쟁에서 '민족 형식'이라는 용어가 사용되기 시작한 것은, 1938년 10월 중국 공산당 제6기 중앙위원회 제6차 총회에서의 모택동의 보고 「중국 공산당의 민족 전쟁중의 지위(中國共産黨在民族戰爭中的地位)」에서 그 용어를 사용한 뒤부터이다. 사실상 논쟁은 그 보고 이전부터 전개되고 있었는데 다만 이때는 민족 형식이라는 용어가 사용되지 않았을 따름이다. 예컨대, 모순의 「문예 대중화 문제(文藝大衆化問題)」「대중화와 구형식의 이용(大衆化與利用舊形式)」, 임담추(林淡秋)의 「항전 문학과 대중화 문제(抗戰文學與大衆化問題)」, 노사의 「통속 문예에 대해 논함(談通俗文藝)」 등의 글이 그것들이다.[29] 문예 대중화에 있어서의 형식 문제에 대한 논의라는 점에서는 크게 보면 다를 바 없는 것이지만, 그러나 민족 형식이라는 용어가 단순한 미사

____

29) 『抗戰文藝論集』 所收

여구가 아니라, 새로운 개념의 획득에 의해 낳아진 것으로서 그것이 인식과 사고의 틀 자체에 적지 않은 변화를 가져왔다는 사실을 잊어서는 안 된다. 그렇다면, 민족 형식이란 무엇인가? 모택동은 보고중에 '학습'이라는 항목에서 다음과 같이 말하고 있는데, 좀 길지만 인용할 필요가 있을 것 같다.

마르크스주의는 반드시 우리나라의 구체적 특점과 결합하고 일정한 민족 형식을 통해야만 비로소 실현된다. 마르크스 레닌주의의 위대한 역량은 그것이 각국의 구체적 혁명 실천과 연계되어 있다는 데 있다. 중국 공산당에 대해 말하자면, 마르크스 레닌주의의 이론을 중국의 구체적 환경에 응용할 줄 알아야 한다. 위대한 중화 민족의 일원이며 이 민족과 혈육의 관계에 있는 공산당원이 중국의 특점을 떠나 마르크스주의를 논한다면 그것은 추상적이고 공허한 마르크스주의가 될 따름이다. 그러므로, 마르크스주의를 중국에서 구체화하고 그것의 표현 모두가 중국의 특성을 띠도록 하는 것——즉, 중국의 특점에 의하여 그것을 운용하는 것——이야말로 전당(全黨)이 시급히 이해하고 시급히 해결해야 할 문제이다. 서구화 추종의 폐단은 반드시 폐지되어야 하고, 공허하고 추상적인 톤은 반드시 없어져야 하며, 교조주의는 반드시 멈춰져야 한다. 대신 신선하고 활발한, 중국의 민중이 즐겨 듣고 즐겨 보는(喜聞樂見) 중국의 작풍(作風)과 중국의 기풍(氣風)이 만들어져야 한다. 국제주의의 내용과 민족 형식을 분리하는 것은 국제주의를 조금도 이해하지 못하는 사람들의 단견이다. 우리는 양자를 긴밀히 결합시켜야 한다. 이 문제에 있어서 우리의 대오 중에 존재하는 엄중한 착오들은 성실히 극복되어야 한다.[30]

이것은 곧, 유소기(劉少奇)가 '마르크스주의의 중국화 사업'이라 명명한[31] 마오이즘의 핵심적 부분에 해당한다. 즉, 민족 형식이라는

---

30) 北京師大中文系(編), 앞의 책, p. 725.
31) 劉少奇, 『黨規約을 改定하는 데 관한 報告』(中國出版社, 1947), p. 19.

이론(마르크스주의)과 실천(중국 혁명)의 통일에서 낳아지는 마르크스주의의 중국화(혹은 마르크스주의의 중국적 구체화)인 것이다[32](이를, 흔히 말하는 식으로, 마르크스주의를 내용으로 하고 중국적 특수성을 형식으로 한다는 식으로 해석하는 것은 옳지 않다). 이러한 민족 형식의 개념화가 필요했던 현실적 기반은 말할 것도 없이 중국의 사회적·역사적 현실의 특수성이다. 당시 중국은 반(半)식민지 상태였고 인구의 80%가 농민이었다. 이러한 특수한 현실에 마르크스주의의 고전적 혁명 이론이 제대로 적용될 수 없음은 명백한 사실이며, 중국 혁명은 당연히 반제 반봉건을 내용으로 하고 농민을 주요 혁명 주체로 해야 했던 것이다. 여기서 '당연히'라 했지만 그에 대한 각성이 쉬운 일이 아니었음은 두말할 나위도 없다. 그에 대한 각성은 중·일 전쟁이 진행되면서 나타난 특수한 상황에 의해 더욱 촉진되었던 것으로 보인다. 도시와 철도를 장악한 일본군에 대해 화북(華北)의 팔로군은 일본군의 배후에서 유격전을 벌여 항일 근거지를 건설했는데, 그 근거지의 건설은 농민의 동원, 군대와 농민의 일치 없이는 불가능했던 것이다. 그리하여 1940년 「신민주주의론」에서 모택동은 "중국의 혁명은 실질적으로 농민 혁명이며, 현재의 항일은 실질적으로 농민의 항일"이라고 언명했던 것이다. [33]

이처럼 민족 형식이라는 용어는 본래 마르크시즘의 중국적 구체화라는 의미로 씌어졌던 것이다. 그렇기 때문에 이 용어를 문학의 범주에서 사용하려 할 경우 치밀한 개념상의 검토가 새로이 이루어져야 하는데, 실제에 있어서는 "중국의 민중이 즐겨 듣고 즐겨 보는 중국의 작풍과 중국의 기풍"이라는 모택동의 부분적 진술에 기대어 그 검토를 수행하지 않은 상태에서 민족 형식 논쟁이 시작되었다는 점을

---

32) 스트롱이 『毛澤東의 思想』에서 "그는 일종의 중국 형식과 아시아 형식의 마르크스주의를 창조했다"고 한 것도 이러한 의미에서이다. 『毛澤東思想批判論』(극동문제연구소, 1976), p. 27 참조.

33) '농민의 항일'의 구체적 정황에 대해서는 野村浩一, 『中國の歷史』 第9卷(東京: 講談社, 1975); 吳相勳(譯), 『中國現代史』(한길사, 1980), pp. 441~45 참조.

우리는 중시해야 한다. 말하자면, 이 논쟁에서 사용된 민족 형식이라는 용어는 대체로, 혁명 문학(아지·프로라고 하는 편이 더 정확하겠지만) 형식의 중국화라는 의미로 암묵리에 쓰이고 있었던 것이다. 이는 모택동의 민족 형식 개념을 다른 범주에 적용하면서 기계적으로 번역한 것에 다름아니다. 본래의 민족 형식 개념의 취지를 살리려면 기계적 번역으로는 불충분하다. 즉, 중국의 특수한 사회적·역사적 현실을 내용으로 하여 그 내용이 자기 자신을 표현해내는 방식으로서의 형식이라는 의미에서 민족 형식의 개념 규정이 이루어져야 했던 것이다. 이 문제가 간과되었던 것은, 필경 당시의 논자들의 시각이 객관적으로 아지·프로 쪽으로 정향되어 있었기 때문일 것이다. 그 문제는, 엄밀히 말해, 프로 문학의 예술 원칙의 확립을 위해 초보적으로 제기되게 되는 문제인 것이다.

　물론, 민족 형식 논쟁이 그 용어에 대한 개념상의 검토 없이 이루어졌다고 해서 일률적으로 성격지어지는 것은 아니다. 무엇보다도 논자들에게는 아지·프로와 프로 문학간의 구분에 대한 명백한 인식이 없었고 따라서 숱한 혼동과 혼란의 양상을 보이고 있는 것이다. 예컨대, 형식이라는 말을 내용으로부터 기계적으로 분리하여 사용하는 논자들은 아지·프로의 시각 쪽에 가깝고, 내용과의 불가분성을 내포하면서 형식이라는 말을 사용하는 논자들은 프로 문학의 시각 쪽에 가까운데 한 사람에게서 양자가 동시에 나타나는 경우도 있는 것이다. 어쨌든, 이러한 혼미 속에서 이 논쟁은 전개되었는데 그것도 '해방구(공산당 지배 지역)'와 '국통구(국민당 지배 지역)'에서 각각 다른 양상으로 전개되어 더욱 복잡한 모습을 보였다.

Ⅱ. 연안에서의 논의

　먼저 연안에서는, 모택동의 보고에서 제시된 민족 형식 문제를 문예창작에 연계시켜, 5·4 이래의 신문학이 노동자·농민 대중으로부터 괴리된 점을 반성함과 동시에 구형식의 이용과 민족 형식의 창조라는 문제를 집중적으로 논의했다. 그 대표적인 논자들은 주양·하기방(何其芳)·애사기(艾思奇)·진백달(陳伯達) 등으로 그들은 당시 연안에서 간행되던 잡지 『문예전선』『중국 문화』 등에 글을 발표했다.

　진백달은 「문예의 민족 형식에 관한 잡기(關于文藝的民族形式雜記)」에서,

　　근래 문예상의 이른바 '구형식' 문제는 실제로는 정확히 말해 민족 형식 문제이며 "신선하고 활발하며, 중국의 민중들이 즐겨 듣고 즐겨 보는 중국적 작풍과 중국적 기풍"의 문제이다.[34]

라 전제하여 대중화론에서의 구형식/신형식 문제를 곧 문예의 민족 형식 문제로 파악하고, 구형식의 이용에서 새로운 민족 형식을 창출해내는 방법으로,

　　구형식에 속박되어서는 안 되고, 구형식을 활용하여 구형식을 굴복시키고 새로운 내용에 복종시키며 그 불합리한 부분을 제거하고 그 합리적 부분을 증진시킴으로써 구형식의 활용으로부터 신형식을 창조해내야 한다. [……] 그러므로 이른바 민족 형식의 문제는 단순히 구형식의 문제인 것만이 아니고 동시에 신형식의 창조·발전 문제를 포함하는 것으로서, 단지 신형식의 창조를 구형식으로부터 간단히 단절해서는 안 된다는 것일 따름이다.[35]

라고 주장했다. 이는, 일단 대중화론에서 경시되었던 구형식의 이용과 신형식의 창조 사이의 관계에 대한 명쾌한 답변이 된다. 그런데 이러한 논리의 밑에는 내용과 형식을 분리시키는 개념 체계가 숨어 있다. 그래서 내용과 형식의 관계에 대해,

---

34) 北京師大中文系(編), 앞의 책, p. 726.
35) 앞의 책, p. 727.

    민족 형식은 실제로는 단순히 형식의 문제인 것만이 아니고 내용의 문제
이기도 하다. 문예가 진실한 생활을 보다 심각하게 반영하고 대중의 투쟁을
보다 영활하게 파악할 수 있으려면 그 표현 형식을 고찰하지 않을 수 없는
것이다.[36]

라고 진술하는 것이며, 그것은 근본적으로는 진백달이 아지·프로적
시각에 경사되어 있었던 데 연유한다. 그 경사는 "문예는 구체적·민
족적·사회적 진실 생활의 반영이어야 하며 동시에 수억의 민중을 항
전에 참여토록 호소하는 무기가 되어야 한다"[37]라는 진술에 잘 나타
나며, 또 노신의 초기 소설의 문학적 성취를 극찬하면서도 그것이 대
중에게 쉽게 이해되지 않는다는 점을 한계로 지적[38]하고 있는 데에 잘
나타난다.

    이상 살펴본 진백달의 논리는 연안 쪽의 논자들에게 거의 공통된
다. 되풀이하자면, 그들의 문제 의식의 출발은, 5·4 이래의 신문예
가 노동자·농민 대중과 괴리되어 있다는 데 있다. 하기방이 「문학에
있어서의 민족 형식을 논함(論文學上的民族形式)」에서 "서구 문학은
중국의 구문학과 민간 문학보다 진보된 것이기 때문에 신문학의 계속
적인 발전은 주로 이러한 비교적 건강하고 비교적 신선하며 비교적
풍부한 양분을 흡수해야 한다. 이 흡수는, 특히 표현 방면에 있어서
는, 보다 중국화되고 보다 민족화된 문학 내용을 보다 잘 표현하는 데
유익무해하다"[39]라고 진술할 때 잘 드러나듯, 그들은 신형식의 장점
을 인정하면서도 그것의 비대중성을 문제로 지적하는 것이다. 그리하
여, 애사기가 「구형식 운용의 기본 원칙(舊形式運用的基本原則)」에서

---

36) 앞의 책, p. 726.
37) 앞의 책, p. 726.
38) 앞의 책, pp. 727~28.
39) 『民族形式討論集』, p. 41; 林志浩(主編), 앞의 책, p. 484에서 재인용.

지적하듯 "중국 민중이 자기 생활을 반영해온 문예 형식"[40]인 구형식을 이용함으로써 대중성을 획득할 수 있으리라는 기대가 생겨나고, 거기서 "민중의 것을 민중에게 돌려주려면 우리는 실제에 있어서 구형식을 운용하고 구형식을 파악할 필요가 있다"[41]라는 결론이 도출되는 것이다. 이러한 문제 의식으로부터 앞에 살펴본 진백달의 논리가 구축되는 것인데, 그리하여 연안 쪽의 논자들은 대체로 다음과 같은 주양의 「구형식의 이용에 대한 문학상의 하나의 관점(對舊形式利用在文學上的一個看法)」에서의 절충론을 결론으로 삼고 있다.

> 신문예는 그렇다고 해서[그 비대중성 때문에: 인용자] 원래의 신형식을 버리지 않으며, 오히려 신형식을 발전시킬 것을 주된 과업으로 한다. 구형식의 이용은 신형식의 발전과 상보·상성의 관계에 있으며 현실적으로 그 중 후자가 목적이 된다. 구래의 민족적·민간적 예술 형식 중의 우수한 요소를 신문예로 흡수시켜 신문예에 청신하고 강건한 영양을 줌으로써 신문예를 더욱 민족화·대중화하는 것이다. [42]

Ⅲ. 중경에서의 논쟁

연안 쪽의 민족 형식 논의가 별다른 의견 대립 없이 쉽게 합의에 이르고 있는 데 반해, 국통구의 중경 쪽에서는 치열한 논쟁이 펼쳐졌다. 중경에서는 1940년 신화일보의 좌담회를 계기로 논쟁이 개시되었는데, 크게 두 갈래로 입장이 나뉘었다.

그 중 한 갈래는 향림빙(向林氷)에 의해 대표된다. 향림빙은 「민족 형식의 중심 원천을 논함(論民族形式的中心源泉)」에서, 대중에게 접근하는 민족 형식의 창조는 민간 형식을 그 중심 원천으로 삼아야 한다는 관점을 개진했다.

---

40) 北京師大中文系(編), 앞의 책, p. 742.
41) 앞의 책, p. 743.
42) 앞의 책, p. 731.

　　민간 형식의 비판적 운용은 민족 형식을 창조하는 기점이며, 민족 형식의 완성은 민간 형식 운용의 귀결이다. 바꿔 말하면, 현실주의자는 민간 형식 중에서 민족 형식의 중심 원천을 발견해야 하는 것이다. [43]

　　향림빙의 이러한 관점은, 그의 ‘신질(新質)과 구질(舊質)의 관계’에 대한 이해와 연관된다. 즉,

　　신질은 구질의 태내에서 발생하여 구질의 자기 부정 과정을 통해 독립적 존재가 된다. 이리하여 민족 형식의 창조는 중국 문예 운동의 외력(外礫)의 범주일 수 없고, 이미 존재하는 문예 형식의 자기 부정을 그 지질(地質)로 삼아야 한다. [44]

라고 하여, 기존 형식의 자기 부정을 통해 새로운 형식이 창출된다는 원리를 확인하고,

　　5·4 이래의 신흥 문예 형식에 이르러서는, 그것이 구어(口語)의 성질을 상실한 ‘기형적으로 발전한 도시적 산물’로서 ‘대학 교수·은행 경리·댄서·정객 및 그 밖의 프티 부르주아에게나 적합한 형식’이기 때문에, 민족 형식 창조의 기점에 있어서 단지 부차적인 지위에 놓여져야 한다. [45]

라 하여, 5·4 신문예를 완전히 부정한다. 그가 보기에, 5·4 신문예는 외부에서 주어진 이식 형식인 것으로 완전히 부정되어야 하는 것이다. 이러한 견해는 황승(黃繩)의 「현금의 문예 운동의 일고찰(當前文藝運動的一考察)」이나 방백(方白)의 「민족 형식의 중심 원천은 민간

---

43) 『民族形式討論集』所收: 林志浩(主編), 앞의 책, p. 486에서 재인용.
44) 앞의 책, p. 486.
45) 앞의 책, p. 486.

형식에 있지 않은가?(民族形式的中心源泉不在民間形式嗎?)」와 일치한
다. 특히 방백의 "민간 문예는 내재적인 것이고 신문예는 외래적인
것이기 때문에 민간 형식의 변혁은 내부 모순의 문제이며 외래 문예
와 민간 문예의 충돌은 외부 모순의 문제이다"[46]라는 극명한 진술에
잘 나타나듯, 이러한 견해는 내용과 형식의 관계에 대한 소박한 이해
조차 없이 일방적으로 형식 논리에 치우친 것으로서 곧바로 숱한 반
론에 부딪힌다.

이에 대해, 갈일홍(葛一虹)으로 대표되는 또 다른 견해는 구형식에
대한 극단적 부정으로 나아간다. 이 극단적 부정의 다른 한 면은 5·4
신문예에 대한 옹호이다. 갈일홍은 「민족 형식의 중심 원천은 이른바
민간 형식인가?(民族形式的中心源泉是在所謂民間形式嗎?)」에서 다음
과 같이 말하고 있다.

> 의심할 바 없이 구형식은 장차 사멸해버릴 것이지만, 현재에 있어서는 그
> 것이 대중에게 익숙한 형식이다. 이러한 형식은 "익히 보고 늘 듣던 것"으로
> 서 신선하고 활발한 것은 결코 아니다. 이미 비교적 진보되고 완전한 신형식
> 을 가지고 있는 이때에, 구형식이 비록 여전히 많은 관중과 독자를 갖고 있
> 기는 하지만, 그것이 영광되고 자랑할 만한 일은 못 된다. 〔……〕
> 5·4 이래 각고 투쟁해온 신문예 작가들에게 그런 식의 견해는 실제로 일
> 종의 모욕적 편견이다. 신문예가 그 보편성에 있어서 구형식만 못하다는 것
> 은 의심의 여지가 없다. 그러나 그 원인은 신문예 작가가 그 책임을 다 떠맡
> 을 수는 없다. 그것은 주로, 정신 노동과 육체 노동의 오랜 분화로 대중 일
> 반의 지식 정도가 저하된 데에 그 이유가 있는 것이다.[47]

이처럼 구형식을 낙후된 것으로 보고 구형식의 이용에 의한 대중화
가 대중과의 영합에 불과하다고 보는 갈일홍의 견해는, "구형식은 단

---

46) 王瑤(編), 앞의 책 下冊, p. 25에서 재인용.
47) 『民族形式討論集』所收: 앞의 책, p. 25에서 재인용.

지 구형식일 따름이다. 구형식은 역사적 산물로서, 역사가 앞으로 추동해가는 오늘날 〔……〕 역사 박물관의 진열품으로 되는 것이 구형식의 슬픈 운명이다"라는 극단적 주장을 낳고, 나아가서는 "신사물(新事物)은 반드시 신선하고 활발한 신형식을 필요로 하며, 이 신형식은 그 자체로 형성되는 것이며 발전하는 것이지 구사물(舊事物)의 구형식과는 절대로 같을 수 없다"라 하여 신형식과 구형식 사이의 있을 수 있는 관계조차 부정해버리는 데에까지 이른다.[48]

이 두 갈래의 견해는 외견상 명백히 상반되지만, 그러나 그 근본에 있어서는 내용을 완전히 배제한 상태에서 형식을 논하고 있다는 점에서는 공통되며, 이를 함께 묶어 형식주의라고 말할 수 있을 것이다.

한편 곽말약은 「'민족 형식' 토론('民族形式' 商兌)」에서 이 두 갈래의 대립에 대해 일종의 절충안을 제출했다고 말해진다. 그는 우선, 민간 형식 중심 원천설을 반대하여 "민족 형식의 중심 원천은 두말할 것 없이 현실 생활이다. 오늘의 민족 현실을 반영하면 자연히 오늘의 민족 형식이 된다"[49]라고 명쾌하게 논파하고, 5·4 신문예 운동에 대해서는, "민간 형식을 떠나 최신 단계의 서구적 형식에 접근한 것은 〔……〕 역사적 필연성에서 연유하며 어느 한 사람의 호오(好惡)나 주장에 의해 좌우되는 것이 아니다"[50]라고 설파한 뒤, "외래 형식은 충분한 중국화를 거쳐 민족 형식이 될 수 있다"[51]고 결론짓는다. 이처럼 신문예로부터 민족 형식 창출의 가능성을 찾으면서 그는 시대 정신의 파악이 미흡하고 현실 생활의 반영이 불충분한 점을 신문예의 현상적 약점으로 지적했다. 이렇게 보면, 곽말약의 문제 의식은 문제의 핵심에 접근하고 있는 셈이었고, 그의 견해는 단순한 절충안이 아니었다. 왜 그런가? 곽말약의 입론은, 무엇보다도 내용과 형식의 불가분의 관

---

48) 林志浩(主編), 앞의 책, p. 487 참조.
49) 北京師大中文系(編), 앞의 책, p. 759.
50) 앞의 책, pp. 753~54.
51) 앞의 책, p. 753.

계를 그 개념 체계에서부터 옳게 파악하고 있고, 그리하여 민족 형식 창출에 있어서의 관건을 본원적으로 파악하였기 때문이다. 즉,

> 중국 신문예의 폐단을 제거하려면 주로 그 병의 근원을 제거해야 한다. 어떻게 그 병원(病源)을 제거할 것인가? 작가가 대중 속으로 뛰어들어 친히 대중 생활을 경험하고 대중의 언어를 학습하고 대중의 요구를 체험하며 대중의 사명을 드러내야 한다. 작가의 생활이 이렇게 된다면, 작품은 반드시 현실 반영의 기능을 발휘할 수 있으며 형식은 자연히 대중화될 수 있다.[52]

라고 하여, 작가의 체험 문제에 관심을 집중했던 것이다. 물론 체험 논의는 아직 심화가 덜 된 것이기는 하지만, 세계관과 창작방법론 문제에 대한 인식의 싹일 수 있다는 점에서 그 의미를 인정받을 수 있을 것이다.

곽말약의 이론적 성과의 귀중함은, 역시 5·4 신문예의 의의에 중점을 두었으되 민족 형식이라는 개념을 실제에 있어서 부정한 호풍과 비교해볼 때 더욱 두드러진다. 호풍은 「5·4 혁명 문예 전통에 대한 이해(對于五四革命文藝傳統的一理解)」에서, 5·4 신문예를 봉건 문예에 대립하는 시민 문예로 파악하고 서구의 시민 문예의 이식에 의해 형성된 것이라고 규정하면서,

> 5·4 신문예는 그것들로부터 사상·방법·형식을 받아들여, 그 사상으로부터는 현실 사회 투쟁에서 부여받았던 입장이 더욱 굳어졌고 그 방법으로부터는 창작상 중국의 현실을 인식하는 노선을 개척하였고 그 형식으로부터는 형상을 조직하는 능력이 양성되었다.[53]

라고 5·4 신문예를 높이 평가했는데, 근본적으로 전통(사대부 문예

---

52) 앞의 책, pp. 758~59.
53) 앞의 책, p. 783.

든 민중 문예든)과의 단절과 서구 문예의 이식이라는 관점을 토대로 함으로써, 결과적으로 제국주의 이데올로기의 영향 내지 구속을 벗어나지 못했던 것이다. 이 경우 내용/형식의 문제가 옳게 인식되지 못한다는 점은 말할 나위도 없다.

연안 쪽의 토론과 중경 쪽의 논쟁 모두에 걸쳐 가장 진전된 견해는 곽말약에 의해 제출되었다고 말할 수 있다. 중경에서는 대부분 내용을 배제하고 형식만을 논의하는 근본적인 오류로부터 자유롭지 못했고, 연안에서는 내용/형식을 논하되 개념 체계 자체가 내용/형식의 분리 위에 세워졌고, 또 프로 문예와 아지·프로 및 프로 문예의 대중화를 두서없이 혼동하고 있었기 때문에 필경 애매한 절충론으로 귀결되었던 것이다. 흥미로운 것은, 연안에서는 쉽게 합의에 이름으로써 그 합의된 바에 대한 치열한 반성적 인식이 없었던 데 반해 중경에서는 극단적인 견해들끼리 맞서며 다양한 의견들이 개진되는 가운데 문제의 핵심에 도달할 수 있는 가능성이 생겨났다는 점이다. 그 가능성은 1942년 모택동의 '연안문예강화'에서 작가의 사상·감정의 대중화라는 명제로 보다 진전되어간다.

4. 맺는 말

민족 형식 논쟁은, 1920년대말 이래의 대중화론의 전개 과정에 있어서 항전 시기의 발전 단계라고 평가될 수 있다. 이 논쟁은, 사실상 충분한 자기 인식의 결여로 많은 오류를 범하고 있다. 무엇보다도 대중화론 일반이 범하고 있던 범주 착오의 오류를 반성적으로 인식하지 못했고 형식 논리의 구속으로부터 자유롭지 못했다. 부연하면, 프로 문예와 그것의 대중화 및 아지·프로 들의 범주적 차이에 대한 인식이 없었기 때문에 혁명 문예·대중 문예 등의 막연한 용어로 그 세 범주 사이를 방황하고 있었던 것이며, 또 내용/형식의 문제에 대한 인식이 미흡하여 내용과 형식을 그 개념 체계에 있어서 기계적으로 분리해놓고 그 분리된 것들 사이의 관계를 설정하기 위해 안간힘을 쓰거나 아니면 아예 내용을 시야에서 배제해버리기까지 한 것이다. 이는, 애당초 마르크시즘의 중국적 구체화(크게 보면 이론과 실천의 통일)라는 맥락에서 제출된 민족 형식이라는 용어를 단순히 기계적으로 문학에 적용함으로써 그 근본 취지인 중국의 특수한 사회적·역사적 현실에 대한 투철한 인식의 요구를 몰각하고 내용을 배제한 형식 논의로 경사되어버린 데 대한 근본적인 이유이다.

그러나 이러한 한계에도 불구하고 민족 형식 논쟁의 의의는 대단히 크다. 우선, 그 치열하고도 어지러운 논쟁 과정에서 오류가 구체적으로 드러남으로써 반성적 자기 인식의 계기가 마련되었다는 점을 들 수 있다. 곽말약의 진전된 견해는 사실상 그 치열하고도 어지러운 논쟁의 선행 없이는 불가능했을지도 모른다. 또, 크게 보면, 민족 형식 논쟁은 당대의 사회적·역사적 현실에 제약받으면서도 그 사회적·역사적 현실에 대한 문학적 대응의 올바른 길을 찾기 위한 가열한 지적 실천이었다는 점을 들 수 있다. 아마도 이 점이 가장 중요하며 감명 깊은 대목일 것이다. 우리가 1930년대말, 40년대초 중국의 논쟁을 객관화하여 이해·설명하는 것은, 그 표면적 논리를 따라다니기 위해서가 아니라 그 근본적 자세를 보고 지금·이곳에서의 우리 자신에 대한 인식의 계기를 찾기 위해서일 것이다.　　　　　〔1985년 7월〕

현대 중국의 정치와 문학

1. 중국의 오늘, 무엇이 문제인가

지난해 12월 민주화 내지 자유화를 요구하는 학생 시위가 중국 전역을 휩쓸면서부터 시작된 중국의 정치적 격동은 당 총서기 호요방(胡耀邦)의 해임 이후로도 계속되고 있다. 공산주의청년동맹을 권력 기반으로 하여 젊은 세대의 의식을 대변하며, 누구보다도 개혁과 개방에 과감했던 인물이 호요방이었다. 호요방의 해임 이후 반(反)부르주아 자유주의 운동의 형태로 진행되고 있는 이 정치적 변동은 중국 내부의 보수파와 개혁파의 대립·갈등에 있어서 보수파의 공세 및 헤게모니 장악의 노력에 다름아니다. 그 양상은 의외로 진전되어, 보수파의 거두인 국가 주석 이선념(李先念)에 의해 문화 대혁명 시기의 슬로건이었던 '자력 갱생'과 '근검'이 다시 제기되고, 군부에서는 반부르주아 자유주의 운동을 '심각한 정치적 투쟁'으로 규정하며 그것의 군부내로의 확대를 기도하고, 아직은 부분적이지만 그 운동을 '대중 투쟁의 차원으로 승화'시켜야 한다는 주장까지 나오고 있다. 개혁 노선을 표방해온 등소평 체제의 위기인 것일까.

돌이켜보면 중국에서의 보수파와 개혁파간의 대립·갈등은 어제 오늘의 일이 아니다. 그 사회·역사적 문맥을 읽어내려면 우리는 중국 혁명의 성격과 의미라는 문제로까지 되돌아가지 않을 수 없다. 애당초 중국 혁명은 생산력의 일정한 발전이라는 조건 없이 이루어진

특이한 성격의 사회주의 혁명이었다. 그런 탓에 혹자는 중국 혁명을 사회주의 혁명으로 인정하지 않고 농민 민족주의 혁명으로 파악하기도 하는데, 중국은 혁명을 통해 식민지 반봉건 사회의 모순을 극복한 자주적 민족 국가가 됐으나 그것은 동시에 생산력의 발전의 저열함으로 특징지어지는 빈국(貧國)이기도 했다. 그리하여 1949년 이후의 중국은 사회주의 체제에 값하는 생산력의 일정한 발전을 그 역사적 과제로 가지게 되었던 것이다. 이것이 보수파와 개혁파 간의 대립·갈등을 필연적인 것이 되게끔 한 역사적 문맥이다.

경제적 현대화를 위한 개혁은 그에 따른 정치·사회·문화 등 제 측면에서의 원하지 않는 결과들을 유발하게 마련이고, 개혁의 거부와 보수는 경제적 침체와 퇴보를 낳는다. 등소평 체제의 고민은 바로 여기에 있다. 그 사이에서 어떻게 균형을 유지할 것인가가 문제인 것이다. 최근의 일련의 사태들은 그 균형잡기의 진통인지도 모른다.

그러나 이 글은 그 문제의 탐구를 위한 것이 아니며, 그것은 문학 분야에 종사하고 있는 필자의 몫도 아니다. 이 글은 그런 문제를 안고 있는 중국에서의 정치와 문학의 특수한 관계 맺음에 대해 살펴보고 그로부터 정치와 문학의 관계라는 일반적인 문제에 대한 성찰의 한 계기를 마련해보고자 하는 데에 의도를 두고 있을 따름이다.

2. 문학의 존재 방식

강서(江西)로부터 연안(延安)으로의 이른바 대장정을 마친 1936년부터 중·일 전쟁이 종결된 1945년까지의 중국은 가난과 굶주림, 고통과 피흘림으로 점철된 시기였음에도 불구하고 그 문화적 측면에 있어서는 찬란한 개화의 시기였다. 문학 역시 그러해서 20세기의 중국 문학의 정화는 이 시기에 이루어졌다.

흥미로운 것은 이 시기에 두 가지 서로 다른 문학의 존재 방식이 병존하고 있었다는 사실이다. 이 시기의 중국의 판도는 크게 두 지역으로 나뉜다. 하나는 연안을 중심으로 한 공산당 통치 지구이며, 다른 하나는 중경을 중심으로 한 국민당 통치 지구이다. 중국 쪽의 용어로는 전자를 '해방구'라 칭하고, 후자를 '국통구(國統區)'라 칭한다.

이른바 국통구에서의 문학의 존재 방식은 자본주의 사회에서의 문학의 존재 방식 그대로이다. 여기서 문학은 상대적 자율성을 가지고 있으며 그로 인해·정치·현실·체제에 대한 비판의 능력을 소유하고 있다. 정치·현실·체제의 모순이 크면 클수록 진정한 문학은 부정성을 더욱 심화시켜간다. 국통구의 문학은 정치적으로 반정부적·반체제적 성격을 짙게 띠고 있다. 체제의 입장에서 보면 그것은 불온한 것이며 탄압의 대상이었다.

이른바 해방구의 문학은 퍽 다른 양상을 보인다. 여기서는 문학의 상대적 자율성이 인정되지 않는다. 그러므로 여기서의 문학은 정치·현실·체제에 대한 비판의 능력을 가지고 있지 않다. 그 대신 여기서의 문학은 정치적 실천의 수단으로, 혹은 그 자체가 정치적 실천으로 되고 있다. 그러니까 해방구에서의 문학은 정치에 종속되어 있는 것이거나, 아니면 정치와 문학 사이에 간극이 없는 것이다. 그래서 문학에 관한 용어 자체가 국통구의 경우와 판연히 다르다. 문학 운동을 문예 공작이라 부르고, 시인·작가·비평가 들을 문예 공작자라 부른다.

물론 해방구의 문학이라고 해서 정치·현실·체제에 대한 비판의 자리에 서 있는 경우가 없었던 것은 아니다. 그러나 그것들은 체제에 의해 손쉽게 조종된다. 1942년에 모택동이 연안에서 열린 문예 좌담회에서 강연했던 배경에는 그런 사정도 놓여 있다. 이 강연을 흔히 '연안문예강화'라 칭하는데, 오늘날에 이르기까지 중국의 문예 정책의 기본 원칙으로 작용해온 이 강연에서의 문학적 주장들은 말하자면 중국식 사회주의 리얼리즘(그것을 무산 계급 리얼리즘이라 부른다. 1951년 문학비평가 하기방[何其芳]은 중국은 아직 사회주의 사회가 아니므로 사회주의 리얼리즘이란 없으며 있는 것은 무산 계급의 입장에 서서 노동자·농민·병사를 반영함을 주된 내용으로 하는 무산 계급 리얼리즘이 있을 뿐이라고 했다)의 이론 체제를 이룬다. 이 강연의 요체는 1) 작가가 인민으로 될 것, 2) 인민에게 이해되는 것을 쓸 것, 3) 인민에게 이익되는 것을 쓸 것 등으로, 작가에 대한 세 가지 요청이라 할 수 있다. 이 강연의 의도 중의 하나는 당시 연안에서의 고통스러운 생활과 관련하여 모택동 체제에 비판적이었던 왕실미(王實味) 등에 대한 제재였으며, 그것은 더 넓게는 일본군 및 국민당 정부의 연안에 대한 공격과 관련한 정치적 정풍 운동의 일환이었다. 결과적으로 왕실미는 숙청되고, 문학의 상대적 자율성을 옹호한 작가 정령(丁玲)을 포함한 적지 않은 문학인들이 일정한 제재를 받았다.

아마도 중요한 것은, 당시의 중국 상황에서의 해방구 체제의 위치와 성격, 역할이 무엇이었는가 하는 문제와 미래 전망의 문제일 것이다. 해방구는 중국 혁명의 주체였으며 확고한 긍정적 미래 전망을 지니고 있었다. 해방구에서의 정치와 문학의 간극 없음은 그 때문에 가능했던 현상일 것이다.

그렇다면 이렇게 서로 다른 존재 방식을 보여주었던 양 지역의 문학의 성취는 어떠했는가. 일본의 한 연구자는 양 지역의 문학을 남방 문학, 북방 문학이라 각각 칭하고, 그 중 남방 문학의 한계를 날카롭게 지적하고 북방 문학을 제2의 문학 혁명이라고 높이 평가한 바 있는데, 과연 남방 문학의 한계는 명백하다. 그것은 긍정적 미래 전망을 확보하지 못하고 있고, 무엇보다도 민중과 현실적으로 괴리되어 있다. 그 약점을 북방 문학은 간단히 극복하고 있다.

북방 문학의 특징 중의 하나는 이른바 문예 대중화의 실천에 있어서의 놀라운 진전이다. 일찍이 노신이 문예 대중화론의 전개에 대해 그것이 정치 권력과의 긍정적 유대 및 뒷받침 없이는 탁상공론이기 쉽다고 비판한 바 있는데, 과연 북방 문학은 그 유대 및 뒷받침을 근거로 놀라운 성취를 보였던 것이다.

그런데 실제에 있어 탁월한 문학적 성취는 남방 문학에서 더 많이 발견된다. 시의 애청(艾靑)·장극가(藏克家)·전간(田間), 소설의 모순(茅盾)·노사(老舍), 그리고 여러 방면에 걸쳐 활약한 곽말약(郭沫若) 등은 모두 남방 문학에 속한다. 북방 문학 쪽은 소설의 정령(丁玲)·조수리(趙樹理), 그리고 일련의 민가체 시 정도인데 연안문예강화의 이론에 대한 문학적 실천자로 높이 평가되었던 조수리의 작품을 지금 읽어보면 그 한계가 뚜렷하다. 그것은 당시의 상황에 철저히 얽매여 있어 상황의 변화와 함께 문학적 감동의 태반을 상실한 것이다. 왜 이런 현상이 낳아졌을까, 재능 있는 개인들이 우연히 국통구 쪽에 많았던 때문일까. 아니면, 그런 가치 판단은 필자의 정서적 반응에 근거하고 있음이 분명한데 그 반응의 주체인 필자가 자본주의 사회에 살고 있기 때문일까. 그도 아니면 고뇌가 깊은 곳에 성취도 깊어지는 때문일까.

3. 인민 문학인가, 문화적 관료주의인가

1949년 중국에 자주적 민족 국가가 세워지면서부터 정황적 조건은 판이하게 달라졌다. 해방구 시절의 중국 체제는 자주적 민족 국가의 수립이라는 확고한 긍정적 미래 전망을 가졌었으나, 그 전망이 실현된 뒤로는 사회주의 사회의 건설이라는 새로운 전망이 주어졌다. 이 전망은 생산력의 문제로 인하여 현실성이 취약한, 그런 의미에서 완전히 긍정적이지 못한 것이었다.

그 자체 그리고 상황의 변화와 더불어 대단히 복잡한 양상을 보이지만 그 기본적 줄기를 거칠게나마 제시한다면 다음과 같다. 그 현실성의 부재로 말미암아 중국은 공업 부문의 발전과 농업 분야의 발전을 조화롭게 이루어야 한다는 난문제와 농민에게 프롤레타리아 계급 의식을 심어주되 당이 현실적으로 부재하는(즉, 가공의) 프롤레타리아 계급을 대신해야 한다는 특수한 문제를 과제로 짊어지게 되었다. 그러나 그 과제의 수행 과정에서 관료주의가 심화되고 비민주성이 강화되는 부정적 측면이 급격히 대두, 확산되었다. 그리하여 새로운 전망은 지배 이데올로기로 기능하기 시작했고, 그와 함께 중국 체제는 형성되어가는 체제가 아니라 기존 체제로 변질되어갔다. 그렇다는 것은 이제 문학이, 그것이 진정한 것이 되려면, 상대적 자율성의 자리에 서야 한다는 뜻이 된다.

그러나 중국 체제는 문학에 상대적 자율성을 허용하려 하지 않았다. 대신 '인민 문학'이라는 이름 아래 정치와 문학의 간극 없음을, 아니 이 경우에는 문학의 정치에의 종속을 억압적으로 요구했다. 여기서 문화적 관료주의의 문학 개념이 공식적인 것으로 되고, 이로부터 정치와 문학간의 갈등의 역사가 시작된다.

1951년의 「무훈전(武訓傳)」 비판과 1954년의 『홍루몽 연구』 비판, 1955년의 호풍(胡風) 비판, 1957년의 반(反)우파 투쟁 등은 문화적 관료주의의 문학 개념을 공식적인 것으로 정립시켜가는 과정에서 생겨난 갈등이다. 「무훈전」은 영화이다. 이 영화는 청(淸)의 민간 교육자 무훈을 긍정적으로 묘사하였는데, 이에 대해 그것이 본질적으로 계급투쟁을 부정하고 계급간의 화해를 주장한 것이라는 비판이 주어졌다. 이 「무훈전」 비판을 계기로 작품의 사상성에 대한 엄격한 검토가 행해지기 시작했다. 『홍루몽 연구』 비판은 원로 문학 연구가 유평백(兪平伯)의 『홍루몽 연구』의 실증주의적 성향에 대한 소장 학자들의 비판이었다. 이는 문학 연구에 있어 관념론적 태도와 부르주아적 견해에 대한 비판으로 확대되어갔다. 호풍은 원래 노신의 제자였으며 영향력 있는 비평가였다. 그는 연안문예강화의 원칙들에 대해 이견을 제시하였다가 비판받고 숙청되었다. 여기까지는 이른바 대내전기(大內戰期)(1945~49)의 유산이며 극복해야 할 것으로 생각되었던 소시민적 문화에 대한 청산의 노력이라는 측면이 없지 않다. 그러나 반우파 투쟁부터는 다른 측면이 두드러지기 시작한다.

반우파 투쟁은 그 한 해 전인 1956년에 관료주의화의 급격한 진행에 대한 자기 반성과 관련하여 당이 표명했던 소위 '백화제방 백가쟁명'의 정책과 관계된다. 이 정책의 발표와 더불어 많은 문학인들이 문화적 관료주의를 비판하기 시작했고, 현실 비판적 맥락에 선 창작들이 나오기 시작했다. 현실의 부조리를 고발하고 보수주의를 비판한 작가 유빈안(劉賓雁), 관료주의와 권위주의를 비판하고 당내의 문제를 폭로한 작가 왕몽(王蒙) 등이 그 대표적인 예이다.

그러나 그 한 해 뒤 반우파 투쟁이 전개되면서 유빈안·왕몽 등은 물론이고 정령·애청·풍설봉(馮雪峯) 등 많은 문학인들이 우파분자라는 비판을 받고 다수가 하방(下防)되었다. 이로써 문화적 관료주의 문학 개념은 확고히 공식적인 것으로 정착되게 된 것이다.

1960년대에 들어서면서 문화적 관료주의는 보다 강화되어간다. 경제 정책에 있어서 이 시기는 일종의 조정기로서 개혁파의 수정주의적 정책이 추진되었지만 문화 정책에서는 일로 보수화의 길을 걸었던 것이다. 1965년 가을 보수파와 개혁파 간의 대립·갈등이 첨예화된 것을 하나의 전환점으로하여 문화 대혁명이 시작되고 문화적 관료주의는 거의 극단적인 상태로까지 치달린다.

그로부터 10년이 지난 1975년 1월 제4기 전국인민대표대회에서 주은래가 이른바 '4개 현대화' 노선을 제기한 뒤, 1976년의 주은래 사망, 천안문 사건, 모택동 사망, 북경 정변 등 일련의 사건을 거쳐, 드디어 1978년 12월 '4개 현대화 노선'이 전당적(全黨的)인 합의를 얻어 국가 목표로 채택되고 등소평 체제가 출범하게 된다. 이로써 정치적으로, 사회·경제적으로, 그리고 문화적으로 새로운 국면이 펼쳐진다.

4. 개혁에의 지지와 체제 비판 사이의 거리

1976년 4월 5일 천안문에 혁명시초(革命詩抄)가 대자보로 나붙으면서부터 문화적 관료주의에의 순응의 반대편에서의 현실 비판적 문학의 대두가 시작된다. 1977년 유심무(劉心武)의 단편소설「학급 담임(班主任)」이, 1978년 노신화(盧新華)의 단편소설「상흔」이 발표되면서부터 문화 대혁명 시기의 현실에 대한 비판이 공식적 지면에 게재되기 시작한다. 1979년에 들어서면 현실 비판적인 시·소설 들이 무수히 씌어지고 발표된다. 문혁 비판뿐이 아니라 관료의 반(反)민중성에 대한 비판, 생활의 고통의 사실적인 드러냄 등이 중요한 주제로 부각되면서, 다른 한편에서는 그 동안 금기의 영역이었던 애정 문제가 다루어지기도 한다.

이 현실 비판적인 문학의 성행은 등소평 체제의 개혁 정책과 유관함이 분명하다. 즉, 그 현실 비판이 개혁에의 지지라는 문맥 속에 놓여질 수 있다는 점에서 등소평 체제로서는 그것을 마다할 이유가 없었던 것이다. 아니, 나아가서는 암암리에 그것을 부추긴 듯한 기미도 없지 않다.

그런데 그 현실 비판적인 문학의 움직임은 차츰 개혁에의 지지라는 문맥을 넘어서서 체제 비판의 성격을 띠기 시작한다. 그것은 시 장르에서 먼저 시작되었다. 1978년말 북경에서 지하 간행물『오늘(今天)』이 창간되어 북도(北島)·강하(江河)·망극(芒克) 등의 저항시가 게재·발표되는데, 이들의 시는 모더니즘의 색채를 띠며 난해하고(그래서 '몽롱시'라고도 불린다) 투쟁과 저항, 민주와 자유를 시적 주제로 하고 있다.『오늘』이외에도 수많은 시 잡지가 지하 출판의 형태로 간행된다. 이 저항시는 공식적 지면으로까지 확산되어간다.

그 중 몽롱시 계열이 아닌 것으로서 저항시로 꼽히는 엽문복(葉文福)의「장군이여, 이래서는 안 됩니다」(1979)를 인용해보겠다.

달을 드리면/너무 춥다고 싫다 하시고,/해를 드리면/너무 덥다고 싫다 하
시네요!/당신은 지구를/온통 욕심스레 끌어안고,/모든 것을,/모든 것을 다
감상하려 하시네요,/당신이 하고 싶은 대로……/뭐든지 다,/뭐든지 다!

당신에게 조(粟)죽을 끓여줬던/그 태항산(太行山)의 어머니/그 손에 들
린 나무 국자는,/지금도 사발 속에서/야채국을 젓고 있어요./그때 당신의
상처를 싸매줬던/낙양(洛陽)의 아주머니/그 집의 삼대는,/포개져 살아요 한
칸 두 평짜리/작은 방에서./침대 위에 솥을 걸고……/우리의 권세 높으신
장군이여,/당신의 말 달려 치른 몇십 년의 전쟁은,/대체 무얼 위한 거였나
요?/인민의 고통을 팽개쳐버렸어요,/당신은!

당신의 '현대화' 때문에,/젖먹이들 보금자리 모조리 부서졌으니,/그들이
자라면 외면할 거예요!/백발이 성성한 당신,/당신의 삶은 몇 년이나 남았나
요?/내일은 아이들의 것,/아이들의 것이에요!/아이들이 모두 마다할 테니,/
당신의 유골 상자 누가 받들까요?

소설 쪽에서는 애정물이 대폭 증가하는 한편, 휴머니즘과 인간 소
외의 문제가 중요한 주제로 떠오르는데, 저항시의 양상과 퍽 다르지
만 어느 의미에서는 보다 더 근본적인 체제 비판성을 지니는 것으로
해석될 수도 있다. 왜냐하면 휴머니즘은 당성(黨性)과의 모순·갈등
으로 나타나고 인간 소외의 주제는 사회주의 사회에서의 사회적 소외
의 존재를 주장하는 것에 다름아니기 때문이다.

이렇게 체제 부정적 성격이 짙게 나타나기 시작하자 등소평 체제는
그에 대해 한편으로는 강경책을, 다른 한편으로는 온건책을 사용하여
대응한다. 1979년 가을에 열린 중국 문학 예술 공작자 제4차 대표대
회에서 등소평은 개막사를 통해 문예에 대해 강압을, 즉 관료주의적
요구와 억압을 하지 않겠다고 밝히면서 온건한 어조로 '정부의 시책

에 대한 협조'를 요청했다. 이어서 1980년초 희곡 창작 좌담회를 개최하고 여기에 호요방이 참가하여 연설을 하는데, 호요방은 4개 현대화의 실현이 불변의 국가적 목표임을 거듭 확인하고 이렇게 말한다.

등소평 동지는 문예가 정치에 복종하고 종속된다는 주장을 앞으로 다시 해서는 안 된다고 말했습니다. 그러나 이것이 문예는 정치를 이탈할 수 있고 작가는 정치적 책임감이 없어도 된다는 말은 아닙니다.

이런 온건책의 다른 한편에서 행해지는 강경책은 특정 작가나 작품에 대한 공개 비판과 비평문에 의한 반론의 제기가 주를 이룬다. 예를 들면, 1980년 장명(章明)을 비롯하여 장극가·애청 등이 몽롱시를 비판하고 사면(謝冕)·손소진(孫紹振)·서경아(徐敬亞) 들의 몽롱시 옹호론에 대해 송루(宋壘)·정대희(程代熙)·효설(曉雪) 등이 일일이 반론을 내고 있다. 마찬가지 방식으로 모더니즘 논쟁도 진행된다. 또 1981년에는 백화(白樺)의 시나리오 「고련(苦戀)」에 대한 맹렬한 비판을 당권파(黨權派) 이론가들이 행했다. 그러나 가장 강경했던 것은 소외론에 대한 대응이었다.

소외론은 인민일보 부편집장이었던 왕약수(王若水)에 의해 1980년 처음으로 이론의 형태로 제기되었다. 「소외 문제를 논함」이라는 글에서 왕약수는 사상·정치·경제에 있어서의 소외 현상의 발생을 상세히 논의했던 것이다. 그는 또 1983년에 인간 존엄의 확립을 요구하는 휴머니즘을 사회주의 소외론의 입장에서 옹호하는 「문예와 인간 소외의 문제」를 발표했다. 문학예술계연합회 주석으로 있던 원로 문예 이론가 주양도 이에 동조, 그 두 달 뒤 「마르크스주의의 몇 가지 문제에 관한 검토」를 발표했다. 실상 이는 마르크스의 개념으로 중국 체제의 모순을 지적하는 것이기 때문에, 이것을 허용하게 되면 체제의 자기 부정이라는 결과를 초래하게 될지 모른다.

그래서 같은 해 가을 등소평은 친히 나서서 '정신 오염'을 일소하겠다고 시사하고 사회주의 소외론과 휴머니즘을 비판했다. 이어서 공산당 중앙당학교 교장 왕진(王震)이, 사회주의 소외론은 마르크스주의의 과학적 사회주의에 대립하여 사회주의와 공산주의에 대한 불신감을 낳는다고 비판했고, 『홍기』의 편집장 웅복(熊復)은 소외 개념은 자본주의 사회에만 적용되어야 한다고 주장했다. 그리하여 왕약수는 그 직책에서 해임되었고 주양은 자기 비판의 글을 발표했다.

이 논점은 1984년 1월 공산당사 이론가인 호교목(胡喬木)의 「휴머니즘과 소외의 문제에 관하여」에 의해 공식적으로 마무리된다. 그 결론을 간추리면 이렇다. 1) 보편적인 휴머니즘은 존재하지 않고 부르주아 사회에는 부르주아 휴머니즘이 사회주의 사회에는 사회주의 휴머니즘이 존재한다. 2) 마르크스는 자본주의 사회에서의 노동을 해명하기 위해 소외 개념을 사용한 것이고 사회주의 사회의 모순을 소외 개념으로 이해해서는 안 된다.

그러나 등소평 체제는 여전히 온건책을 포기하지 않았다. 1984년 12월에 열린 중국작가협회 제4차 회원대표대회가 그 점을 입증해준다. 여기에 참석한 당 중앙 서기 호계립(胡啓立)은 '창작의 자유'를 보장할 것을 확실한 어조로, 구체적으로 표명했던 것이다. 호계립은 당의 종래의 문예 정책의 과오를 1) 당의 문예에 대한 지도에 좌경 편향이 있었고 2) 당에서 파견한 간부 중에 문예를 이해하지 못하는 자가 있었으며 3) 문예 공작자·작가·당원 들 서로간의, 혹은 당원과 비당원, 각 지구들 사이의 관계가 정상적이지 못한 경우가 있었다고 시인하고, "문학 창작은 일종의 정신 노동"이며 "개인의 창조력·통찰력·상상력이 크게 발휘되지 않으면 안 된다"고 전제한 뒤 그것을 위해 "창작의 자유는 필요"하며 "우리 당·정부·문예 단체 그리고 사회 전체가 이러한 자유를 최대한 보증하겠다"고 말했다. 그리고는 보다 구체적으로 "문학 창작에 있어서 과오나 문제에 대해서는, 법률을 범하지 않는 한 문예 평론·비평·토론·논쟁을 통해 해결하고, 비판을 받은 작가가 정치적으로 차별되거나 그것 때문에 처분을 받지 않을 것"을 보증하겠다고 말했다.

그러던 것이 최근의 반(反)부르주아 자유주의 운동의 진행과 함께 아주 다른 양상으로 변해버린 것이다. 2년 전에 창작의 자유를 보증하겠다고 확언한 바 있는 호계립이, 체제 비판적 성격을 나타내는 작가 왕약망과 유빈안을 부르주아 자유주의 사상을 각지에 전파, 학생과 지식인을 선동하고 있다고 맹렬히 비난하고 있는 것이다. 그런가 하면 전국인민대표대회 상무위원장 팽진(彭眞)은 모든 작가 및 예술가들은 연안문예강화를 상기, 진지하게 숙지한 뒤에 그 속에 담겨 있는 이념을 추구해야 한다고 역설하고 있다.

이런 정황은 1956년의 백화제방·백가쟁명에 이은 1957년의 반우파 투쟁을 상기시킨다. 등소평 체제가 개혁파와 보수파의 대립·갈등 속에 어떻게 움직여갈 것인가와 긴밀히 관련되는 것일 터이지만, 지금 중국의 문학은 문화적 관료주의의 문학 개념에의 순응과 상대적 자율성 및 체제 비판 가능성에의 지향과의 기로에 서 있음이 분명하다. 1956, 57년의 상황과 지금의 상황은 아주 다르다. 1976년 이래 10년 동안의 체험, 즉 중국으로서는 새로운 문학의 존재 방식에 대한 체험이 아마도 1957년 당시와 같은 그런 귀결을 허용하지는 않으리라 생각된다. 한 번 지나온 길을 다시 지나갈 수는 없는 법이니까. 이 기로에서 문학인들의 선택이 어떻게 이루어질 것이며 그로부터 중국 문학의 새로운 지평이 어떻게 펼쳐질 수 있을지 귀추가 주목된다.

〔1987년 7월〕

현대 중국의 문학 이론*

오늘날 중국의 문학사가들은 근대 문학——1840년대 아편 전쟁 시기부터 1917년까지, 현대 문학——1917년 호적(胡適)의 「문학개량추의(文學改良芻議)」의 발표에서부터 1949년까지, 당대 문학——1949년 사회주의 중국의 성립 이후 지금까지라는 시대 구분을 통용하고 있다. 시대 구분의 방법과 내용에 대해서는 많은 논란이 있을 수 있겠으나, 이 전집은 그 현대 문학과 당대 문학을 하나의 연속된 전체로 보아 1917년부터 지금까지를 현대 문학으로 파악하는 입장에 서 있으므로 문학 이론권 역시 그 입장에 서서 엮어졌다.

문학 이론권의 편집의 기본 방침은 문학 이론사의 흐름을 그 중국적 특수성과 세계적 보편성에 있어서 포착하여 가능한 한 체계적으로 드러낸다는 것이었다. 그리하여 시기적으로는 1920년대 후반부터 1940년대 전반까지에 상대적으로 많은 비중이 주어졌고, 내용적으로는 중국 혁명과 문학의 관계라는 각도에 초점이 맞추어졌다. 이 내용상의 초점 맞춤에 대해 지나치게 편향된 것이 아니냐는 항변이 있을 수 있겠다. 편자의 그러한 편향의 결과, 적극적 정치성이라든지 문학에 대해 외적으로 논점이 설정되는 경향이라든지 하는 것이 중국 문학 이론의 주류인 것처럼 되고 말았다는 항변일 것이다. 그러나 실제로 그게 중국 문학 이론의 주류인 것을! 그런 면모가 문학과 정치가

---

* 이 글은 중앙일보사 간 중국현대문학전집 제20권 『문학과 정치』의 편자 해설임.

행복하게 일치하는 시간에 실천적 유효성의 극대화라는 성과를 낳았다는 점을, 기본적으로 내재성의 결핍 내지 빈곤이라는 문학 이론으로서의 한계를 갖는다는 점과 함께 염두에 두고서 현대 중국의 문학 이론을 읽어야 할 것이다.

　1부는 근대 문학의 이론적 모색 과정에서 나온 대표적 글들을 수록했다. 근대 문학의 이론적 모색은 이미 19세기말에도 시도되고 있었고 거기서 담사동(譚嗣同)·하증우(夏曾佑)에 의해 '시계 혁명(詩界革命)'론이, 양계초(梁啓超)에 의해 '소설계 혁명'론이 제기되었었다. 그러나 그것들은 사상적으로는 사대부 개량주의에, 문체상으로는 고문(古文)에, 형식상으로는 사대부 문학 형식의 틀에 갇혀 있었다. 말에 값하는 근대 문학의 이론적 모색이 이루어지기 시작하는 것은 새로운 세대의 새로운 지식인 그룹이 등장하면서부터이다.
　잡지 『신청년』을 터로 한 새로운 지식인들은 종래의 문학의 봉건성을 전면적으로 부정하고 완전히 새로운 근대적 문학을 건설할 것을 주장했다('신문학'이라는, 얼마 전까지도 일반적으로 사용되던 말은 바로 그런 맥락에서 생긴 말이다). 이들은 철저한 반봉건의 입장에서 사상적으로는 민주주의와 과학을, 문체상으로는 백화문(구어를 백화라 하고, 백화로 쓴 글을 백화문〔白話文〕이라 한다. 그런 뜻에서 백화 문학 운동은 어문 일치 운동으로 파악될 수 있다. 물론 근본적으로는 문체 개혁 운동으로 파악된다)을, 형식상으로는 서구 형식의 수용을 주장했다. 여기에 극단적 서구주의라는 그들의 한계가 있다. 반봉건에 있어서는 확고했으나, 중국의 근대를 중국의 현실을 지반으로 창출할 것으로 파악하지 못하고 서구의 근대의 수용으로 파악했던 것이다. 이 한계는 1919년의 5·4 운동을 거치면서 극복되기 시작했다.
　최초의 글은 1917년 1월에 발표된 호적의 「문학개량추의」이다. 미국 컬럼비아 대학에 유학중이던 호적이 상해로 송고하여 『신청년』에 게재된 이 글은 주로 문체에 있어 구문학(즉, 고문으로 된 사대부 문학)의 어떤 점을 부정할 것인가를 여덟 가지로 정리하고 상술하였다. 최초의 글이라는 점에서 중요함은 물론이지만, 신문학에 대한 적극적 논의라는 측면이 결여되었다. 이어서 다음달인 1917년 2월에 『신청년』의 편집인인 진독수(陳獨秀)가 「문학혁명론」을 발표했다. 여기서 진독수는 귀족 문학·고전 문학·산림(山林) 문학을 타도하고 국민 문학·사실(寫實) 문학·사회 문학을 건설할 것을 주장하였는데, 이는 서구 근대 문학을 모델로 신문학의 방향을 적극적으로 세운 것이다. 1918년 12월에 발표된 주작인(周作人)(그는 노신의 친동생이다)의 「인간의 문학」은 신문학의 사상적 내용에 대해 논의한 글이다. 여기서 주작인이 내세운 것은 휴머니즘, 더 정확히 말하면 근대 개인주의 휴머니즘이었다. 근대의 내용을 근대 개인주의 휴머니즘으로 파악한 것인데, 이들 새로운 지식인 그룹과 그들의 근대 문학 운동의 한계를 가장 극명하게 드러낸 예가 된다.

5·4 운동 이후 문단의 형태가 잡히고 문학연구회·창조사(創造社)의 결성으로 동인 활동이 본격화되는 가운데, 문학 이론 분야에서는 서구의 근대 문학 이론을 소화하여 소개하는 일에 힘을 기울였다. 서구의 각종 문예 사조를 소개하는 작업이 주를 이루었는데, 이 방면에서 가장 큰 활약을 한 사람은 문학연구회 소속의 이론가 심안빙(沈雁氷)(훗날의 작가 모순〔茅盾〕)이었다. 창조사의 동인인 성방오(成仿吾)의 「신문학의 사명」(1923. 5)은 적극적 낭만주의라 할 창조사의 문학적 입장을 표명한 글이다.

2부는 1920년대 후반 집중적으로 이루어진 문학과 정치와 혁명에 관한 논의들이다. 이 논의들을 이해하기 위해서는 국민 혁명의 고조와 실패라는 역사적 배경을 알지 않으면 안 된다. 곽말약(郭沫若)이 「혁명과 문학」을 발표한 것은 1926년 4월, 즉 북벌 개시를 몇 달 앞둔 국민 혁명의 고조 시기였다. 노신이 「혁명 시대의 문학」이라는 제목으로 황포군관학교에서 강연한 것은 1927년 4월 8일, 즉 4·12 쿠데

타 나흘 전이었다. 여기서 혁명이란 말이 지칭하는 것은 반제 반봉건
의 부르주아 민주주의 혁명으로서의 국민 혁명이었다. 그리고 그 혁
명과 문학의 관계는, 노신에 의하면, 다음과 같은 것이었다. "문학으
로써 혁명을 선전하고 고취하고 선동하여 혁명을 촉진시키고 또 혁명
을 완성시킬 수 있다고 생각하는 것 같습니다. 그러나 제 생각으로는
그런 글은 무력합니다. [……] 혁명을 위해서는 혁명인이 필요한 것
입니다. 혁명 문학 같은 것은 서두르지 않아도 좋습니다. 혁명인이
만들어내야 비로소 그것이 혁명 문학입니다. 그러므로 혁명 쪽이야말
로 문학에 영향을 미치는 것이라고 저는 생각합니다." "대혁명의 시
대가 되면 문학은 없어집니다. 소리를 내지 않게 됩니다. 그것은 누
구나 다 혁명의 흐름에 휩쓸려 외침에서 행동으로 들어가며, 누구나
다 혁명에 분망하여 문학을 지껄이고 있을 여가가 없어지기 때문입니
다." 이런 언명은 물론, 국민 혁명에 대한 낙관으로 충만한 전망 속에
서 행해진 것이다.

　그러나 그 혁명은 4·12 쿠데타를 분기로 좌절되고, 국민당 정부에
의한 극심한 정치적·사상적 탄압이 지속되는 가운데 두 그룹의 젊은
문인들이 혁명 문학론을 집중적으로 전개한다. 성방오를 필두로 한
창조사의 이초리(李初梨)·풍내초(馮乃超) 등과 태양사(太陽社)의 장
광자(蔣光慈)·전행촌(錢杏邨) 등이 그들이다. 그들에게 혁명이란 프
롤레타리아 혁명이고, 문학은 그 혁명을 위해 하는 것이었다. 노신의
표현을 빌리면, "문학으로써 혁명을 선전하고 고취하고 선동하여 혁
명을 촉진시키고 또 혁명을 완성"할 수 있고 또 그래야 한다고 그들은
믿었다. 그들 중 성방오·이초리·풍내초 등을 주요 멤버로 하는 창
조사는 동경 유학생 출신으로 일본 프로 문학의 영향 속에서 자신들
의 이론을 전개했다. 사상적으로 그들은 복본(福本)주의에 깊이 침윤
되어 있어서, 분리 이후의 결합이라는 종파주의적 입장에서 계급 의
식의 획득과 유물 변증법적 세계관의 획득을 주장했다. 프티 부르주
아적 이데올로기를 극복하고 계급 의식과 유물 변증법적 세계관을 획

득하면 프롤레타리아 혁명 문학은 저절로 이루어진다는 것이 그 골자이다. 한편 장광자·전행촌 등을 주요 멤버로 하는 태양사는 주로 소련 프로 문학의 영향 속에서 자신들의 이론을 전개했다. 이들의 핵심 인물인 장광자는 모스크바 동방노동자대학 출신으로서, 주로 러시아 혁명 직후의 프롤레트쿨트의 영향 아래, 프롤레타리아 문화의 건설을 주장하고 프로 문학의 본질을 집단주의에서 찾았는데, 이미 사회주의 사회를 세운 소련에서도 프롤레트쿨트의 문화 프로그램은 비현실적인 것이었고 그래서 20년대초에 이미 조직은 해체되고 이론은 극복되었던 것이니만큼, 4·12 쿠데타 이후의 열악하기 짝이 없는 중국 상황에서 그것의 무용성은 명백한 것이었다. 요컨대 이 두 그룹의 공통된 특징은 관념적 급진성과 종파주의였다.

이 두 그룹은 공격적인 논쟁을 통해 자기 주장을 펼치면서 노신을 공동의 공격 목표로 삼았다. 그 공격에 대해 피가 뜨거운 노신은 맹렬한 반격과 치열한 자기 격투를 전개했는데 그 전말은 대체로 다음과 같다. 풍내초의 「예술과 사회 생활」(1928. 1), 성방오의 「문학 혁명에서 혁명 문학으로」(1928. 2) 등에 의해 소시민 문학이라고 매도당한 노신이 반론으로 「취안(醉眼) 속의 몽롱함」(1928. 3)을 발표했고, 그러자 이초리의 「우리 중국의 동 키호테의 난무를 보라」(1928. 4)를 비롯해서 풍내초·팽강·성방오 등이 다시 노신에게 집중 포화를 퍼부었다. 「죽어버린 아큐 시대」(1928. 3)를 발표한 전행촌도 「죽어버린 노신」(1928. 4), 「몽롱 이후」(1928. 5)를 잇달아 써 노신을 공격했다. 심지어 노신은 반혁명분자, 뜻을 못 얻은 파시스트라는 비난까지 받았다. 노신은 '잡감(雜感)'이라는 그 특유의 산문 형식을 사용, 주로 풍자적이고 단편적인 반론을 폈는데, 「문예와 혁명」(1928. 4)이 대표적인 글로서 여기서 노신은 "지금 혁명 문학가라고 불리는 사람들은 투쟁이라는 것으로 시대를 초월하고 있다. 시대를 초월한다는 것은 기실 도피하는 것이다"라 하여 현실 인식의 관념성을 지적하고, "나는 일체의 문예가 선전이 되더라도 일체의 선전이 모두 문예는 아니라고 생각한다"라 하여 문학 예술의 특수성에 대한 주의를 환기시키고 있다. 풍설봉(馮雪峰)의 「혁명과 지식 계급」(1928. 9)은 노신을 반혁명이라 몰아붙이는 것이 종파주의적 태도로서 그것이야말로 혁명에 유해하다고 지적하며 대립을 조정하고자 했다.

한편, 4·12 쿠데타 이후 소설가로 변신한 모순은 장편 3부작 『식(蝕)』을 발표하고서 일본으로 건너가 「고령에서 동경까지」(1928. 10)를 발표했다. 당시의 혁명 문학을 표어 구호 문학이라 규정하고 현실적 독자의 문제를 비롯하여 구체적 문제들을 제기한 이 글은 이 무렵의 글 중 가장 내용 있는 것이었다. 이에 대한 반론으로 발표된 것이 극홍의 「프티 부르주아 문예 이론의 오류」(1928. 12)와 전행촌의 「동경에서 무한까지」(1929. 1)이다.

혁명 문학 논쟁은 1929년 들어 가라앉았고, 1929년 후반부터 반국민당 문학인 통일 단체를 결성하려는 움직임이 대두, 1930년 3월 노신을 필두로 한 좌익작가연맹(약칭 좌련)이 창립되었다. 좌련은 문학을 '해방 투쟁의 무기'로 규정하고 "목적 의식적이고 계획적으로 중국의 프로 문학 운동의 발전을 지도"하며 "광대한 대중을 획득하여 프롤레타리아 계급 투쟁의 진영으로 나아가게 할 것"을 임무로 삼았다.

3부는 1930년대 전반에 집중적으로 논의된 문예 대중화 문제와 1930년대말에 치열한 논쟁을 일으킨 민족 형식 문제에 관한 대표적인 글들을 수록했다.

문예 대중화는 좌련의 중심 사업이었다. 당시의 중국에서 "광대한 대중을 획득하여 프롤레타리아 계급 투쟁의 진영으로 나아가게 할 것"이라는 임무를 수행하려 할 때 문예 대중화 문제가 가장 중요한 과제로 떠오르는 것은 자연스러운 일이었다. 모순이 「고령에서 동경까지」에서 지적한 것처럼 중국의 문학 현실은 분명 "노동하는 대중을 위해 만든 신흥 문학이 오직 노동하지 않는 프티 부르주아 지식인에

게만 읽히는" 상황이었다. 그것을 어떻게 극복할 것인가, 하는 요청
이 문예 대중화론이 제출되는 현실적 근거였다.

좌련 결성 이전인 1928년에 욱달부(郁達夫)의 대중 문예론이 나왔
었지만 그것은 프롤레타리아 혁명과는 무관한 것이었고, 주목되는 것
은 임백수(林伯修)의 「1929년에 급히 해결해야 할 문예에 관한 몇 가
지 문제」이다. 임백수의 이 글은 일본 나프의 이론가 장원유인(藏原
惟人)의 영향 아래 씌어진 것인데, 프로 문예를 확립하는 일 및 그것
의 대중화와 대중을 직접 선전·선동하는 일을 범주적으로 구분하였
다. 그러나 좌련 결성 직후 문예 대중화론이 활발하게 전개되면서 선
전·선동 중심의 일원론이 주류가 되었다. 예를 들면 심단선(沈端先)
의 「집단 예술로의 길」은 "만약 우리가 예술 작품이 프롤레타리아 해
방 운동에 미치는 직접적인 효과를 가지고 그것의 가치를 평가한다
면, 현단계에서는 이른바 '프로 예술을 확립하는 작품'의 가치는 의
심의 여지없이 '직접적으로 선동하는 작품'의 하위에 있다"라고 주장
했다.

문예 대중화 문제는 1932년에 다시 집중적으로 논의되었다. 구추
백(瞿秋白)의 「프로 대중 문예의 현실 문제」가 발단이 되었다. 여기서
구추백은 5·4 이래의 신문학을 부정하며 문체상으로 새로운 문체 혁
명을, 형식상으로 구형식의 이용을 주장하는 등 보다 구체적인 논의
를 펼쳤다. 이에 대해 모순은 「문제가 되고 있는 대중 문예」를 발표,
문체 및 언어 문제에 대한 반론을 전개했다. 한편 주양은 「문학 대중
화에 관하여」를 발표, 그때그때의 혁명적 프롤레타리아의 투쟁적 삶
을 신속히 직접적으로 반영할 수 있는 스케치, 르포르타주, 정치시,
가두극 등의 서구적인 소형식을 수용할 것을 주장했다. 이 구형식과
신형식의 문제는 1934년 들어 재론되기 시작했다. 통속적 구형식을
이용한 문예 작품이 갈수록 많이 산출되고 있었다는 게 이 논의의 배
경이다. 구형식의 채용을 단순한 복고에 불과한 것으로 보는 견해(聶
紺弩)와 구형식의 채용과 신형식의 창조 사이의 관계를 변증법적인

284

것으로 보는 견해(魯迅)가 대립되었다.

　1937년 일본의 전면적인 군사적 침략이 시작되면서, 첫째 항일통일전선이 결성되고, 둘째 상해·북경·남경 등 대도시가 일본군에 점령당함에 따라 작가들이 전국 각지의 농촌과 부대로 흩어져가는 상황적 변화가 일어났다. 이러한 변화 속에서 구형식을 이용한 이른바 '통속 문예' 작품이 대량으로 생산되었다. 그러나 구형식의 채용은 점차 제약으로 작용, 작품 수준의 저열화와 현실 반영 능력의 저하라는 폐단을 낳게 되었고, 그것의 극복이 점차 절박한 과제로 요청되었다. 그 요청이, 마침 모택동이 제기한 '민족 형식'이란 개념과 결합되면서 문예에 있어서의 민족 형식론을 낳았다. 모택동은 1938년 10월 중국 공산당 제6기 중앙위원회 제6차 총회에서 「중국 공산당의 민족 전쟁 중의 지위」라는 보고를 행하면서, "마르크스주의는 반드시 우리나라의 구체적 특점과 결합하고 일정한 **민족 형식**을 통해야만 비로소 실현된다"라 하고 "중국의 민중이 즐겨 듣고 즐겨 보는(喜聞樂見) 중국의 작풍과 중국의 기풍"을 만들어야 한다고 했다.

　먼저 1939년 해방구(공산당 통치 지구)의 연안에서 주양·하기방(何其芳)·애사기(艾思奇)·진백달(陳伯達) 등에 의해 논의가 전개된다. 주양의 「문학에 있어서의 구형식의 이용에 관한 하나의 관점」이 대표적인 글이다. 그는 구형식의 이용과 신형식의 발전은 상보적 관계이되 신형식의 발전이 목적이라고 보고, 민족 형식이란 "구래의 민족적·민간적 예술 형식 중의 우수한 요소를 신문예로 흡수시켜 신문예에 청신하고 강건한 영향을 줌으로써 신문예를 더욱 민족화·대중화하는 것"으로 파악했다.

　연안의 논의가 일정한 합의를 이루고 난 뒤인 1940년에 비로소 국통구(국민당 통치 지구)의 중경에서 논쟁이 벌어졌다. 이 논쟁에서는 크게 보아 두 입장이 대립했다. 하나는 조기빈(趙紀彬)으로 대표되는 입장이다. 그는 「민족 형식의 중심 원천을 논함」에서 5·4 신문예를 완전히 부정하고 전통적 민간 형식을 민족 형식의 중심 원천으로 삼아야 한다고 주장했는데, 심지어 방백(方白) 같은 이는 "민간 형식의 변혁은 내부 모순의 문제이고 외래 문예와 민간 문예의 충돌은 외부 모순의 문제"라고 하기까지 했다. 다른 하나는 갈일홍(葛一虹)으로 대표되는 입장이다. 그는「민족 형식의 중심 원천은 이른바 민간 형식인가」에서 5·4 신문예를 긍정하면서 구형식은 낙후된 것, 사멸해 버릴 것이고 신사물은 오로지 신형식을 필요로 한다고 주장했다. 이에 대해 곽말약의「'민족 형식' 고찰」은 일종의 절충안을 냈다는 게 일반적인 평가이다. 그러나 자세히 읽어보면 그것은 절충안이 아니라 조기빈/갈일홍에 공통되는 문제에 대한 형식주의적 접근 태도를 극복한 것임이 분명하다. 곽말약은 민족 형식의 중심 원천은 현실 생활이라는 것, 오늘의 민족 현실을 잘 반영하면 자연히 오늘의 민족 형식이 된다는 것, 외래 형식은 충분한 중국화를 거쳐 민족 형식이 될 수 있다는 것 등을 지적하고, 따라서 작가 생활의 대중화가 진짜 관건이라 하여 문제틀을 전환시켰다. 작가 생활의 대중화라는 문제는 1942년 모택동의 연안문예강화에서 주요 논제가 된다.

1930년대 전반의 대중화론과 1930년대말의 민족 형식론은 이상 살펴본 것처럼 하나의 연속된 흐름으로 볼 수 있고 또 그렇게 보아야 하는 것이지만, 양자 사이에 결정적인 차이가 있다는 점을 잊어서는 안된다. 대중화론이 계급 투쟁을 내용으로 하고 있음에 비해 민족 형식론은 항일을 내용으로 하고 있다는 점이다. 바로 계급 모순과 민족 모순의 문제이다.

4부는 항일 통일전선의 결성과 더불어 문학계에 통일전선이 형성되고 본격적으로 항전 문학이 시작되는 데서부터 1949년 7월 제1차 중화전국문학예술공작자대표대회에서 인민 문학이 선포되기까지의 중요 문건들을 수록했다.

내전을 중단하고 일치하여 항일해야 한다는 여론이 전국적으로 고조되고 코민테른 및 중국 공산당이 통일전선의 결성을 추진하기 시작한 것을 배경으로 문예계에서도 통일전선의 형성이 과제로 대두되었다. 이론상으로는, 주립파(周立波)의 「'국방 문학'에 관하여」(1935. 12)를 필두로 1936년 전반에 국방 문학에 대한 논의가 활발히 전개되었다. 조직상으로는, 좌익작가연맹이 해산되고(1936년 봄) 국방 문학을 주장하던 문학인들의 주도로 중국문예가협회가 조직되었다(1936. 6. 7). 처음에는, 작가 관계의 표지일 뿐 창작 활동의 표지일 수 없으므로 슬로건을 '국방'으로 해야 한다는 주장(곽말약·모순)과 당연히 창작 활동의 표지가 되어야 하므로 '국방 문학'으로 해야 한다는 주장(주양·호락) 사이에 약간의 논란이 있었으나, 호풍이 「인민 대중은 문학에 대해 무엇을 요구하는가」(1936. 5. 31)에서 '민족 혁명 전쟁중의 대중 문학'이라는 슬로건을 제출하고 이에 대해 서무용(徐懋庸)이 「'인민 대중은 문학에 대해 무엇을 요구하는가'를……」(6. 10)을 반론으로 내면서부터 이 슬로건과 국방 문학이라는 슬로건간에 심각한 대립과 치열한 논쟁이 시작되었다. 와병중이던 노신은 분노하여 6월 10일 「현재의 우리 문학 운동을 논함」을 구술, 7월 1일자로 발표했고, 국방 문학 쪽의 주양은 「현단계의 문학」(6. 25)을 발표했다. 또 노신―호풍 쪽은 국방 문학 쪽의 중국문예가협회선언에 대응하여 중국문예공작자선언(1936. 7. 1)을 발표했다. 이 대립은 노신의 「항일 통일전선 문제에 관하여 서무용에게 답함」(8. 15)을 고비로 하여, 풍설봉·진백달·곽말약 등이 중재에 나섬으로써 차츰 진정 국면에 들어섰고, 결국 10월 1일자로 공동 선언문이 발표되게 되었고, 10월 19일 노신이 서거함으로써 일단 종결되었다.

'국방 문학' 쪽은 '민족 혁명 전쟁중의 대중 문학'이 통일전선에 대해 회의론적 입장에 서 있다고 보았고, '민족 혁명 전쟁중의 대중 문학' 쪽은 '국방 문학'이 통일전선중의 프롤레타리아 헤게모니를 방기했다고 보았다. 즉, 서로 좌익 소아병/우경 투항주의라고 공격한 것이다. 이러한 이론상의 차이 외에도 좌련 시기부터 뿌리깊었던 좌익 문단내의 종파주의와 개인적 불화가 두 개의 슬로건 사이의 대립에 크게 작용했다.

이 심각한 대립과 치열한 논쟁이 일단 종결되고서 1년 반 뒤인 1938년 3월, 명실상부한 문예계 통일전선 조직체로서 중화전국문예계항적협회(약칭 문협)가 결성되고 본격적으로 '항전 문학'의 시대가 열린다. 주양의 「새로운 현실과 문학의 새로운 임무」(1938. 5)는 항전 문학의 과제를 비교적 정돈된 형태로 제기한 글이다. 노사(老舍) 외 「문학을 농촌으로, 문학을 부대로」(1941. 7)는 문협 결성 이래의 '문장하향(文章下鄕) 문장입오(文章入伍)' 운동과 그 의의를 간략히 고찰하고 있다.

모택동의 「연안문예좌담회에서의 강화」(약칭 연안문예강화)는 보기에 따라 중국 현대 문학사를 크게 둘로 나누는 획기로 파악될 수도 있을 중요한 문건이다. 연안문예강화에 대한 일반적인 평가는 "마르크스 레닌주의를 가지고 중국 혁명 문예 운동의 근본 문제를 구체적으로 해결하고, 중국 혁명 문예 운동 중의 프티 부르주아적 편향을 바로잡고, 명확한 프롤레타리아 문예 노선을 제출"(문학사가 王瑤)했다는 것이다.

연안문예강화는 두 부분——서언과 결론——으로 이루어져 있다. 좌담회 첫날인 1942년 5월 2일의 강화가 서언이고 마지막 날인 5월 23일의 강화가 결론이다. 서언에서 모택동은, 문예로 하여금 혁명이라는 전체 기계의 한 부분 조직으로서의 역할을 잘하게 하기 위해 해결해야 할 문제들을 다음과 같이 제기하였다. 1) 프롤레타리아와 인민 대중의 입장에 설 것, 2) 적, 통일전선중의 동맹자, 인민 대중 등 세 종류의 사람들에 대해 각각 폭로, 비판과 찬양이라는 세 가지 태도를 취할 것, 3) 문예 사업의 대상을 노동자·농민·병사 및 혁명 간부로 삼을 것, 4) 노·농·병 대중의 사상·감정·언어와 혼연일체가 될 것, 5) 마르크스 레닌주의를 학습하고 사회를 학습할 것.

결론에서 모택동은, 대중을 위하는 문제와 어떻게 대중을 위할 것인가 하는 문제를 먼저 제기한다. 첫째, 문예는 노·농·병 대중을 위할 것. 둘째, 보급은 노·농·병 대중을 향해 하고 제고는 노·농·병 대중으로부터 이룩할 것. 그리고서 문예계 통일전선은 단결과 투쟁으로 이루어진다는 것, 정치 표준이 제일이고 예술 표준은 그 다음이라는 것을 지적하고, 문예에 관한 몇 가지 잘못된 견해들을 예거하여 바로잡는다. 마지막으로 모택동은 프롤레타리아 헤게모니를 강조하고 정풍—개조의 당위성을 확인한다.

연안문예강화는 1942년 이후 지금에 이르기까지 문예 정책과 문예 이론, 비평과 창작 등 전부면에 걸쳐 기본 지침으로 작용해왔다. 그러나 그 작용의 양상에는 득보다 실이 많이 발견된다. 첫째, 그것은 1940년대 전반 중국의 해방구라는 특수한 현실과 관련하여 큰 적실성을 가졌음에 의심의 여지가 없으나 1950년대 이후로는 그 적실성이 급격히 감소되었다. 둘째, 그것은 프롤레타리아 문학 혹은 인민 대중의 문학을 문학성 자체의 수준이나 내재성의 차원에서가 아니라 전적으로 외적으로 관찰하고 사고하고 파악했다. 셋째, 그것은 원칙적인 사항을 확인하는 데 그치고 있다. 이 세 가지 점은 연안문예강화가 그 뒤로 문학 이론의 지침으로 작용할 때 교조주의적으로 작용하기 쉽게 해준 원인이 된다. 이 점에서 연안문예강화는 중국 현대 문학의 질곡이기도 했다.

1949년 7월, 전국의 해방을 목전에 둔 때에 제1차 중화전국문학예술공작자대표대회가 개최되었다(총주석 곽말약, 부총주석 모순·주양). 「신중국의 인민 문예를 건설하기 위해 분투하자」는 중화전국문학예술공작자대표대회에서 곽말약이 행한 총보고다. 인민 문학의 미래에 대한 낙관으로 충만한 신념이 이채롭다. 그러나 그것이 환상이었음은 곧 밝혀진다.

5부는 리얼리즘 이론에 관한 대표적인 글들을 수록했다.

중국에서 프로 문학에 리얼리즘이라는 방향성이 주어지기 시작한 것은 1929년에 처음 제출된 신사실주의론에서부터이다. 전행촌·임

백수 등에 의해 제기된 신사실주의론은 기실 일본의 장원유인의 프롤
레타리아 리얼리즘론의 번안에 지나지 않는 것이었고, 거기서의 리얼
리즘이란 기법으로서의 리얼리즘 개념에 갇혀 있는 것이었다. 즉, 철
학적·인식론적 범주와 아무런 관련을 맺지 않고 있는 상태인 것이
다. 1932년초부터는 유물 변증법적 창작방법론의 도입이 주장되었
다. 1920년대 후반과 1930년대초 소련 문학계를 풍미한 유물 변증법
적 창작방법론의 핵심은 예술적·미학적 범주와 철학적 범주를 동일
시하여 변증법적 유물론 방법을 예술에 적용한 것이 곧 프롤레타리아
문학의 예술적 방법이라고 보는 데 있다. 이 이론은 그러나 중국에서
는 별다른 반응을 얻지 못했다. 왜냐하면 1933년 들어, 소련에서 새
로 알려진 마르크스와 엥겔스의 리얼리즘에 관한 논의와 역시 소련에
서 바야흐로 시작된 사회주의 리얼리즘론이 중국에 소개되기 시작했
기 때문이다. 엥겔스의 발자크론과 '리얼리즘의 승리' 개념은 세계관
과 창작 방법의 관계를 전자가 후자를 결정하는 관계로 보는 유물 변
증법적 창작방법론을 붕괴시켜버렸고, 새로운 이론 체계의 구성을 요
청했다. 거기서 나온 것이 사회주의 리얼리즘론이었다.
　「마르크스, 엥겔스와 문학에 있어서의 리얼리즘」(1933. 4)은 구추
백이 소련 콤 아카데미의 『문학 유산』의 자료에 근거하여 엮어낸 『마
르크스주의 문예 논문집: 현실』 중의 첫번째 글로서 새로 알려진 원
전들을 이론적으로 소화하여 소개하는 글이다.
　주양의 「'사회주의 리얼리즘과 혁명적 낭만주의'에 관하여」(1933.
11)는 사회주의 리얼리즘을 어느 정도 체계적으로 소개한 최초의 글
이다. 이 글은 전소련작가동맹 조직위원회 제1차 대회에서의 키르포
틴의 보고 내용을 중심으로 1) 유물 변증법적 창작 방법 비판, 2) 사
회주의 리얼리즘, 3) 혁명적 낭만주의(사회주의 리얼리즘에 포함되는
한 요소로 다루어진다) 등에 대해 논의하고 있다. 그에 의하면, 유물
변증법적 창작 방법은 "예술의 특수성을 경시하고 예술의 정치에 대
한, 그리고 이데올로기에 대한 복잡한 의존 관계를 직접적이고 단순

한 것으로 간주"하는, "바꿔 말해 창작 방법의 문제를 직접적으로 전체 세계관의 문제로 환원"하는 "결정적인 오류"를 범했다. 창작 방법과 세계관의 관계는 오히려 다음과 같은 관계이다.

예술가는 현실로부터, 삶으로부터 자신의 형상을 길어낸다. 그러므로 예술가의 창작 방향을 결정하는 것은 예술가의 철학적 관점(세계관)이 아니라, 오히려 그의 철학·세계관·예술가적 자질 등을 형성하고 발전하게 하는, 일정한 시대에 있어서의 그의 사회적(계급적) 실천이다. 예술가는 창작 실천중에 현실을 관찰하고 연구한 결과, 즉 예술적 창조의 결과 심지어는 그의 세계관과 상반되는 방향으로 나아갈 수도 있다.

이것이 바로 엥겔스의 '리얼리즘의 승리'라는 개념의 요체이며, 문학 예술의 상대적 자율성을 말하게 하는 근거이다. 그러나 이는 리얼리즘에 대한 규정이지 사회주의 리얼리즘에 대한 규정은 아니다. 사회주의라는 한정어가 붙음으로써, 거기에는 일정한 미래 전망과 그에의 긍정적 확신이 전제된다. 주양이 인용하는 키르포틴에 의하면, 사회주의 리얼리즘은 "긍정과 부정의 계기 속에서 삶의 풍부성과 복잡성 및 그 발전의 승리의 사회주의적 근원을 진실되게 묘사하는 것"이며 "프롤레타리아 문학과 노동 계급 쪽으로 전환한 작가들이 창작한 문학만이 예술적 형상으로, 그 모든 진실 위에서, 그 모순 위에서, 그 발전의 방향으로, 프롤레타리아 당과 건설되고 있는 사회주의 역사의 전망 위에서 현실을 체현해낼 수 있다."
여기서부터 문제가 생긴다. '사회주의 리얼리즘'의 '사회주의'를 강조하게 되면 필경 창작 방법에 대한 세계관의 우위라는 이론적 입장으로 기울게 되는 것이다. 반면, '사회주의'를 떼버리고 '리얼리즘 일반'을 강조하게 되면 세계관에 대한 창작 방법의 상대적 자율성 내지 우위라는 상이한 이론적 입장으로 기울게 된다. 1933년부터 1934년 중반까지의 짧은 시간 동안 소련에서 치열하게 전개된 창작 방법 논쟁은 그 두 입장 사이의 논쟁이었다. 그러다가 1934년 8월 전소련 작가동맹 제1차 대회에서 사회주의 리얼리즘은 다음과 같이 정의되어 이 동맹의 창작 방법으로 채택된다.

사회주의 리얼리즘은 소비에트 문학 및 문학비평의 기본적 방법이어서, 현실을 그 혁명적 발전에 있어서, 진실하게, 역사적 구체성으로써 그릴 것을 예술가에게 요구하고 있다. 더욱이 예술적 묘사의 진실성과 역사적 구체성은 노동자를 사회주의 정신에서 사상적으로 개조하여 교육하는 과제와 결부시켜야 한다.

흔히 지적되듯 이 규정은 모호하며 어느 쪽으로도 해석될 수 있는 소지를 갖고 있으나, 어느 편이냐 하면, '리얼리즘'보다는 '사회주의'를 강조하는 쪽으로 해석되기 쉽도록 짜여져 있는 게 사실이다. 스탈린 시대의 즈다노비즘이 그런 해석의 대표적이며 극단적인 예이다.

사회주의 리얼리즘을 위와 같이 소개한 주양은 그 소개에 덧붙여 "이 제창은 의심의 여지없이 문학 이론의 보다 높은 단계로의 발전이다. 우리는 여기에서 많은 것을 배워야 한다. 그러나 이 슬로건은 현재의 소련의 각종 조건을 기초로 하고 소련의 정치―문화적 임무를 내용으로 하는 것이다. 이 슬로건을 중국에 기계적으로 적용한다면 그것은 아주 위험한 일이 될 것이다"라고 썼다. 흥미로운 것은 1933년말부터 1936년까지 일본과 조선에서 사회주의 리얼리즘이라는 슬로건을 적용할 것인가의 여부를 둘러싸고 분분한 논쟁이 전개된 데 반해 중국에서는 그 적용에의 찬반 논의가 거의 나타나지 않는다는 점이다. 이는 당시 일본과 조선에서는 정치적 탄압이 극대화되었고 중국에서는 점차 실천의 공간이 확대되어가고 있었다는 대조적 사실과 관계될 것이다. 일본과 조선에서는 사회주의 리얼리즘에 대한 찬반 논의가 하나의 도피처 구실을 한 셈인데, 중국의 상황은 그런 도피처를 점점 더 필요로 하지 않는 상황이었던 것이다.

중국에서는 사회주의 리얼리즘이라는 슬로건을 중국에 적용할 것인가 하는 데 대한 찬반론 대신에, 세계관과 창작 방법의 관계를 직접 문제삼는 글들이 나타난다. 맹식균(孟式鈞)의 「리얼리즘의 기초」(1935. 7)와 신인(辛人)의 「창작 방법으로부터 말하자」(1935. 7)는, 세계관에 대한 창작 방법의 상대적 자율성과 나아가서는 우위성을 주장했다. 특히 맹식균의 주장은 "현실의 리얼리스틱한 묘사, 사회주의 건설의 모든 사실의 양심적 묘사——이러한 노력을 통해서 자기 자신을 개조하며 자신의 세계관을 공산주의의 세계관으로 용해시킬 수 있다"고 한 소련의 로젠탈의 입장에 근사하다.

주양은 「리얼리즘 시론(試論)」(1936. 1)에서 맹식균과 신인을 비판하고 창작 방법에 대한 세계관의 우위를 주장했다. 그의 논거는 세계관을 내재적 모순이 있는 세계관과 없는 세계관으로 구분하는 데 있다. 그에 의하면 "작가의 세계관과 창작 방법 사이의 모순은 그에 속한 사회 계급의 이해 관계와 현실성의 객관적 경향 사이의 모순의 반영"이고 그 모순은 "작품 안에 흔적을 남기고 예술의 골간을 무너뜨리며 리얼리즘 중의 모순으로 화"한다. 그러나 사회주의 리얼리즘은 다음과 같이 다르다.

우리가 도달한 세계관은 하나의 완전한, 각 부분이 잘 일치되어 있는, 내재적인 모순이 없는 세계관이다. 가령 이전의 리얼리즘 예술가가 자기의 세계관에 위반해서 현실의 정확한 표현에 도달했다면, 우리의 리얼리즘은 우리의 세계관의 도움을 얻어 현실에 더욱 정확한 표현을 주는 것이다.

이 입장은, "여기에는 예술 창작 방법과 세계관 사이의 모순은 없다. 발자크의 창작 방법과 그의 세계관을 통틀어 특징짓고 있는 모순만이 있을 뿐이다"라고 하여 '리얼리즘의 승리'라는 개념을 사실상 부정하고 "예술가의 창작이나 그 창작 방법의 서로 다른 특질은 모든 사회적 현실과 계급적 실천에 의해 형성되는 작가의 세계관에 의해 규정된다”고 주장한 소련의 누시노프의 입장에 가깝다.

주양의 「리얼리즘 시론」 이후 그에 대한 반론으로 호풍의 「전형론의 혼란」(1936. 5), 설위(雪葦)의 「‘리얼리즘 시론’에의 질문」(1936. 6), 손설위(孫雪葦)의 「전형론 기타」(1936. 8) 등이 잇달아 발표되어 어느 정도 논쟁의 양상을 띠게 되지만 항전 문학 시기로 접어들면서 더 이상 논의를 진전시키지 못했다.

1945년 1월에 주목해야 할 비교적 긴 논문이 발표된다. 서무(舒蕪)의 「주관을 논함」이 그것이다. 이 논문은 이론적으로 주관(주체라는 말이 더 적합하겠지만)의 전투적 정신의 중요성을 강조하며 그것을 역사 내지 우주를 추진하는 동력이라고 보았다. 이 논문을 자신이 편집하는 잡지 『희망』에 실은 호풍은 그 자신도 「민주을 위한 투쟁 속에서」를 발표, 주관의 정신의 작용과 그 능동성에 대해 논했다. 일반적인 평가는, 이것이 당시 국민당 통치 지구의, 날로 파쇼 폭압을 더해가는 질식할 듯한 현실 속에서의 진보적 프티 부르주아의 조급함이 낳은 관념론이라는 것이다. 이 주관 중시의 이론은 아닌게아니라 관념론적 색채를 띠고 있는 게 사실이며 논리적으로 결함도 많아 보인다. 그러나 그것의 교조주의 및 객관주의에 대한 공격에는 음미할 만한 부분이 있다. 여기에는 실존적 진실의 문제로 해석될 소지도 있고, 반영 이론과 실천 이론 사이의 괴리라는 각도로 보여질 대목도 있다. 아무튼 이 주관론을 둘러싸고 제법 활발한 논쟁이 벌어졌는데, 본서에 수록한 풍설봉의 「리얼리즘의 오늘의 문제」(1946. 2)는 주관론의 입장에 서 있고, 황약면(黃藥眠)의 「문예 창작상의 주관과 객관을 논함」(1946. 11)은 그에 대한 반론이다.

소전린(邵荃麟)의 「사회주의 리얼리즘의 방향으로 전진하자」(1953. 10)는 제2차 중화전국문학예술공작자대표대회의 총결 보고다. 이 대회는 중국작가협회로 조직을 개편하고, 모순을 주석으로, 주양·파금·노사를 부주석으로 선출했다. 이 대회는 과도 시기의 총노선에 따라 사회주의 개조 사업을 위해 복무할 것을 결의했고, 사회주의 리얼리즘 방법을 전체 문예 창작과 비평의 최고 준칙으로 삼았으며, 정면적인(긍정적인) 영웅적 인물을 그려 애국주의와 사회주의 사상으로 인민을 교육할 것을 사회주의 리얼리즘의 중요 과제로 삼았다. 이로써 중국식 사회주의 리얼리즘론의 윤곽이 대체로 잡혔다.

1956년 5월 2일 모택동이 '백화제방(百花齊放) 백가쟁명(百家爭鳴)'의 방침을 제출하여 문예 정책에 일대 전환이 생겨났다. 그러자 종래의 교조주의의 속박에 대해 이의를 제기하고 새로운 이론적 모색을 하는 글들이 잇달아 발표되기 시작했다. 진조양(秦兆陽)의 「리얼리즘——광활한 길」, 주발(周勃)의 「리얼리즘과 그 사회주의 시대의 발전을 논함」, 진용(陳涌)의 「사회주의 리얼리즘에 관하여」, 유소당(劉紹棠)의 「당면한 문예 문제에 대한 나의 견해」 등이 대표적인 글들이다. 이들은 문학의 특수성을 주장하면서, 교조주의의 속박이 창작의 도식화·관념화를 초래했고 문예의 정치에의 복무를 단순하고 천박하게 이해하도록 했다고 비판했다. 그중 가장 영향력이 컸고 이론적 심도를 갖춘 것은 진조양의 글이다. 장광년(張光年)의 「사회주의 리얼리즘은 존재하고 있고 발전하고 있다」는 진조양과 주발의 글에 대한 반론으로 그 즉시 발표된 글이다. 교조주의와 정통 이론 사이가 간발임을 잘 보여주는 글이다. 1957년 6월부터 시작된 반(反)우파 투쟁으로 말미암아 진조양·주발 등의 이론은 아예 부르주아 수정주의로 낙인찍혀버렸다.

1958년 4월부터 '양결합'이 논의되기 시작한다. 양결합이란 혁명적 리얼리즘과 혁명적 낭만주의의 결합을 일컫는 것으로, 1958년 3월 22일 모택동이 "형식은 민가이고, 내용은 리얼리즘과 낭만주의의 대립의 통일이어야 한다"라고 말한 데서 비롯되었다. 이는 그해초에 발표된 모택동의 시(詩)·사(詞)(시와 사는 모두 고전 시체의 일종임)와 새로 시작된 신민가(新民歌) 운동에 대한 이론적 근거로 제출되었다. 주양에 의하면, "그것은 전체 문학의 역사에 대한 과학적 개괄이고 현시대의 특징과 필요에 근거하여 제출된 정확한 주장으로서 우리 문예 공작자 모두가 함께 분투하는 방향이 되어야 한다."그러나 이 양결합이야말로 사회주의 리얼리즘의 완전한 몰락에 다름아니다. 이론적으로 터무니없는 억지를 부리며 꿰어맞춘 이 양결합은 바야흐로 시작된 '대약진 운동'에 문예를 복무시키기 위한 편의주의적 슬로건에 불과했다(그 대약진 운동의 실패로 모택동은 유소기에게 국가 주석직을 넘겨준다). 이 양결합을 찬미한 곽말약의 「낭만주의와 리얼리즘」을 읽는 일은 가슴 아프다. 곽말약이 이렇게 처참한 꼴이 되다니!

  1960년 겨울부터 유소기의 주도하에 경제 정책의 조정이 시작되었고, 이에 따라 1961년부터 문예 정책 역시 조정기를 맞이했다. 그러나 여전히 좌경 사조가 주류를 이루었다. 예를 들면, 주곡성(周谷城)이 「예술 창작의 역사적 지위」(1962)에서 주장한 '시대 정신 회합(匯合)론'은 1963년 혁명 정신＝시대 정신을 주장하는 요문원(姚文元)에게 비판받았다. 또 왕년의 정통파 사회주의 리얼리즘 이론가 소전린이 한 좌담회(1962)에서, 농촌에서의 인민 내부의 모순을 어떻게 정확하게 묘사할 것인가 하는 문제와 관련하여 '리얼리즘의 심화'와 '중간 인물의 묘사'(긍정적 인물인 정면 인물·영웅 인물과 부정적 인물인 반면 인물·낙후 인물 어디에도 속하지 않는 인물을 중간 인물이라 함)를 주장하고 조수리(趙樹理)·강탁(康濯)·여지견(茹志鵑) 등이 이에 찬성한 데 대해 1964년 9월 『문예보』에서 비판을 시작, 1966년까지 비판을 계속했다. 그런 가운데 문화 혁명이 시작되고, 문혁 기간 동안 문예 이론은, 첫째 긍정적 인물을 부각시킬 것, 둘째 긍정적 인물 중에서도 영웅적 인물을 부각시킬 것, 셋째 영웅적 인물 중에서도 중심적 인물을 부각시킬 것을 내용으로 하는 삼돌출(三突出)론에 지배받는다.

  문화 혁명이 끝나고 이른바 사회주의 신시기가 열린 1977년 이래 문학 이론에 새로운 움직임이 일고 있다. 6부는 그 새로운 움직임의 단초들을 대표하는 글 네 편을 수록했다.

왕약수(王若水)의 「문예와 인간 소외의 문제」(1980)는 휴머니즘과 소외라는 문제를 정식으로 제기한 대표적인 글이다. 이는 사실상 1956~57년 백화제방 당시에 파인(巴人)·전곡융(錢谷融)·서무용 등이 논했던 인성(人性)·인정(人情)·휴머니즘 등의 문제를 20여 년의 공백을 두고 잇고 있는 것이다. 1980년대의 소외론은 마르크스의 『1844년 경제학 철학 수고』에서 논술된 소외 개념을 가지고 중국 사회를 분석 비판하고 있다. 여기에는 난점이 있다. 마르크스의 소외 개념은 자본주의 사회라는 역사성 속에서 형성된 것이어서 그것을 그대로 사회주의 사회에 적용할 수 있는가 하는 것이다. 반론을 펴는 당권파 이론가들은 바로 그 점을 주된 근거로 삼고 있다.

손소진(孫紹振)의 「새로운 미학 원칙이 솟아오르고 있다」(1981)는 이른바 몽롱시를 옹호하는 3대 문건 중의 하나이다. 다른 둘은 사면(謝冕)의 「새로운 홍기 앞에서」(1980)와 서경아(徐敬亞)의 「솟아오르는 시들」(1983)이다. 몽롱시란 1978년말부터 일군의 젊은 시인들이 발표하기 시작한, 모더니즘의 색채를 띠고 난해하며(그래서 몽롱하다고 하는 것이다) 종종 투쟁과 저항, 민주와 자유를 주제로 하는 새로운 시를 가리킨다. 기실 이 몽롱시 옹호론은 크게 보면 모더니즘론에 포함시킬 수 있다.

모시안(毛時安)의 「리얼리즘의 한계와 모더니즘의 대두」(1981)는 모더니즘의 수용을 주장한 수많은 글들 중의 하나이다. 1980년대의 문학 논쟁 중 가장 치열한 것이 이 모더니즘론과 리얼리즘론 사이의 논쟁이다. 논자에 따라 적지 않은 편차가 나타나지만, 모더니즘론의 기본 입장은 현대화가 추진되고 있는 만큼 문예도 현대화되어야 한다는 것이고, 그러므로 현대주의─모더니즘을 수용해야 한다는 것이다. 이에 대해 리얼리즘론 쪽은 모더니즘이란 서구 자본주의 사회의 퇴폐적 문예일 뿐이라고 반박한다. 또 모더니즘론 쪽은 리얼리즘과 모더니즘을 모두 기법 내지 창작 방법으로 이해하고, 문예의 진실성을 그것들보다 상위의 개념으로 둔다. 반면에 리얼리즘론 쪽은 리얼리즘이란 말을 기법 내지 창작 방법과 문예의 진실성 두 가지 의미의 중첩으로 사용하면서, 모더니즘으로부터는 원천적으로 진실성 획득의 가능성을 박탈한다. 이 모더니즘 논의가 수준을 향상시키고 성과를 거두려면 모더니즘이라는 막연한 용어에의 집착으로부터 벗어나야 할 것이다.

유재복(劉再復)은 1985년부터 1986년초까지 네 편의 논문을 잇달아 발표하며 '문학의 주체성'에 대한 이론을 세움으로써 급격히 주목받은 문학 이론가다. 「문학 연구는 인간을 사유 중심으로 해야 한다」는 그 중 두번째 글이다. 유재복에 의하면, 문학의 주체는 창작 주체로서의 작가, 대상 주체로서의 인물 형상, 수용 주체로서의 독자들을 포괄하는데, 장기간 그 주체성을 상실해온 중국 문학은 그것의 회복·긍정·실현을 필요로 한다. 유재복 이론은 두 가지 각도로 이해될 수 있다. 첫째, 실천적·정신적 주체로서의 살아 있는 인간을 강조한다는 것. 예를 들면, 그가 지적하는 대상 주체성의 상실의 세 측면은 1) 환경 결정론으로 인물 성격 자신의 역사를 무화시키는 것, 2) 추상적 계급성으로 인물의 생생한 개성을 대체하는 것, 3) 천박한 외적 갈등으로 인물의 깊은 영혼의 격투를 은폐하는 것 등이다. 둘째, 문학의 특수성을 강조하고 문학 이론에 있어서 문학의 내재성의 확보를 주장한다는 것. 그리하여 그는 수용미학, 문학기호학, 문학심리학, 구조주의 미학, 원형 비평 등을 받아들이는 개방적 태도를 주장한다.

1980년대는 확실히 중국의 문학 이론에 근본적 전환이 일어나고 있는 시기이다. 그 전환은 지적 개방성과 문학의 특수성 및 자율성을 축으로 하고 있다. 〔1989년 5월〕

4

북경에서의 김남주 읽기

북경에서의 김남주 읽기

1994년 1월 2일

선실에 누워 홍정선이 쓴 『신열하일기』를 읽다가 문득 배가 움직이고 있다는 걸 알아차렸다. 책을 덮고 갑판으로 나갔다. 배는 항구에 정박해 있는 다른 큰 배들 사이를 헤치고 조심스럽게 나아가고 있다. 오후 세시. 예정보다 한 시간 늦은 출발이다.

나로서는 첫번째 출국이기도 한 이번 중국행은 학생들의 중국어 어학 연수를 인솔하기 위한 것이다. 6주 과정 중 나는 처음 두 주를 맡기로 했다. 2주일이면 그리 긴 시간은 아니다. 이성복이 프랑스에 가 있었던 때처럼 모국어와 모국어로 된 글에 목말라하게 될 정도로 긴 시간은 결코 아닌 것이다. 그럼에도 기분은 막막하기만 하다.

인천—천진간과 인천—위해위간의 카페리 터미널이 들어선 자리는 몇 년 전까지만 해도 생전의 처조모님이 홀로 사시던 자그마한 무허가촌 자리였다. 그 무허가촌의 풍경은 을씨년스러웠었다. 우리가 사동할머니라고 부르던 처조모님의 생애는, 돌이켜보면, 그 풍경보다 더욱 을씨년스러운 것이었다고 생각된다. 그런데, 그 을씨년스러운 풍경과 기억의 자리를 지워버리고 들어선 카페리 터미널의 풍경 또한 을씨년스럽다는 점에서는 마찬가지였다. 빈약한 시설과 더불어, 보따리 장사를 하러 가는 한국인, 한국에서 품팔아 모은 돈과 전기 밥통, 주스 믹서 따위의 가전 제품을 들고 금의환향하는 조선족 교포, 그리고 극소수의 중국인이 뒤섞인 이 터미널의 이용객들의 모습과 표정과 분위기가 그런 느낌을 불러일으킨다. 뭐랄까, 삶 자체의 쓸쓸함, 막막함에 대한 우울한 직감 같은 것. 혹은 어떤 폐허감.

그 위에 김남주 시인에게 보내는 편지를 써야 한다는 압박감이 겹쳐진다. 『문예중앙』의 통고된 원고 마감일은 20일이고 내 귀국 예정일은 16일이다. 청탁을 거절하지 못한 것은 김남주 시인이 위태로운 투병중에 있다는 데 대한 의식 때문이었는데, 바로 그 이유 때문에 어떻게 글을 써야 할지가 막막하기만 하다. 자칫 이 편지가 김남주 시인에 대한 일종의 모독이 될 수도 있는 것이 아닌가, 하는 의혹이 끊임없이 나를 불안하게 만든다. 물론 이런 유의 공개된 편지라는 것이 실은 수취의 상대를 불특정 다수의 독자로 설정하는 것임을 모르는 바 아니지만, 아니 바로 그렇기 때문에 오히려 더욱 이런 형식에 거부감을 갖게 되는 것인지도 모른다. 그것은 허구가 아니라 허위의 형식이지 않은가.

차라리 일지 형식이 낫겠다는 생각이 든다. 이 막막한 기분, 을씨년스러운 터미널 풍경, 홍정선이 『신열하일기』에 쓰고 있는바, 사회주의적 이상이 붕괴된 자리에 자본주의적 욕망이 들끓고 있는 중국의 삶, 한껏 자부심으로 가득한 중국인 여승무원의 표정, 김남주 시인의 췌장암, 그가 목숨 걸고 추구해오던 것…… 이런 것들이 한데 어우러지며 이번 중국행은 김남주 시인과 그의 시를 화두로 삼아야겠다는 생각을 부추긴다.

주로 옷가지들로 꾸려진 짐 속에는 김인환의 평론집 『상상력과 원근법』과 함께 김남주 시인의 시집이 세 권 들어 있다. 창작과비평사 간 『사상의 거처』와 이번에 실천문학사에서 새로 펴낸 『나의 칼 나의 피』와 『조국은 하나다』 들이다. 이 시집들은 아껴두었다가 북경에 가서 읽기로 하자. 그런데, 이상하다. 김남주의 시세계가 어떠했는지 돌이켜보지만 구체적으로 기억이 나지 않는 것이다. 마치 짙은 안개가 시야를 가린 것만 같다. 지난 12월 23일에 있었던 김남주 문학의 밤의 정경만이 아스라히 떠오를 뿐이다. 거기서 만난 유중하는 내게 말했었다. "심인성이야!" 그러자 김정환이 되물었다. "심인성이라 구?" 심인성이라면, 김남주 시인의 병인의 근원은 이 시대 자체와 이 시대의 이러한 추이에 무력하게 추수하고 있는 우리 모두에게 있을 것이다.

월미도를 옆에 두고 배는 멈춰섰다. 안쪽 갑문을 닫고 수위를 조절하고 바깥쪽 갑문을 열기까지 적잖은 시간이 걸린다. 배의 후미 우측에 붙어 갑문까지 인도해준 조그만 도선이 저만큼 되돌아가고 있다. 멀리 경기은행 본점 건물과 올림푸스 호텔, 그리고 그 너머 자유공원이 보인다. 자유공원의 맥아더 동상은 지금 이 배를 포함한 인천항 전경을 한눈에 조망하고 있을 것이다. 그러고 보니 김남주 시의 한 대목이 떠오른다.

> 그러나 나는 몰랐다 인천 어디에
> 맥아더 장군의 동상이 서 있더라는 소리를 듣고
> 그런 것은 미국의 식민지에는 으레 있는 것으로만 알았지
> 그런 것이 우리나라에만 있는 줄은 차마 몰랐다

그런가, 이런 것은 우리나라에만 있는 건가.

1월 3일

천진항에 도착한 것이 18시, 배에서 내린 것이 20시 30분, 21시에 천진을 출발하여 경진고속도로를 통해 북경에 도착한 것이 23시. 서직문 밖의 북방교통대학 숙소에 여장을 풀고 자리에 누워 시집을 펼쳤다.

시집 속으로의 여행에서 문득 벗어나보니 어느새 새벽 네시가 다 되어간다. 짧은 잠이라도 자두어야겠다.

1월 6일

김남주의 시세계는 극단적인 이분법 위에 세워져 있다. 적과 동지
의 이분법. 김남주는 중간을 허용하지 않는다.

> 지금 이 나라에는
> 보수와 진보가 있는 게 아니어요
> 우익과 좌익이 있는 게 아니어요
> 매국노와 애국자가 있을 뿐이어요
> 그 중간은 없는 거예요. 없는 거예요. 어머니

보수와 진보, 혹은 우익과 좌익이라는 구분은 선과 악의 절대적
구분이 아니다. 쌍방 모두가, 서로 다른 방식으로 긍정적 계기와 부
정적 계기를 함께 지니기 때문이다. 여기서는 중간이 있을 수 있다.
그에 비해 매국노와 애국자라는 구분은 악과 선의 절대적 구분이고
중간이 없는, 날카롭게 단층이 지어지는 구분이다. 김남주는 "이 상
처를 아물게 하는 싸움에서 빠진 자에게 저주 있어라"라고 부르짖는
다. "오늘 싸우지 않는 자는 내일 지탄의 과녁이 될 것"이다. 매국노
와 애국자의 싸움에서 빠지는 것은 중간에 있는 것이 아니라 매국노
의 편에 있는 것이다. 그 싸움은 악과 선의 절대적인 싸움이기 때문
이다.

매국노와 애국자의 구체적 표현은 다양하다. 압제자와 피압제자,
착취하는 자와 착취당하는 자, 부자와 가난한 자, 노동하지 않는 자
와 노동하는 자, 자본가와 노동자·농민. 양자 사이에는 싸움이 있을
뿐이다. 피압제자, 착취당하는 자, 가난한 자, 노동하는 자, 노동
자·농민이 그 싸움에 나서지 못하면 노예에 지나지 않는다. 노예이
기를 거부하려 하면 그들에게 가해지는 것은 탄압이고 학살이다. 그
러니까 김남주의 현실은 '피의 학살과 무기의 저항'의 대립으로 이루

어지는 것이다.

　김남주의 싸움이 지향하는 것은 무엇인가. 그것은 "사람이 사람에게 이리인 자본의 세상"을 넘어 "노동의 즐거움 더불어 사는 기쁨을 누리"는 '저세상'을 실현시키는 것이다. 매국노가 애국자를 탄압하고 학살하도록 구조지어진 신식민지 한국의 자본주의를 김남주는 저주한다.

> 여보 자본주의 그것은 인간성의 공동묘지
> 역사가 뛰어넘어야 할 지옥이라오 아비규환이라오
> 노동자를 깔아뭉개고 마천루로 솟아올라
> 천만 근 만만 근 무게로 찍어누르는 마의 산이라오
> 무너져야 할 한시바삐 무너뜨려야 할.

　인간성의 공동묘지인 자본주의는 어떻게 뛰어넘을 수 있는가. 애국자가 매국노를, 즉 선이 악을 제거함으로써이다. 매국노는 "모가지에 칼이 들어가야 착취의 손을 놓"기 때문이다. 그 제거의 싸움은 상대에 대해서는 증오의 싸움이지만 자기 내부에 대해서는 사랑의 실현이다. "사랑으로 응어리져 증오로 터지"는 싸움인 것이다. 악을 제거한 뒤 선은 새로운 악이 싹틀 소지를 없애기 위해 사유재산제를 철폐해야 한다. 사유재산은 악의 뿌리이기 때문이다.

　이러한 구도에서 김남주의 시는 싸움 이전이나 싸움 이후가 아니라 주로 싸움의 현재에 집중한다. 현재적 싸움에 대한 정치경제학적 통찰과, 그 통찰을 비수 같은 풍자와 투창 같은 직설로 표현해내는 전투적 언어가 김남주의 시인바, 여기에는 확실히 탁월한 선전 선동성이 있다. 싸움의 현재 속에서 이미 스스로를 전사로 세운 이들에게는 활화산처럼 전투력이 솟아나게 해주며, 이 싸움의 바깥에 있는 이들에게는 그 비수와 투창으로 그들의 양심을 아프게 찔러, 이 싸움의 현재 속에서의 그들 자신을 되돌아보게 하고, 이 싸움에서 적의 진영에 속

하는 이들에게는 불안과 공포를 불러일으키는 것이다. 이 시대에 시
는 그러한 싸움의 시이어야 한다.

> 피의 학살과 무기의 저항 그 사이에는
> 서정이 들어설 자리가 없다 자격도 없다

그러나 때로 허위의 그것이 아니라 진정한 서정은 더욱 깊은 혼의
울림을 일으키기도 하는 법이다. 김남주 자신에게서도 그러한 진정한
서정의 시편들이 적지만은 않게 발견된다.

> 어머니 여기를 찬찬히 보세요
> 보자기만한 철판에 수없이 뚫어져 있는 이 바늘구멍만한 구멍을
> 이 구멍으로 어쩌다 운수 좋은 날이면 파란 하늘을 보게 되는데
> 그런 날이면 어머니 얼마나 행복한지 모른답니다
> 고향의 하늘을 본 것 같기도 하고 날아가는 새라도 보게 되는 날이면
> 어머니 나는 기쁨에 숨이 막힐 지경이랍니다

이 안타까운 행복과 기쁨은 읽는 이의 혼에 얼마나 숨막히게 울리
는 것인지. 이 울림의 서정은 "자꾸만 시가 메말라간다/삭풍에 제 몸
을 내맡긴 관념의 나무처럼/잎도 없고 가지만 앙상하다/노동의 땀이
없기 때문이다 내 손에/투쟁의 피가 없기 때문이다 내 몸에"라든지
"혁명은 해방은 자유는 피를 요구하고 있는데/왜 나는 나 자신을 거
기에서 빼내려고 하는가/왜 나는 남의 피로 피를 노래하려고 하는가"
같은 반성의 언어와 함께 김남주 시의 넓이를 시사해준다.

1월 8일

김남주 시의 읽기가 자꾸만 우리 현실이 아니라 중국 현실을 참조
체계로 삼게 되는 것은 왜일까. 내 몸이 지금 중국에 있기 때문일까.

적어도 북경을 통해 보는 중국은, 이미 사회주의 사회가 아니다. 사회주의는 정치적 통합의 간판일 뿐이고 사람들의 개인적·사회적 삶은 이미 자본주의적인 것에 깊숙이 감염되었다. 그 감염은 의식뿐만 아니라 무의식과 영혼으로까지 급속히 진행되고 있다. 과감히 말하자면 중국의 경제 개발은 지금 개발 독재의 천민 자본주의의 길을 맹렬한 속도로 달려가고 있는 중이다. 20세기의 역사에 신화를 남기며 이룩되었던 중국 혁명은 분명 제국주의의 침략과 자본가 계급의 지배를 타도하고 민족의 국가, 민중의 지배를 달성하였으며 죄악의 뿌리인 사유재산도 철폐하였던 것인데, 어찌하여 이런 처참한 상황에 직면하게 되었단 말인가. 이 중국 현실이 병상에 누운 김남주 시인의 모습과 오버랩되는 것은 나의 감상 탓인지도 모르겠으나, 그것으로부터 김남주 시의 싸움의 논리를 냉정히 점검하는 데 썩 유용한 조회를 마련할 수 있을 것 같다.

이제까지 일주일도 채 안 되는 짧은 시간이었지만 관광객으로서가 아니라 중국의 삶에 대해 동지적 애정을 지닌 자로서 중국을 보려고 애썼다. 자금성·이화원 따위는 애당초 가볼 생각조차 하지 않았다. 서울에 와서 경복궁이나 덕수궁을 돌아보는 외국인 관광객들 모습이 괴롭게 떠올랐기 때문이다. 박지원의 발자취가 어린 유리창을 둘러보고 유리창 뒤쪽의 구주택가를 기웃거릴 때가 가장 기억에 남을 것 같다. 서민 주거지였던 것으로 보이는 그 주택가는 왕몽의 『변신하는 인형』이 묘사한 1940년대 북경인의 삶의 모습을 아마도 크게 다르지 않게 간직하고 있는 듯했다. 그러나 그 이외의 대부분의 견문은 가슴 아픈 것들이었다.

중국의 지식인들은 철저히 고립되어 있다. 권력으로부터도, 민중으로부터도, 새로운 개발 독재로부터도. 그들에게는 언론의 자유가 없다. 현실 비판적 발언을 할 통로가 없는 것이다. 매스컴은 철저히 통제되고 있어, 텔레비전도 신문도 당국의 공식적 발표 이외에는 온통 황색 일색이다. 출판은 처절하리만큼 상업주의로 치닫고 있다. 심

지어는 작가가 출판사들을 상대로 원고를 경매한다. 늦바람이 무섭다
더니, 시장 경제의 논리를 극단적으로 적용하고 있는 것이다. 그런데
정작 더 큰 문제는 지식인들 자신에게 있다. 그들의 불만은 경제 발전
에서 자신들이 소외되어 있다는 데 집중된다. 예를 들면 북경의 택시
기사의 수입이 인민폐로 1,500원 내지 2,000원(원화로 환산하면 15만
원 내지 20만 원이다)인데 10년 경력의 북경대 교수 봉급이 500원이
다. 초·중·고 교사의 경우 초봉이 200원도 채 안 된다. 그러니, 그
만큼 배웠고 영어도 그만큼 하면서(중국인 대부분이 심한 영어 콤플렉
스를 앓고 있다) 왜 교수를 하느냐, 때려치고 나와서 비즈니스나 하자
는 말이 조금도 이상한 말이 아니다. 실제로 교수진을 살펴보면 젊은
층이 빈다. 이미 많이들 대학을 떠난 것이다. 사범대학은 학생의 질
이 급격히 낮아지고 있다. 정신의 황폐화를 견제할 사회적 장치가 급
속히 약화되고 있는 것이다. 그러나, 지식인들의 가장 치명적인 약점
은 다른 곳에 있다. 그것은 그들이 민중과 철저히 격리되어 있다는
점이다. 그 격리는 자발적 격리이다. 1940년대 해방구의 체험은 한
낱 추억에 지나지 않는 것인가. 아마도 문혁의 깊은 상처가 그렇게
만들었겠지만 그들은 민중을 믿지 않는다. 아니, 믿지 않는 정도가
아니라 혐오한다. 그들에게 민중성이란 전적으로 부정적인 어떤 것
이다. 따라서 노동의 착취에 대해서는 무감각하다. 급격히 늘어나는
북경의 도시빈민들은 막노동판에서 숙식 제공에 일당 2원을 받는 경
우가 비일비재하건만, 지식인들은 이러한 사회적 사실에 대해 맹목
이다.
  민중은 어떠한가. 이 점에서 나는 충격을 받았다. 20세기초에 노신
이 지적했던 노예적 근성이 변함없이 유지되고 있는 것이다. 그들은
무감각하고 마비되어 있다. 착취하고 탄압하고 학대해도 저항할 줄을
모른다. 기차 역에서 흔히 있는 일을 예로 들자. 표를 사기 위해 사람
들이 뒤죽박죽으로 줄을 서 있다. 여기저기서 새치기를 한다. 공안원
이 새치기하는 사람 하나를 잡아 시범 케이스로 벌을 주는데, 그의 손

목에 수갑을 채워 매표소 창문 철창에 묶어놓는다. 아무도 항의하지 않는다. 좋은 구경거리일 뿐이라는 듯이 말이다. 아직도 문맹 퇴치가 큰 사회적 과제이고 10억이 넘는 인구이고 보니 이해를 해볼 수도 있겠으나, 문제는 이들과 지식인들과의 소통의 통로가 없다는 것이다. "시민이 이러한 시민인 이상, 여명이든 황혼이든 간에 혁명가들은 이 시민들을 등에 업고 나아가지 않으면 안 된다"라던 1920년대 노신의 절실한 부르짖음은 완전히 망각되어버린 것만 같다.

천민 자본주의의 졸부들의 행태야 워낙 천편일률적이니까 더 말할 필요도 없겠지만, 관료들에 대해서는 각별히 살펴볼 필요가 있다. 당의 한 중견 간부는 봉급을 600원 받는다. 그러나 그의 실제 수입은 월 5,000원이 훨씬 넘는다. 이권에 개입하여 받는 눈먼 돈과 그가 제약 없이 쓰는 판공비 때문이다. 백화점에서의 사치품 구입이나 값비싼 식사, 심지어는 택시값까지 영수증만 갖다 내면 판공비가 나온다. 그러니 할당된 판공비는 악착같이 다 쓴다. 그 결과는 국가 재정의 파탄이다. 어느 지방에서는 지방 정부가 돈이 없어서 교사들의 봉급을 주지 못하고 대신 어음을 주기까지 한다. 이런 관료들이 소련을 망쳤고 중국을 망쳐왔으며 망치고 있다. 김남주는 「어떤 관료」라는 시에서 "관료에게는 주인이 따로 없다. 봉급을 주는 사람이 그 주인이다. 개에게 개밥을 주는 사람이 그 주인이듯!"이라고 쓰고, 「관료주의」에서는 "나는 이리가 되어／관료주의를／물어뜯고 싶다"라는 마야코프스키의 구절을 인용하고 그것을 "나는 망치가 되어／관료주의를／두들겨패고 싶다"라고 고쳐 쓸 것을 제안한다. 그 제안에는 전적으로 동의하지만, 그러나 김남주의 관료주의 이해는 일면적이다. 관료 집단은 밥을 주는 사람에게 봉사하는 기능적 집단일 뿐만 아니라 밥 주는 사람에게의 봉사에 앞서서 자기 이익을 절대적으로 중시하는 이기적 집단인 것이다.

이렇게 보면 중국의 자본주의적 발전이라는 것 자체도 전망이 암담하기만 한 것 같다. 그러나 그렇지 않다. 천민 자본주의의 개발 독재에게는 이러저러한 것들이 유리한 요소가 된다. 등소평은 말한다. 먼저 돈을 버는 사람이 나오면 다른 사람들도 그를 본받아 열심히 돈을 벌게 된다고. 이 얼마나 무식한 말인가. 사실을 말하자면, 먼저 돈을 번 사람은 자본가가 되어 후발 주자들을 착취하게 되는 것이니 말이다. 그러나 착취의 심화, 불평등의 심화, 소비 욕망에의 눈먼 굴종, 이런 것들이 어느 단계까지는 개발 독재와 어깨를 걸고 나란히 나아가게 될 것이다. 그 발전은 아주 급속해서 한국을 따라잡을 날이 그리 멀지 않은 것 같다. 그러나 그 양적 축적이 질적 전환의 지점에 이르게 되면 위기가 오게 될 것이다. 그 위기가 어떻게 조정되고 어떻게 극복되느냐에 중국 사회의 내일이 달려 있다. 그때의 민중은 오늘의 민중과는 분명 달라질 것이고, 따라서 그때의 지식인 또한 오늘의 지식인과는 달라지지 않겠는가. 그러나 그 달라짐이 올바른 것이 되기 위해서는 지금 이 순간의 노력이 필요하다. 자본의 힘, 인간의 무의식이며 영혼까지를 사물화시키는 그 힘에 맞선 비판과 투쟁의 작업이 있어야 하는 것이다.

1월 11일

김남주의 어법과 논리는 단순명쾌하다. 그의 선과 악의 절대적 이분법은 광주 사태와 그 이후의 군부 독재하에서는 나름대로의 힘을 가졌다. 그러나 지금은? 세계적으로는 현실 사회주의의 몰락이, 국내적으로는 소위 문민 정부의 성립이 사태가 그렇게 단순명쾌하지 않다는 것을 알려준다. 그의 절대적 이분법은 복잡한 현실을 양극화한 일종의 추상화이다. 그 추상화는 이념형으로서의 효용은 갖지만 현실태는 아니다. 그 이념형으로서의 효용이 최대한 발휘될 수 있었던 것이 1980년대의 군부 독재라는 특수 상황이었던 것이다. 그 추상화의 논리적 결함은 문제를 사람으로 파악한다는 데에서부터 시작된다. 자본가와 노동자의 대립이 그것이다. 그렇게 파악할 때 전자는 악으로, 후자는 선으로 되는 것은 당연한 결과이며, 악인 자본가를 선인 노동자가 타도해버리면 자본 사회의 모순은 극복되는 것이 된다. 그러나 진짜 문제는 사람에 있는 것이 아니라 자본에 있다. 자본가가 아니라 자본 자체가 문제인 것이다. 자본은 자본가를 제거하듯 제거할 수 있는 것이 아니다. 자본은 자신의 논리를 사회의 전부면에 관철시키고, 전계층의 인간들에게 내면화시키고자 한다. 그 관철은 경제·정치·도덕·풍속은 물론 문학·예술에까지 이르고, 그 내면화는 자본가에서부터 노동자에까지 이른다.

자본의 논리는 인간의 욕망과 결탁한다. 욕망은 인간적인 것이다. 그것은 욕구와는 다르다. 그러나 욕망은 쉽게 굴절되고 왜곡된다. 허위의 욕망이 아니라 진정한 욕망의 추구에 입각하여 우리는 인간 해방을 위한 투쟁을 펼쳐나아가야 한다. 현실 사회주의의 몰락의 이유는 일차적으로는 관료주의에 있지만 더 깊이는 진정한 욕망의 추구에 실패하고 허위의 욕망에 무릎을 꿇은 데 있다. 사람이 문제가 되는 것은 바로 이 대목에서이다. 그런 까닭에 경제학과 정신분석은 쌍생아라는 김인환의 주장에 나는 동의한다.

여러 평자들의 지적처럼 김남주는 '한없이 맑은 마음'과 '깨끗한 영혼'의 소유자인 것 같다. 염무웅은 이렇게 말한다.

내 생각에 김남주의 싸움에 있어서 가장 위대한, 남이 대신하기 어려운 무기는 그의 대책 없는 순결성이다. 계산이라든가 경쟁이라든가 또는 질투·의심·욕심·허영 따위 자본주의 사회의 일상화된 정서들이 남주에게는 처음부터 효력 없는 폐품으로 무화되고 있는데, 이것이야말로 그의 문학적 사고의 감당할 수 없는 강점이다.

그런 무화는 자본주의 사회에서 그야말로 보기 힘든 예외적인 경우라 하겠는데, 이는 김남주의 강점이자 동시에 약점이다. 그로 하여금 단순 명쾌한 이념형적 이분법에 바탕하여 1980년대의 폭압적 현실의 본질을 꿰뚫게 해주었다는 점에서 그것은 강점이다. 그의 이분법은

감옥이라는 폐쇄된 공간에서의 영어 생활에 의해 더욱 극단화된 것
같다. 그러나 그것은 한편으로 인간의 복잡한 내면에 대한 이해를
차단했고, 그의 시에 정신분석의 차원을 결핍케 했다. 이것이 약점
이다.

1월 12일

1988년 12월 가석방 조치로 출소한 이후에 씌어진 시들을 모은 『사
상의 거처』는 김남주가 자신의 단순 명쾌에 대해 의혹을 일구고 있는
모습을 보여준다. 『조국은 하나다』 중의 「길 2」에서의 한 대목은 외
길의 직선성에 대한 확신으로 차 있었다.

　　내가 지금 걷고 있는 길은
　　억압의 사슬에서 민중이 풀려나는 길이고
　　외적의 압박에서 민족이 해방되는 길이고
　　노동자와 농민이 자본의 굴레에서 벗어나는 길이다

이 확신이 『사상의 거처』에서는 회의로 변한다.

　　감옥이 열리고
　　길도 따라 내 앞에 열려 있다
　　세 갈래 네 갈래로

　　어느 길로 들어설 것인가
　　불혹의 나이에
　　나는 어느 길로도 선뜻
　　첫발을 내딛지 못한다

이 정직한 고백이 김남주 시의 새로운 전개의 가능성을 예고하는

것이라면 과장일까. 『사상의 거처』에서는 "천 갈래 만 갈래로 갈라져/난마처럼 어지러운 이 거리에서/나는 무엇이고/마침내 이르러야 할 길은 어디인가"라고 묻고, 이어 노동자 집회에서 "수천 수만의 팔과 다리 입술과 눈동자가/살아 숨쉬고 살아 꿈틀거리며 빛나는/존재의 거대한 율동"을 보며 거기에서 '사상의 거처'를 발견한다. 그뒤의 12행은 『조국은 하나다』의 단순 반복이지만, 여기서 주목되는 것은 '존재의 거대한 율동'이라는 표현이다. 내게 그것은 진정한 욕망의 빛나는 분출이라는 의미로 읽힌다. 이런 읽기를 부추겨주는 암시적인 시편으로 「절망의 끝」을 꼽을 수 있다.

> 그 동안 내 심장은 십 년 이십 년
> 바위 끝을 자르는 칼바람의 벼랑에서 굳어 있었다
> 너무 굳어 있었다
> 이제 그만 내려가자
> 등성이를 타고 에움길 돌아
> 종다리 우는 보리밭의 아지랑이 속으로
> 가서 내 심장 춘삼월 훈풍에 녹이자

훈풍에 녹은 심장으로 인간의 복잡한 내면과 교감하며 진정한 욕망의 추구에 근거한 새로운 투쟁의 길로 들어서고자 하는 시인의 발걸음이 보이는 듯하다. 자본 사회의 진짜 심장을 관통하는 탁월한 의미의 투쟁의 칼을 벼리면서 말이다.

그러나 시인의 굳은 심장이 채 다 녹기도 전에 시인의 몸에 암종이 엄습했다. 너무도 순결하여 면역성이 없는 영혼에 자본의 암종이 엄습한 것일까, 몸의 암종은 그 영혼의 암종의 육체적 발현인 것이 아닐까.

1월 14일

이욱연·임춘성과 함께 현대문학관을 방문했다. 연구원으로 있는 오복휘 선생의 친절한 안내로 평소에는 잘 개방하지 않는 곳까지 구석구석 돌아볼 수 있었다. 현대문학관은 만수사 옛 절터의 절반을 차지하고 있는데, 건물마다 상당히 충실하게 자료를 전시하고 있다. 1930년대말 호풍이 주관한 시 잡지 『칠월』이라든지 1930년대초 정령이 편집을 맡았던 잡지 『북두』 등의 원본을 대하니 묘한 기분이 든다. 뭐랄까, 아우라가 있는 것 같았다. 책에도 아우라가 있을 수 있구나! 정령 전시실에는 정령이 생전에 사용하던 침대, 책상, 심지어 틀니에 데스 마스크까지 전시되어 있다. 그리고 정령에게 바쳐진 그림, 글씨 같은 것들. 문혁 때 고통을 받기는 했지만, 그러고 보면 정령은 참 행복한 작가였던 것 같다. 주양의 책은 왜 그렇게 많이 진열해놓았는지. "나는 주양은 싫다. 호풍이 좋다"고 넌지시 운을 떼니 오복휘 선생이 싱긋이 웃으며 대답한다. "정치적인 안배다." 오복휘 선생의 학계에서의 입장은 문단에서의 왕몽의 입장과 상응한다. 왕몽에 대해 짧지만 의미있는 대화를 나누어보았다. 근자에 왕몽은 짧은 단편소설 하나를 발표했다가 당권파들로부터 맹렬한 비난을 받았다. 아침을 죽으로 먹던 한 집안이 식사도 개혁하자며 여러 가지 시도를 한 끝에 필경 다시 죽으로 되돌아가고 마는 이야기인데, 이 풍자를 등소평에 대한 악의적 공격이라고 진단하며 도처에서 벌떼처럼 들고일어난 것이다. 1956년에 관료주의를 비판하는 소설을 썼다가 1957년 반우파 투쟁 때 박해받고 신시기에 들어 뛰어나고 왕성한 작품 활동을 펼친 왕몽은, 내 비평적 감각으로는, 20세기 후반 중국의 최대의 작가이다. 그런 그가 지금은 정치적으로 요주의 인물이다. 반우파 투쟁 때 왕몽을 박해한 당사자들인 57학번들이 지금 북경의 요직을 두루 장악하고 있다. 그들이 지금 또 왕몽을 박해하고자 하는 것이다. 등소평식 개혁의 허구가 엿보이지 않는가. 개발 독재라는 새로운 이데올로기에 봉사하며, 그에 앞서 자기 이익의 추구에 매진하는 관료주의. 마야코프스키를 고쳐 쓴 김남주를 다시 한번 인용하고 싶다.

나는 망치가 되어

　　관료주의를

　　　　두들겨 패고 싶다.

한국과 중국은 지금 자본의 논리의 관철이라는 동일한 역사적 현실 속에 놓여 있다. 차이가 있다면 한국은 그 논리가 상대적으로 복잡하게 나타나고 있고 중국은 비교적 단순하게 나타나고 있다는 정도이다. 김남주의 옥중시들을 중국의 독자들에게 읽어주고 싶다.

1월 15일

내일 아침은 늦어도 8시 반 안에 나서야 한다. 천진공항으로 가는 아시아나 항공의 공항 버스가 건국호텔 앞에서 9시 반에 출발이다. 시간에 대려면 일찍 자야 할 텐데.

학생들에게 그 당부를 잊었구나. 우리 돈을 중국에 갖다놓으면 열 배쯤 더 가치가 있는 것처럼 느껴지고, 중국인들의 생활의 내역을 들여다보면 물질적으로 우리의 십분지 일 정도밖에 안 되는 것으로 느껴진다. 대부분의 한국인들은 중국을 다녀오며 "그래도 우리나라가 살기 좋구나!"라고 널 것이다. 절대로 이런 함정에 빠지지 말 것. 이 점을 당부했어야 하는 건데 말이다. 이것은 비교의 문제가 아니다. 인간에 대한 자본의 공세라는 공통된 위기에 직면해 있으면서, 중국은 중국대로 우리는 우리대로 사회적 모순이 있고 갈등이 있다. 서로가 서로를 거울삼아 그 모순과 갈등을 주체적으로 지혜롭게 극복해가고 인간의 위기를 타개해나감으로써 자신들의 삶을 보다 해방되고 진정한 행복이 보다 충만한 삶으로 만들어나가는 투쟁이 중요한 것이다. 비교를 하자면 그 투쟁의 차원에서 비교해야 할 것이다.

그래도 지금으로서는 우리에게 더 많은 희망이 있는 것이 아닐까. 우리에겐 무엇보다 높은 의식 수준을 지녔고 각성되었으며 저항할 줄 아는 민중이 있는 것이다. 또 그 민중과 교통하며 민중을 믿고 함께 나아가고자 하는 지식인들이 있는 것이다. 김남주의 시구처럼 우리에게 필요한 것은 열정과 지혜의 통일이다.

역사의 변혁에서 최고의 덕목은 열정이네
그러나 그것만으로 다된 것은 아니네 지혜가 있어야 하네
지혜와 열정의 통일 이것이 승리의 별자리를 점지해준다네

김남주 시인의 투병에 기적이 일어날 수 없을까 기원한다. 진정한
욕망의 이름으로!   〔1994년 1월〕